新时代思想政治教育丛书

新时代大学生
国家观教育研究

季洪材 著

天津出版传媒集团

天津人民出版社

图书在版编目（CIP）数据

新时代大学生国家观教育研究 / 季洪材著. -- 天津：
天津人民出版社，2022.10
（新时代思想政治教育丛书）
ISBN 978-7-201-18685-6

Ⅰ. ①新… Ⅱ. ①季… Ⅲ. ①大学生－爱国主义教育
－研究－中国 Ⅳ. ①G641.4

中国版本图书馆 CIP 数据核字 (2022) 第 144348 号

新时代大学生国家观教育研究
XINSHIDAI DAXUESHENG GUOJIAGUAN JIAOYU YANJIU

出　　版	天津人民出版社
出 版 人	刘　庆
地　　址	天津市和平区西康路 35 号康岳大厦
邮政编码	300051
邮购电话	（022）23332469
电子信箱	reader@tjrmcbs.com

策划编辑	王　康
责任编辑	郭雨莹
装帧设计	汤　磊

印　　刷	天津新华印务有限公司
经　　销	新华书店
开　　本	710 毫米×1000 毫米　1/16
印　　张	17.5
插　　页	2
字　　数	230 千字
版次印次	2022 年 10 月第 1 版　2022 年 10 月第 1 次印刷
定　　价	78.00 元

前　言

　　实现中华民族伟大复兴的中国梦,必须大力弘扬伟大的爱国主义精神。弘扬爱国主义精神,必须把爱国主义教育作为永恒主题。爱国主义是指个人或集体对祖国的一种积极支持和衷心热爱的情感态度,是正确国家观的题中应有之义。国家观教育是对爱国主义教育的深化和弘扬爱国主义精神的进一步升华,大学生国家观教育是新时代爱国主义教育的新要求,旨在引导时代新人树立正确的国家观,牢固树立"四个意识",切实增强"四个自信",坚决做到"两个维护"。马克思主义国家观是对全部马克思主义国家理论观点的概括和提炼,是凝练的马克思主义国家理论体系。马克思主义国家观教育本质属于政治教育范畴,正确的国家观有助于将大学生的朴素爱国之情升华到国家的理性层面,正所谓知国懂国才能爱国报国。正确的国家观不仅是合理认识国家的方法,也是科学看待分析国家间矛盾问题、指导爱国主体行为的重要指针。大学生只有树立正确的国家观念,才能科学认识国家及相关问题,准确把握国家的起源、本质及发展趋势,深刻理解爱国与爱党、爱社会主义之间的统一性,进而在大是大非面前坚定捍卫国家根本利益,同时避免狭隘的民族主义和大国沙文主义。本书中,国家观与民族观、历史观、文化观、宗教观是平行并列的关系。因此大学生国家观教育研究是从"政治爱国主义"的视角出发，对大学生开展社会主义国家认同教育，相较于宏观层面的爱国主义教育更具有指向性。本书共分为四个部分，具体内容如下：

第一部分是绪论和第一章，该部分主要是对相关概念的界定、梳理，旨在回答"是什么"这一问题。第二部分是第二章，该部分主要探索改革开放以来大学生国家观教育的历史与现实，旨在回答"教得怎么样"这一问题。第三部分是第三章，该部分主要回答的是"为什么教"的问题。国家观教育的现实意义，是国家观教育活动的出发点和落脚点。此外，该部分还分析了党的十八大以来有关国家观教育的相关论述及时代价值，突出了新时代大学生国家观教育的新要求，这也是对"为什么教""培养什么样的人""为谁培养人"这一教育根本问题的进一步回答。第四部分是第四章与第五章，该部分主要从方法论和实践论的层面回答了应该"教什么""如何教"的问题，是本书的落脚点。

目 录

绪　论

一、研究背景及意义

全球化视域下的多元思潮相互激荡，触发着人们对祖国的忠诚感、认同感、归属感。当今世界面临百年未有之大变局，后疫情时代，着眼"两个大局"，立足"两件大事"，书写好"两大奇迹"，对新时代爱国主义教育提出了新的要求。国家好，民族好，才能大家好。大学生代表着中国最先进的知识群体，是实现国家富强、民族振兴、人民幸福的生力军，也是国家由富变强的关键。因此，研究新时代大学生国家观教育具有紧迫性、必要性。

（一）研究背景

国家统一、各民族的团结，是我们推进伟大事业，实现伟大梦想的有力保证。中国共产党自诞生以来，就矢志不渝地坚持马克思主义国家观与中国实际相结合，在不同历史时期，根据党的中心工作和中心任务积极传播马克思主义国家观，为中国革命、建设和改革取得伟大胜利提供了强大的精神动力和价值导向。随着全球化参与程度的加深和全面深化改革进程的加快,一方面,不同价值观相互碰撞,多元社会思潮相互激荡,促使大学生国家主权观萌生。另一方面,全球经济陷入低迷,唯独这边风景独好的盛况,引起一些国家的嫉妒、不安,甚至出现了一些抹黑我国形象的言论和行为,这些又强化着大学生的爱国主义情感。国家观的存在,源于人们内心情感归属的需要,随着国民爱国情感不断高涨,在为社会进步带来强大正能量的同时,也容易出现非理性的一面甚至犯罪的行为。因此,在新时代背景下,帮助大学生树立正确的国家观具有现实紧迫性。

在马克思主义国家学说指引和中国共产党领导下,实现国家统一和民族团结,引导全国各族人民特别是青年大学生对国家形成肯定性体认,并积极投身于中国特色社会主义事业的火热实践,是马克思主义国家观教育的价值旨趣所在。2009 年 8 月,中宣部、教育部、国家民委关于在学校开展民族团结教育活动的通知中指出:"要在学校全面、深入、持续地开展民族团结教育,引导各族青少年学生牢固树立正确的国家观、民族观。"①2010 年颁布的《国家中长期教育改革和发展规划纲要(2010—2020 年)》指出:"在各级各类学校广泛开展民族团结教育。引导广大师生牢固树立马克思主义祖国观、民族观、宗教观,不断夯实各民族大团结的基础,增强中华民族自豪感和凝聚力。"②2014 年 5 月,习近平总书记在第二次中央新疆工作座谈会上的讲话中指出:"要在各族群众中牢固树立正确的祖国观、民族观,弘扬社会主义核心价值体系和社会主义核心价值观,增强各族群众对伟大祖国的认同,对中华民族的认同,对中华文化的认同,对中国特色社会主义道路的认同。"③2016 年 11 月,习近平总书记在中国文联十大、中国作协九大开幕式上的讲

---

① 劳以东:《积极传承弘扬优秀民族文化 有效推进民族学校科学发展》,《民族教育研究》,2010 年第 S1 期。

② 国家中长期教育改革和发展规划纲要工作小组办公室:《国家中长期教育改革和发展规划纲要(2010—2020 年)》,2010 年 7 月 29 日。

③ 《习近平在第二次中央新疆工作座谈会上发表重要讲话》,《人民日报》,2014 年 5 月 30 日。

话中提到,文艺作品要引导人民树立正确的历史观、民族观、国家观、文化观,绝不做亵渎祖先、亵渎经典、亵渎英雄的事情。2017 年 4 月,中共中央国务院印发的《中长期青年发展规划(2016—2025 年)》明确提出,发展青年思想道德的举措之一就是要在青年中培育和践行社会主义核心价值观,帮助青年树立正确的国家观、民族观、历史观、文化观、宗教观等。2017 年 10 月,党的十九大报告明确提出,要"加强爱国主义、集体主义、社会主义教育,引导人们树立正确的历史观、民族观、国家观、文化观"①。2018 年 8 月,习近平总书记在全国宣传思想工作会议上指出,要引导文艺工作者树立正确的历史观、民族观、国家观、文化观,自觉讲品位、讲格调、讲责任,自觉遵守国家法律法规。

总的来看,树立正确的历史观、祖国观、民族观、文化观和宗教观,就是要求全国各族人民以客观的历史视角正确看待国家和民族这种根置于历史的社会现象,以联系的观点来正确认识各种历史问题、国家问题、民族问题,不至于陷于唯心主义的孤立论片面论之中。在当今中国,高校教育的一项重要使命,就是引导学生自觉把个人的理想追求融入党和人民、国家和民族的事业之中,树立与时代主题同心同向的理想信念,勇于担当时代赋予的历史责任。因此,对大学生国家观教育的研究,即是源自自下而上的需求,又是来自自上而下的要求,具体表现为以下四个方面:

第一,全球化视域下的多元思潮相互激荡。多元价值的出现是人类文明进步的结果,一方面,多元价值的交流与碰撞推动世界文明多样化发展;另一方面,经济全球化浪潮的掀起,使得不同国家的生产和消费变成世界性行为,导致本土文明不断受到冲击,并产生出一种不同文明国度之间"一体

---

① 习近平:《决胜全面建成小康社会 夺取新时代中国特色社会主义伟大胜利——在中国共产党第十九次全国代表大会上的报告》,人民出版社,2017 年,第 43 页。

化"的错觉。从世界范围来看,随着利益主体的多样化、利益需求的多元化、多元思潮复杂化,马克思主义世界观与方法论、中国传统价值观、西方价值观等多元价值相互激荡。从我们前进道路上所面临的挑战来看,西方某些发达资本主义国家在其固有霸权思维定式的驱使下,以隐蔽形式装扮自己的资产阶级自由化思潮,加紧对我国思想文化和意识形态领域的侵蚀。民粹主义假借爱国主义崛起,部分民众被民粹主义所裹挟,深陷"集体无意识狂欢"之中却又无力争辩。这一系列复杂状况交织在一起,不免引发人们对全球化视域下仍然强调爱国主义的合理性追问。因此,只有牢牢把握当代中国发展面临的机遇和挑战,才能正确认识当下、规划未来,制定引导和提升大学生思想认识的策略。坚持以马克思主义国家理论为指导,对大学生开展国家观教育,提高大学生对各种错误国家观论调的抵制能力,牢固信仰之基,助力中国特色社会主义事业不断向前发展。

第二,境外反华及非理性爱国行为的出现。由于全球经济持续低迷,国际局势愈发复杂,国家间矛盾冲突日渐增多,涉及国家利益等问题的纷争也在不断增加。随着中国的崛起,西方某些国家通过收买当地分裂势力,扶植代理人,试图在他们眼中所谓的"危险国家"中制造动荡,炮制"颜色革命",这些不齿行径严重损害了我国利益、威胁着我国主权和安全。此外,国内改革进入攻坚期,改革发展稳定任务繁重,更深层的社会矛盾开始凸显。近几年"精外"分子甚嚣尘上,让人惊愕的是这一现象频频见于大学生群体中,例如沸沸扬扬的"洁洁良"事件,这些"精外"分子是挟洋自重,还是真正仇视贬低中华民族而视他国为"理想国",新时代的爱国主义教育应拿出自己应然的姿态。此外,在自媒体泡沫的推波助澜下,各种营销式爱国层出不穷,在一定程度上遮蔽了爱国主义的题中应有之义,致使部分人和群体在对待爱国这一崇高主题时,显得轻浮和随意。当爱国成为这个时代的"政治正确",爱国与"排外""抵制"画等号时,爱国就会演变成"伪爱国"。实现中华民族伟大复兴需要怀有强烈国家认同感的群体挺身而出,亟需正处于热血正当年的大学生群体积极捍卫国家利益,维护国家形象。因此,国家观教育所要回应的现实诉求即帮助大学生树立正确的国家观,培养区分现象与本质能力,在合理合法的范畴内表达爱国情感。

第三,复兴中国梦进程中凝心聚力的要求。中国梦是历史的、现实的,也是未来的;是国家的、民族的,也是每一个人的,"中国梦归根到底是人民的梦,必须紧紧依靠人民来实现,必须不断为人民造福"①。当前我国正处于全面深化改革的攻坚克难阶段和实现中华民族伟大复兴中国梦的蓄力冲刺阶段。从"两个一百年"奋斗目标实现的时间节点来看,中国梦属于青年一代。青年能够亲身参与并见证"两个一百年"宏伟目标的实现,可谓是实现中国梦,青年正当时。从延绵不断的历史长河来看,中国梦属于每一位中华儿女,作为实现中华民族伟大复兴中国梦的参与者,如何看待、理解与处理个人发展同国家发展之间的关系,直接影响个人在实现中国梦的进程中扮演怎样的角色、发挥怎样的作用。实现富强民主文明和谐美丽的社会主义现代化国家需要丰厚的精神滋养和清晰的价值导向。因此,新时代的国家观教育应超越培养爱国情感的层次,提升到培育国家观这一理性层面,着力使大学生将爱国情感与理性反思结合起来,用实际行动促进祖国的发展,助力实现中华民族的伟大复兴。

第四,党的国家观教育理论体系完善需要。国家观教育是一种政治教育,是统治阶级主导下的公民政治社会化过程,是统治阶级将其对国家的观点和立场灌输到公民意识中的手段和策略。从本质上看,国家观教育是意识形态教育的组成部分之一。综观过往,国家观教育泛化在爱国主义教育的宏大主题之中,爱国主义教育往往又被窄化为爱国主义情感教育,这就淡

---

① 《习近平谈治国理政》,外文出版社,2014年,第40页。

化了爱国主义应有的思想性、实践性和社会性的丰富内涵。国家观教育的内容往往被思想政治教育、马克思主义理论教育、爱国主义教育，以及近年来兴起的公民教育等教育形式所包含掩盖，制度化国家观教育还是一个新鲜的事物，尚处于摸着石头过河的阶段。国家观教育从理论层面到现实层面的全方位梳理和论述工作并没有展开，重新发掘整理马克思主义国家理论，梳理历史进程中国家观教育经验是新时代大学生国家观教育的理论诉求。

（二）研究意义

国家是从社会中产生但又自居于社会之上并且日益同社会脱离的力量，资本主义条件下国家与社会浑然一体的状态发生了分化，国家是社会发展的必然结果，是经济上占统治地位的阶级压迫被统治阶级的工具，是阶级矛盾不可调和的产物。国家观是人们对国家机器特质和运行规律的能动反映，有什么样的国家就有什么样的国家观教育，有什么样的国家观教育就有什么样的国家观。形式迥异但内核一致的国家观教育存在于一切国家中，是永不褪色的底色，古今中外，概莫能外。新的时代语境下，爱国主义教育主题依旧常青，但国家观教育能为实现公民对国家的热爱、关切、忠诚提供更多支持。因此，从学理上解答"新时代大学生国家观教育是什么"，为什么要进行"新时代大学生国家观教育"，需要"什么样的新时代大学生国家观教育"，"如何进行新时代大学生国家观教育"具有一定的学术价值和实践意义。

1. 理论意义

第一，丰富马克思主义国家观教育理论体系。马克思主义国家观是对全部马克思主义国家理论观点的概括和提炼，是凝练的马克思主义国家理论体系。马克思主义国家观教育，是在社会主义条件下，公民对于社会主义国家政权、社会制度、意识形态及生活方式的一系列观点认识和认同的整体观念结构的构建,是一个社会主义国家公民应有的基本政治意识和行为规范。它包括的主要教育内容有:马克思主义国家理论、国家安全与国家利益、爱国精神、国家主流文化与核心价值体系、公民政治意识、公民对国家的权利和义务等。大学生国家观教育是马克思主义国家观教育的重要组成部分,探究新时代大学生国家观教育,把握时代大势,服务现实实践,丰富了马克思主义国家观教育理论体系。

第二,完善中国化马克思主义国家观教育思想。中国化马克思主义国家观教育是马克思主义国家观教育理论与中国实际相结合的产物,大学生国家观教育本质上就是对大学生进行中国化马克思主义国家观教育。国家观是关于国家问题的根本看法和观点,是一个历史范畴。回顾各个历史时期如何把大学生的思想觉悟提高到马克思主义关于国家理论观点和中国化马克思主义国家观理论、纲领、路线、方针所要求的水平上来,探究国家观教育的客观规律,吸收借鉴国外国家观教育的先进经验,能够进一步完善中国化马克思主义国家观教育思想,推动中国化马克思主义国家观在新时代的创新发展。

第三,拓宽爱国主义教育理论体系的视域。爱国主义通俗来说就是公民主权意识和维护祖国领土的完整,强调国家的尊严不可侵犯,时刻铭记国家的荣誉和利益永远高于个人的荣誉和利益。爱国主义就是要爱社会主义国家、爱马克思主义思想、爱社会主义社会的前进方向。在价值旨趣上,爱国主义教育与国家观教育殊途同归。然而,细心甄别后可以发现二者有诸多不同之处。从逻辑学词项的角度看,国家观教育内涵更具丰富性,外延更为宽泛。从哲学意义上看,在实践过程中爱国主义教育侧重方法论追求,缺少对本体论的追问和形而上的思考,对国家本质是什么、发展现状是什么,以及其根本性质又是什么等相关问题的认识,是进一步热爱国家,增强国家认同的前提。从实践过程角度看,爱国主义教育是以情感的培养为基础,以国家观的确立为核心,以行为的履行为表现。国家观教育是实现公民对国家的认知、认同,引导公民践行理性爱国。从时间角度来看,国家观教育更具有时代特色,党的十九大报告明确提出:"广泛开展理想信念教育,深化中国特色社会主义和中国梦宣传教育,弘扬民族精神和时代精神,加强爱国主义、集体主义、社会主义教育,引导人们树立正确的历史观、民族观、国家观、文化观。"①因此,探究新时代大学生国家观教育,进一步拓宽了爱国主义教育理论体系的视域。

2. 现实意义

第一,为实现科学国家认同提供价值导向。马克思主义国家观是对全部马克思主义国家理论观点的概括和提炼,是凝练的马克思主义国家理论体系。"马克思主义国家观教育就是把国家观念灌输到人们的意识中,形成对国家的科学认识,并在此基础上发展出对国家热爱、对国家忠诚的爱国主义情感。"②新时代大学生国家观教育是在综合借鉴前人成果的基础上提出的国家观教育核心概念体系,是对社会转型实践和大学生爱国主义教育演变历程的深刻反思和科学总结,更是对新的世界形势和时代价值特点深刻把握与综合权衡后的概括总结。通过分析马克思主义国家观的性质和特征,挖掘新时代大学生国家观教育的实施原则和途径,为实现科学国家认同提供价值导向,为新时代大学生制定系统的国家观教育政策提供理论支撑。

第二,为实现理性爱国行为提供实践指南。爱国并不等同于践行理性的爱国方式,因此不能将爱国与爱国方式等量齐观。传统爱国主义教育中强调认同教育,强调孕育而忽视抒发和释放。在认同教育中刻意突出情感

---

① 习近平:《决胜全面建成小康社会 夺取新时代中国特色社会主义伟大胜利——在中国共产党第十九次全国代表大会上的报告》,人民出版社,2017 年,第 42～43 页。
② 杨丽、黄艳:《新疆高校马克思主义国家观教育的历史沿革与经验总结》,《新疆大学学报》(哲学·人文社会科学版),2013 年第 1 期。

认同,具有前提性的认知教育缺位,逻辑理性认同疏离,实践转化认同式微,导致非理性爱国行为肆意泛起。在现代政治文明中,爱国主义价值本身蕴含着丰富的层次性,它包含又不限于公正、包容、自由等诸多内在品质,也内嵌着守法的价值内涵。事实上,爱国与爱国方式是两回事,爱国并不等于一定能够采取非理性的爱国方式。爱国主义教育不能简单等同于情感教育,它还是一种知识教育和理性教育,文明素质教育和价值观教育,意志锤炼和行为养成教育。而正确的国家观不仅是合理认识国家的观念工具,也是科学看待分析国家间矛盾问题、指导爱国主体行为的重要指针。知国懂国才能爱国报国,大学生只有树立起正确的国家观,才能够正确认识个人理想和国家民族前途命运之间的关系,进而影响自身爱国行为的选择,既能在大是大非上坚定捍卫国家根本利益,也能够把爱国建立在理性而不是非理性爱国情绪之上,避免导致狭隘的民族主义、盲目的排外主义和大国沙文主义。

第三,为实现伟大复兴的中国梦凝心聚力。正确的国家观内容同中国梦的内在逻辑同向同行,建立起成熟完整的国家观念和国家意识,牢固树立正确的国家观,是实现中华民族伟大复兴中国梦的内在要求。马克思主义国家观是联系公民、社会与国家的强力纽带,是民族团结、社会稳定,国家安宁的精神支柱。马克思主义国家观教育旨在"增强各族人民对伟大祖国的认同,对中华民族的认同,对中华文化的认同,对中国特色社会主义道路的认同"①。引导大学生自觉地把个人的发展同党和人民的事业联系起来,同国家和民族事业统一起来,将个人梦的实现融入中国梦伟大实践中。国家认同不是抽象的,国家统一是正确的国家观的核心,正确的国家观教育能够增进大学生的国家认同和爱国情感,实现复兴伟大中国梦、国家的科学认识、中国化马克思主义国家观三者的内在一致的圆融性,为实现伟大复兴的

---

① 《习近平在第二次中央新疆工作座谈会上发表重要讲话》,《人民日报》,2014 年 5 月 30 日。

中国梦凝心聚力。

二、国内外研究综述

没有比较就没有鉴别,没有鉴别也就没有所谓的创新。大学生国家观教育研究的开展,离不开对国内外研究现状的分析判断。只有更好地继承才能够更好地创新,只有不忘来路,才能不改初心。

(一)国内研究现状

通过对中国学术期刊网络出版总库、中国重要报纸全文数据库、中国硕博士学位论文数据库近十年(2009 年 1 月—2018 年 12 月)以"大学生国家观教育"为主题进行精确匹配的查找结果来看,主题涉及"大学生国家观教育"的共有 67 篇文献,其中期刊文章 34 篇,博士论文 3 篇,硕士论文 30 篇。用同样的方法检索"马克思主义国家观教育"获得 101 条结果。从发表时间上看,2010 至 2012 年稳步提升,2013 年至 2014 年呈现研究峰值,分别有 20 篇、19 篇研究成果,继而出现回落,2018 年仅有 7 篇。将研究主题限定为"爱国主义教育"时,用同样的方法检索获得 10851 条结果,从文献来源来看,发表在 CSSCI 期刊或核心期刊的文献有 1220 篇,硕博论文共 1676 篇,其中省级优秀学位论文 3 篇,校级优秀学位论文 7 篇。将主题进一步限定至"大学生爱国主义教育"时,共检索获得 1420 条结果,其中 CSSCI 期刊或核心期刊检索到 112 条结果,硕博论文 408 篇。基于此,笔者将通过量化分析的方法,对国内"大学生国家观教育"的相关成果进行客观呈现如表 1.1、图 1.1 所示:

表1.1　大学生国家观教育相关成果研究总体情况表　（单位：篇）

主题 类别	大学生 国家观教育	马克思主义 国家观教育	爱国主义教育	大学生 爱国主义教育
普通期刊	26	26	5561	892
CSSCI 或 核心期刊	8	11	1220	112
硕博士 学位论文	33	64	1676	408
报　纸	0	0	2394	8
年度研究峰值	2014 年：11 2012 年：1	2013 年：20 2017 年：5	2012 年：1237 2010 年：938	2011 年：188 2010 年：117
总　数	67	101	10851	1420

由表1.1可见，首先，大学生国家观教育相关研究成果层次普遍不高。各主题仅有10%左右的文献发表于CSSCI或核心期刊，相较之下，大学生国家观教育研究成果层次较高，有11.9%的文章发表于CSSCI或核心期刊，大学生爱国主义教育研究成果层次较低，仅有7.9%的文献发表于CSSCI或核心期刊。其次，各主题研究峰值呈现随年度推进的现象。关于大学生爱国主义教育的研究成果在2011年出现研究高峰值为188篇，随后爱国主义教育、马克思主义国家观教育、大学生国家观教育的研究成果高峰分别于2012年、2013年、2014年出现。可见，国家观教育研究随着每年形势和国家政策的变化，逐年推进，学术界从对大学生爱国主义教育研究的视角，逐步转向对大学生国家观教育的研究。最后，关于国家观教育问题的研究较多呈现为硕博士学位论文这一系统性较强的研究，关于爱国主义教育的研究则多发表于期刊、报纸等实时性较强的载体。大学生国家观教育和马克思主义国家观教育分别有49.3%、63.4%的研究成果为硕博学位论文，关于爱国主义和大学生爱国主义的研究中硕博学位论文仅占15.4%、28.7%。可见，国家观的研究更需要进行系统化、科学化的深入阐释，而新时代大学生这一时

代背景下的群体界定,又为国家观研究增添了新的视角。

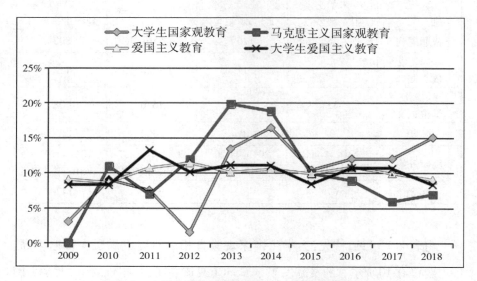

图 1.1　大学生国家观教育研究情况的年趋势变化图

　　由图 1.1 可见,关于爱国主义教育和大学生爱国主义教育的研究发展较为稳定,关于大学生国家观教育与马克思主义国家观教育的研究发展波动较大。爱国主义教育作为我国思想政治教育的一个核心主题,2009 年至2018 年,发展较为平稳,年均占比 10% 左右,研究已进入稳步发展阶段。大学生国家观教育和马克思主义国家观教育发展不平衡,在 2015 年之前,两个主题的发展几乎齐头并进,研究峰值趋同,但波动较大;2015 年之后,两个主题研究进入此消彼长的发展阶段,大学生国家观教育研究比重加大,2018 年出现 15% 的小高峰,而马克思主义国家观的研究比重开始缩减,国家观教育研究群体更为具象化,大学生国家观教育研究成为国家观教育研究的主流趋势。

　　量化分析结果表明,直接以"大学生国家观教育"为研究对象的成果较少,此领域尚未成熟,但与其相关的研究成果较为丰富。就当下研究现状而言,关于马克思主义国家观的研究成果较为可观,其中以爱国主义为核心的国家观教育成果最为丰富,研究成果的层次和影响力最高,体现系统研究程度的硕博论文也最多。在论著方面,还没有出现专门论述新时代大学生国家观教育的专著,相关论著鲜见,其中较为具有代表性的是关于认真学习习近平总书记关于国家安全的重要论述,如 2016 年光明日报出版社出版发行的《总体国家安全观教育读本》,王瑞萍、赵国军、董捷著的《高校国家认同教育研究》,牛治富主编的《西藏"四观两论"干部读本》,徐平、包智明等编著的《马克思主义"四观两论"通俗读本》,李斌雄、蒋耘中编著的《高校学生形势与政策教育引论》,张光博著的《坚持马克思主义国家观》等。因此从近几年研究情况来看,对于对大学生国家观教育的研究大致呈现以下三个维度。

1. 国家观教育的前提性理论研究

有学者提出,"世界各国的国家观教育都是国民教育的一项重要内容,是一个国家为调动国民的爱国热情,保持国家安定,维护主权完整而对国民进行的教育活动"①。有学者认为,"马克思主义国家观是马克思理论体系中的精华内容,大学生加强马克思主义国家观学习对马克思主义国家观在新时代的发展,大学生树立正确的国家观,实现'中国梦'的伟大目标具有重要的意义"②。还有研究者认为,"增强'国家至上,社会为先'的国家观教育有助于用科学发展观指导民族工作,有助于我国民族关系的和谐发展,有助于缓解利益分配不公给我国民族关系带来的压力,有助于引导日益增强的民族意识向正确的方向发展,也是我党新时期全面建设小康社会的重要保证"③。冯秀军在其《时代新人树立正确国家观的几个基本问题》中指出,

① 李建军:《美国的国家观教育及其借鉴意义》,《中共云南省委党校学报》,2014 年第 3 期。
② 杨春、付天阳:《大学生马克思主义国家观教育途径的研究》,《思想政治教育研究》,2016 年第 3 期。
③ 孙懿:《国家观教育与构建和谐社会》,《云南师范大学学报》(哲学社会科学版),2009 年第 6 期。

"知国懂国则是爱国报国的基本前提"①。并着重从马克思主义经典作家关于国家本质的有关论述和习近平对新时代弘扬爱国主义精神基本要求的角度,分析了时代新人树立正确的国家观应着力解决的基本问题。

2. 国家观教育论域的多样尝试研究

单独以国家观教育为标题的研究尚未出现,但学者们紧紧围绕国家观教育这一中心主题,从不同论域分别进行了深入研究。2014 年 4 月 15 日,习近平总书记在国家安全委员会第一次会议上指出:"要准确把握国家安全形势变化新特点新趋势,坚持总体国家安全观,走出一条中国特色国家安全道路。"②因此,有研究者从国家安全观教育的维度进行了分析且主要以大学生为研究对象推进理论向纵深发展。曾维伦、赵鸿伟认为:"当前我国国家安全无论是在国内还是国际上,都面临着传统和非传统两类安全隐患。高校国家安全意识教育工作中做好国家安全观的认知教育,讲清这其中的道理;更新国家安全意识教育理念,激发大学生爱国热情;创新教育方式方法,增强国家安全意识教育实效性;加强高校国家安全意识教育教学队伍建设和平台建设;营造国家安全教育环境,落实国家安全教育实践。"③有的研究者认为:"国家形象观教育是依据新形势提出的新概念,其实质就是国情教育在新时期的表现,当代大学生是中国国家形象塑造的主要施动者,加强对当代大学生的国家形象观教育具有重要的现实意义。"④还有研究者指出:"国家形象是国际关系中的一个重要变量,具有重要的战略作用,如何塑造良好的国家形象,增强国际社会对中国崛起的认同,有效避免被包围遏制,

---

① 冯秀军:《时代新人树立正确国家观的几个基本问题》,《思想理论教育》,2019 年第 1 期。
② 《习近平谈治国理政》,外文出版社,2014 年,第 200 页。
③ 曾维伦、赵鸿伟:《总体国家安全观视域下大学生国家安全意识教育探析》,《成都大学学报》(社会科学版),2016 年第 1 期。
④ 胡腾蛟:《大学生国家形象观教育的建构与意义分析》,《思想政治教育研究》,2010 年第 5 期。

从而为国家的和平发展争取更为稳定、友好、合作的外部环境,对正在崛起的中国具有重大的理论和现实意义。因此,培养当代大学生的国家形象观,使他们成为不仅具有厚实的专业能力,坚定的政治立场,还具有开放的意识,开阔的国际眼光的人才显得尤为迫切。"①有的研究者指出:"国家利益是国际关系学一个基本概念。大学生的国家利益观教育,旨在培养大学生的国防意识,让他们更好地认识我国国情,养成正确的国家利益观。大学生的国家利益观教育主要包括教育他们如何理解国家利益的基本概念,如何定位全球化背景下中国国家利益,以及准确认识如何维护中国的国家利益。国家利益观教育同样也是高校大学生思政教育的重要内容,应成为当前国防教育与思政教育的一个新方向、新思路。"②还有研究者指出:"国家利益观是公民国家观的核心内容之一,是国家意识形态的重要组成部分。在大学生中开展国家利益观教育至关国家发展与社会主义事业兴盛,意义重大。通过对当代大学生的国家利益认识偏差及其成因进行了分析,提出了对当代大学生实施国家利益观教育,要坚持以马克思主义国家利益观为指导,科学认识和把握国家利益教育的内容,大力拓展国家利益观教育的渠道。"③

3. 国家观教育的实践路径研究

有研究者认为,大学生国家观教育就是马克思主义国家观教育,分别从"明确马克思主义国家观教育目的和任务,坚持正确的教育方向;结合不同历史时期的特点,适时调整马克思主义国家观教育的具体内容;坚持思想政治理论课在马克思主义国家观教育中的主渠道作用;牢固占领网络这一马克思主义国家观教育的新阵地;充分发挥实践教学在马克思主义国家观教

---

① 刘凤杰:《大学生国家形象观教育研究》,东北林业大学硕士学位论文,2014 年。
② 李晓翼、汪翱:《试论当代大学生国防教育中国家利益观教育》,《教育现代化》,2017 年第19 期。
③ 张伟:《当代大学生国家利益观教育的思考》,《湖南社会科学》,2014 年第 1 期。

学的作用;建设一支高素质的马克思主义国家观教育师资队伍"①六个方面阐述了国家观教育路径。有研究者认为:"基于大学生马克思主义国家观教育的现状,在经济全球化趋势下和社会体制转型期,对大学生积极开展国家观教育,通过开展'四个认同'教育活动,继承发扬传统'家国一体,由家及国'的国家观思想资源,增强大学生对国家民族实体的认同感和归属感。"②还有学者从通过理论教育、社会实践、党员引领、多媒介文化教育等方面阐述国家观教育的路径。有研究者认为:"经济全球化背景下的国家观教育必须紧紧把握时代发展的脉搏,结合国家观教育的时代要求,坚持科学的教育原则,拓宽有效的教育载体;以提高国家观教育的实效性,以马克思主义国家理论为指导,坚持继承、借鉴、创新相结合的原则;拓宽国家观教育的有效载体;在具体内容上,要强化国家主权观、利益观和安全观教育。"③

总体来看,关于大学生国家观教育的研究主要是从不同论域分别进行的,研究成果较为丰富,为新时代大学生国家观教育提供了殷鉴。综观改革开放以来的大学生国家观教育,国家观教育被泛化为爱国主义教育,因此,本书研究的立足点就是对传统大学生爱国主义教育进行纠偏。新时代大学生国家观教育应超越培养爱国情感的较低层次,使大学生的朴素爱国之情升华到国家的理性层面,促进大学生将爱国情感与理性反思结合起来,实现情感、思想和行动的有机统一,并用实际行动维护国家统一和民族团结,为实现中华民族伟大复兴的中国梦而奋斗终身。

(二)国外研究述评

国外并没有直接对应的"国家观教育"研究,因此笔者选取相近的爱国

---

① 杨丽、黄艳:《新疆高校马克思主义国家观教育的历史沿革与经验总结》,《新疆大学学报》(哲学·人文社会科学版),2013 年第 1 期。

② 张宥:《试论当代大学生马克思主义国家观教育》,《思想理论教育导刊》,2013 年第 2 期。

③ 董业宏、胡士平:《从经济全球化视角看我国国家观教育》,《哈尔滨市委党校学报》,2006 年第 5 期。

教育、公民教育主题,提炼其中有关国家观教育的核心观点。主要分为两个方面,一是中国学者对国外的研究,二是国外学者的研究。

1. 中国学者关于不同国家的爱国教育、公民教育研究

关于俄罗斯爱国主义教育的重要性、内容和现状。雷蕾认为,作为俄罗斯传统文化重要组成部分,当代俄罗斯爱国主义集中体现为“一种社会情感”“一种行为准则”“一种大国情怀”以及“一种价值导向”,其中“国家历史和宗教文化教育”是爱国主义教育的重要内容。对于俄罗斯这样一个多次经历社会制度更迭的国家而言,如何客观呈现国家历史,如何引导人们正确认识国家历史尤为重要,而历史教育正是回应上述社会发展需求最为直接、最为明确的现实路径。就目前俄罗斯国内情况来看,历史教育的重要性和待完善趋势在当代俄罗斯社会已经非常明显了。苏联解体后,俄罗斯国内历史教科书版本繁多,可出版历史书的机构众多,并且在很多历史教材中出现了对俄罗斯历史的否定与丑化。为了从历史和逻辑的角度合理还原社会发展的历史真相,俄罗斯政府组织成立了国家历史教科书修改工作委员会。总统普京提出要“客观、公正、尊重”对待祖国历史,正确评价国家历史事件,以帮助青少年对国家过去、现在和未来形成正确的认知,使青少年充分认识俄罗斯在世界历史进程中的地位和作用,形成正确的历史观。除重新修改历史教科书外,俄罗斯政府近年来还注重强化英雄事迹和国家建设成就的爱国主义教育功能。①

关于美国爱国主义教育的地位、作用、目标、内容和经验。唐霞认为,爱国主义教育在美国的地位和作用是引导主流政治文化,增强国民凝聚力。爱国主义教育的目标是培养美国精神及培养合格的美国公民。爱国主义教育的主要内容有历史教育、国旗教育、公民教育和国情国防教育。唐霞从家

---

① 参见雷蕾:《当代俄罗斯爱国主义教育研究》,东北师范大学博士学位论文,2016年。

庭、学校、社会三个方面分析了美国爱国主义教育的主要形式。美国爱国主义教育的经验包括:从孩子做起;从细微之处入手;注重渗透式教育;有效借助宗教力量。①

关于英国公民教育。李丁提出,英国是世界上较早地系统探索青少年公民教育的先进国家,已经积累了相当丰富的有益经验。在当代,英国秉承青少年公民教育造就未来合格公民的传统精神,极其重视对广大青少年的公民性培育与训练。在其整个实践中,积极的政治参与精神和公平正义品质,以及对基本人权的尊重和对多元文化的理解,一直是学校公民教育课程体系的核心价值追求;培养合格师资、实行课堂教学和实践参与等形式、加强模式与方法创新,成为此项活动的鲜明特色。②

关于加拿大公民教育。郑凯文认为,加拿大高校的公民教育是一个"课堂—校园—社会"分层立体的教育模式。课堂是加拿大高校公民教育的阵地之一。加拿大高校设置了公民教育课程,采用多种教学方法向学生传授道德、宗教、法律、历史、政治、哲学等知识,其课堂教学贯彻了学生主体性、尊重差异性和方法多样性的原则。教学的一般方法主要是以解惑为主的讲授法、以案例为依托的案例法、以发现知识为目的的启发式教学法、以学生积极参与讨论的研讨式教学法、受建构主义影响而且能够实现最好教学效果的演示(Presentation)教学法。此外,其教学还借鉴了心理学、哲学等领域的研究成果,采用价值澄清法和角色扮演法实施教学。校园生活领域是加拿大高校公民教育的阵地之二。在西方国家,与学生校园生活有关的一切事务都被称为学生事务。加拿大高校的学生事务工作以学生为中心,坚持柔性管理、服务育人、主体参与的公民教育理念,在关怀、服务和参与校园生

---

① 参见唐霞:《中美爱国主义教育现状比较研究》,中共中央党校博士学位论文,2011 年。
② 参见李丁编:《英国青少年公民教育研究》,人民出版社,2012 年。

活实践中培育学生的公民素质。学生事务中公民教育的具体方法主要包括：心理咨询服务、宗教咨询服务、参与学校管理和校园文化活动。社会是加拿大高校公民教育的阵地之三，服务学习是社会实践中的公民教育方法。共和主义与社群主义构成了服务学习的哲学根基，西方的经验教育理论在方法论层面上为服务学习提供了理论支撑。服务学习提升了学生的公民责任感，塑造了学生的公民品质，培养了学生的批判思维与创新精神，提高了公民教育的有效性。加拿大高校服务学习坚持服务与学习相结合、学生反思与教师指导相结合的原则，实施流程包括项目的准备、设计与培训、服务学习开展、学生反思、评价与庆祝五个阶段，多伦多大学的服务学习项目——社会公正调研可以作为服务学习的范例。①

2. 国外学者关于爱国教育、公民教育的研究

关于苏联学生的爱国主义教育，波尔甸廖夫认为，培养青年的苏维埃爱国主义精神是共产主义教育的最重要任务，社会主义的爱国主义与资本主义的爱国主义在产生根源、表现形式和目的等方面截然不同，培养学生苏维埃爱国主义精神需要学生父母、共青团和少先队组织、校外文化机构共同协调解决，尤其强调苏维埃教师在学生爱国主义教育中的领导作用。②

关于欧洲公民教育，富尔曼认为，长期以来欧洲存在着一种稳定的教育模式，这种模式既有成功的经验，也存在着问题。发展至今，欧洲的教育正逐步陷入一种危机，传统意义上的教育模式不再受欢迎。虽然欧洲的教育改革从未停止，但是欧洲的哲学、艺术和学术传统依旧保守，欧洲教育典范具有约束力的时代正在逐渐逝去。教育的功利化倾向越来越明显，而对现代社会公民的培育却在逐渐衰弱。近年来关于教育典范的争论正将欧洲的

---

① 参见郑凯文：《加拿大高校公民教育方法研究》，湖南大学博士学位论文，2014 年。
② 参见［苏］波尔甸廖夫：《苏联学生的爱国主义教育》，吴虹译，作家书屋，1950 年。

教育改革带入一个新阶段，欧洲人的生活也正在由于教育典范的改变而变化。在重新定义"教育"和"典范"的概念后，曾经在欧洲教育史上发挥过积极作用的模式和理念重新被重视，但是随着时代发展，对传统教育模式的改革必须不断推进，以前的教育理念也要随着社会发展进行调整。① "一种必然要超越政治社会的权利不可能对人而言是自然的权利，因为人按其本性乃是政治动物。"②在大多数情况下，友谊已经成了一种情感的名称，而不是一种社会和政治关系的名称。依据亚里士多德的观点，现代自由派政治团体只是一群没有国籍概念的公民的结合体而已，只因公共保护才捆在一起的他们最多不过拥有一种低劣的友谊，这种友谊是在相互有利的基础上建立的，他们缺少友谊的纽带，是与他们自诩为这种自由社会的道德多元论分不开的。③ 此外，还有从其他方面论述公民品德与公共教育④、公民身份⑤、公民职权⑥等，都从不同程度上给予笔者一定启发，但这些启发更多的是体现在教育理念、方法及路径上。我们要清楚地看到，他们的观点并不是从阶级的角度去分析国家的，看不到阶级与国家的关系，或者企图掩盖和遮蔽公民教育或爱国主义教育的阶级本质，因而只能流于"国家观教育一般"的层面的言说，也就不能科学地揭示国家观教育的本质。

---

① 参见［德］富尔曼：《公民时代的欧洲教育典范》，任革译，人民出版社，2013 年，第 5 页。

② ［德］列奥·施特劳斯：《自然权利与历史》，彭刚译，生活·读书·新知三联书店，2003 年，第 159 页。

③ 参见［美］麦金太尔：《德性之后》，龚群等译，中国社会科学出版社，1995 年，第 197 页。

④ 参见［英］帕特丽夏·怀特：《公民品德与公共教育》，朱红文译，教育科学出版社，1998 年。

⑤ 参见奥德丽·奥斯勒、休·斯塔基：《变革中的公民身份：教育中的民主与包容》，王啸等译，教育科学出版，2012 年，第 12 页。

⑥ Carlos Alberto Torres：《民主、教育与多元文化主义：全球社会公民职权的困境》，张建成主译，学富文化事业有限公司，2010 年，第 10 页。

三、相关概念界定及辨析

核心概念的界定对科学研究至关重要,科学分析国家观教育的内涵及本质是大学生国家观教育的逻辑起点。同时还需要进一步挖掘国家、国家观的本质及规律,厘清它们之间的逻辑关系。国家不是从来就有的,而是人类社会发展到一定阶段的产物。国家观就是观国家,在实践的基础上形成关于国家的看法。所谓国家观教育,是指将统治阶级的观点及看法的集合灌输到全体公民意识中的活动和过程,并在此基础上建构对自己国家的观念结构。建构关于国家的正确观念结构,离不开对历史上的中国与今天的中国,政治爱国主义与文化爱国主义,爱国与爱国主义等内涵准确把握。

(一)历史上的中国与今天的中国

从中国古代政治生活中把握其嬗变的历史脉络,是破解西方"国家观念话语霸权",构建中国特色国家话语体系的密钥。中国古代的国家观问题,是一个难点,也是一个热点,更是一个重点。综观历史,不少学者认为古代中国是一个由民族概念扩展到文化意蕴的共同体,秉持"中国非国论"观点。梁漱溟常言,在中国人心中,国家观念缺乏,近说身家,远说天下,中国似国家而又非国家,不是国家至上,亦不是种族至上,而是一种文化至上。杜威认为中国就是一个"文化体"而非国家,雷海宗认为中国实则是一个具有松散政治文化的大文化区。① 钱穆认为,中国古人"常有一个天下观念超乎国家观念之上"②。王震中将古代国家定义为:"拥有一定领土范围和独立主权、存在阶级、阶层和等级之类的社会分层,具有合法的、带有垄断特征的凌

---

① 参见梁漱溟:《中国文化要义》,学林出版社,1987年,第19页。
② 钱穆:《中国文化史导论》,生活·读书·新知三联书店,1988年,第40页。

驾于全社会之上的强制性权力的政权组织与社会体系。"①陈玉屏认为："古代的国家在今人的话语中,有的被称作'邦国',有的被称作'帝国',也具备基本的国家要素……都具有一定的领土、一定的人民和一个以君主为总代表的'驾于社会之上'的'力量'。"②历史上的中国除了具有地理的、民族的、文化的意蕴外,还具备政治意蕴,中华民族的先民正是在接受文化意义上的中国后,才形成了政治意蕴的共同体。因此,我们应该坚持按照中华各民族先民共同遵循的政治传统和行为规则去认识历史上的"中国""国家""家国"。

中国传统政治生活里素有"家国天下""天下一家""忠君爱国"等议题,秦代以后,有限"天下"实现了向"国家"的转换。当然,这个"国"还不是近代意义上的国家,而是指的一家一姓之王朝,仍是私也。朝代有更替,"中国"则是一直存在并且不断发展着,这里的中国就本质上是祖国,朝代则是不同时期国家的称号。从华夏族开始,华夏族各国把自己的故土家园就称作"中国"。秦统一六国后,中国的范围扩大到国境内各族所共称的祖国,"中国"一词泛指中原王朝所直接管辖的地区。从秦到清,是古代中国成为统一多民族国家的发展过程,中华各族先民活动的历史疆域与清王朝统治的疆域基本吻合。事实上,在中国古代人的脑海里始终存在一个超越王朝概念的政治共同体,这个历史性的政治共同体会以不同的王朝形式而存在,名曰"中国",这些王朝政权都自诩正统并把一统天下作为不可推卸的历史责任。从不同程度局部统一到大一统,朝代历经更迭换代,"中国"始终存在并日渐接近完备(尽管在西周时期仅仅是一个地理概念,指京师或商业中心),它始终以一个特定的政权为驱动,作为中华各族先民共同接受的政治

---

① 王震中:《中国古代国家的起源与王权的形成》,中国社会科学出版社,2013 年,第 15 页。
② 陈玉屏:《关于"国家"理论的若干思考》,《西南民族大学学报》(人文社会科学版),2014 年第 8 期。

共同体,赓续着中华民族的历史文明。大一统视野下的文化祖国(天下、中国)与政治国家(王朝、政权)不断勾连,"中国"由一个地区称呼逐渐成为具备国家意蕴的政治共同体,"中国"是一个具体而非抽象的存在,"历史上的'中国'与今天的'中国'是一脉相承、无法割舍的命运共同体"①。

(二)祖国与国家

祖国与国家不尽相同,爱祖国与爱国家也有一定的区别,二者不能等量齐观。学界、政界和现实生活中二者经常出现混用的现象,以致我们长期对祖国、国家的概念混淆不清。因此,对二者概念进行梳理是大学生国家观教育的必要前提。祖国是一个文化或社会概念,由地域属性和民族属性构成,祖国认同所表达的是生于斯长于斯的这片故土家园,和祖先创制的文化,是一种情感认同、文化认同、社会认同和民族认同。环顾寰宇,人们不分肤色,都称呼祖国为母亲,国无论大小,都把爱国教育作为必要的公民教育。国家是一个近代的政治概念,国家的直接体现是政权,有不同的政治取向和阶级属性,国家认同所表达的国家忠诚主要是一种政治忠诚。因此,爱祖国和爱国家是两种不同的爱国主义,爱祖国是文化爱国主义,爱国家是政治爱国主义,前者是一种朴素的情感与情结,是无条件的(或条件非常弱的)文化忠诚,后者则是有条件的政治忠诚。但一般意义上看,不存在与现实中国家完全无联系的祖国概念,即祖国必须与现实中的国家对应,而国家的变迁也寄托于祖国这片故土之上。承担起"祖国"称号的国家具有阶级性和文化性,这样的国家是一个具有文化属性与政治属性双重性质的共同体。中华民族长期生活的、生产的地域空间以及在这过程产生的历史记忆和文明成果,是五千多年从未间断过的历史文化长河,"国家"构成了这条长河的一个个历

---

① 李克建:《"天下"与"一统":认识中国古代国家观的基本维度》,《广西民族大学学报》(哲学社会科学版),2015 年第 4 期。

史片段。在中国人心中,中国的原生意义就是祖国,核心概念是中华民族传统文化。中华人民共和国,简称中国,是工人阶级领导的、以工农联盟为基础的人民民主专政的社会主义国家,这个社会主义国家的主权领土实现了对中华民族、历史的继承,对文明成果实体的保存。中国共产党是中国工人阶级的先锋队,是中国人民和中华民族的先锋队,是弘扬爱国主义精神最坚定的实践者,为民族谋复兴、为人民谋幸福是共产党人不变的初心和使命。综上所述,在当代中国的语境中,中国就是中华民族的祖国,祖国与国家在本质上是一致的,祖国和国家在民众心中指向相同,文化认同的对象和政治认同的对象统一在同一主体和领导核心上,马克思主义国家观与中国化马克思主义祖国观在本质上是统一的。

(三)马克思主义国家观与诸种非马克思主义国家观思潮的辨析

所谓观,是指人们对事物的看法和观点。国家观是人们对国家问题的看法、态度和观点的总和。一般而言,任何一个具备正常心智的人都具备一定的国家观。因此,国家观既包括了每一个人对国家的观点和看法,又包括了符合统治阶级所期望具备的正确国家观,这也是国家观教育价值旨趣。从观念形态看,国家观就是关于国家的看法及观点,是凝练的国家理论体系。从实践形态看,国家观就是如何观国家的问题,这一过程意味着主体的自我意识和精神自觉。从本体论角度来看,国家观就是关于统治阶级对国家的观点和立场的集合,是强加于被统治阶级的主流国家意识形态。从认识论的角度来看,国家观是人们对国家机器特质和运行规律的能动反映。从价值论角度看,国家观作为一种价值趋向,是为统治阶级服务的,是一个国家公民应具备的政治意识和行为规范。从共时性角度看,国家观又存在国家主义国家观、自由主义国家观、社群主义国家观、保守主义国家观、民主社会主义国家观、马克思主义国家观、无政府主义国家观等。从历时性的角度上看,国家观的历史嬗变可以表现为奴隶制社会国家观、封建社会国家观、资本主义社会国家观、社会主义社会国家观，或者划分为传统社会国家观、近代社会国家观、现代社会国家观。

　　国家观作为人们观察、分析、研究、处理各种国家问题、国际关系的出发点和归宿，决定和影响着人们对国家的态度、立场及行为。国家观既有丰富的内涵，又有着广阔的外延，特别是国家观与民族观、历史观、政治观、宗教观等在理论上紧密相连，在实践中密不可分。例如，政治作为一种社会现象和社会的上层建筑，出现在产生阶级对立和国家的时候，并总是直接或间接地同国家相联系，当我们在讨论政治问题时往往就是指以国家为中心的政治问题和政治关系。国家作为实行统治阶级的社会公共权力机构，是统治阶级的政治形式，因此当我们分析国家问题的时候也往往是指政治国家的问题，国家大事就是政治。任何民族都要表现出一定的政治结构，而最高层次的政治机构就是国家。在分析民族问题的时候，国家往往作为一个多民族统一的存在，民族问题反映着国家问题。当一个国家的民族树立了团结进步的民族时，这个国家就会充满凝聚力，同样，国家好民族才会好，反之亦然。马克思主义国家观是马克思主义国家理论的重要组成部分，是马克思主义者们在基于辩证唯物主义和历史唯物主义的基础上形成的关于国家的根本看法和观点。从广义上看，它主要包括国家的起源、本质、职能、形态和消亡等一般内容，还包括民族精神、领土疆域意识和主权意识三方面具体内容，爱国主义则是贯穿其中的核心要素。狭义上的马克思主义国家观是指"马克思主义经典作家对国家问题的看法和基本观点，是关于国家的产生、国家的本质职能、国家发展演变的趋势以及国家消亡的理论观点的总称"①。总之，马克思主义者们普遍认为，国家存在和发展的问题归根结底应该从社会的经济条件中得到解释，因此，"马克思主义国家观是一个完整的、系统的

_____

① 　赵华：《加强新疆大学生马克思主义国家观教育研究》，新疆师范大学硕士学位论文，2010 年。

关于'祖国'这个历史现象的理论体系"①,也正是如此,马克思主义者们准确地揭示了国家的阶级本质。

越是前景光明,越是要增强忧患意识,做到居安思危。揭示和批判非马克思主义国家观思潮,帮助大学生澄清模糊认识,明辨是非曲直,增强忧患意识和底线思维。大学生不仅要树立崇高的理想和科学的信念,还要提高辨别各种非马克思主义国家观思潮的能力,不随波逐流,不被奇谈怪论所迷惑。当前,我国国家安全内涵和外延比历史上任何时候都要丰富,呈现出具有许多新的历史特点的安全治理。在国家安全中,文化安全居于更基础、深层的地位,影响着人们的世界观、人生观、价值观,指导着人们的决策和行为。文化安全在这里指的是思想和精神层面的安全。文化安全的防火墙坍塌了,其他领域也就处在危险之中,其中,意识形态安全又是一个国家文化安全的核心。中学为根、马学为魂、西学为用是当代中国文化的结构特点。随着全球化进程的加深,各种国家观思潮在互联网的推波助澜下交锋、交融。当前,主流国家观与多样化国家观思潮长期并存、相互激荡趋势更加明显。坚持什么、反对什么、倡导什么、抵制什么,都必须旗帜鲜明,立场坚定。对大学生进行国家观教育,一方面要阐释好国家的本质和爱国主义的时代内涵,坚持弘扬爱国主义精神;另一方面要澄清模糊认识、明辨是非曲直,进一步引导大学生深刻认识个人的发展同祖国的命运、同中国共产党的命运、同社会主义的命运的不可分割性,自觉抵制各种错误思潮的侵袭。党的十八大以来,以习近平同志为核心的党中央高度重视意识形态工作,提出建设具有强大凝聚力和引领力的社会主义意识形态。因此,将诸种非马克思主义国家观思潮的辨析作为大学生国家观教育的重要内容,既是新时代我国社会主义意识形态建设的重要内容,也是增强马克思主义国家观对种种非

---

① 王瑞萍、赵国军等:《高校国家认同教育研究》,中国社会科学出版社,2017年,第116页。

马克思主义国家观思潮的引领力,从而以强大正能量推动国家发展进步的重要保证。

1. 儒家家国同构、忠君爱国观

古今中外,关于国家的著述浩如烟海,现代意义上的国家概念最早是西方文化的产物,但关于国家的思想资源并不是西方的专利。中国是人类文明的发源地之一,中国古代传统文化中蕴含着大量的国家观理论资源,处处闪耀着有关国家思想的光辉,犹如涓涓细流汇入人类灿烂文明的汪洋大海。无论是先秦时期诸子百家思想交融、流派峥嵘,还是秦汉以后"独尊儒术",以及后来的儒释道交融共同奏出中华文化的协奏曲,儒家学说作为四大现学之一始终能够"与时迁移,与世偃仰",这也使得儒家学说最终成为中国古代正统学说。也因此,儒家学说也顺理成章地居于中国传统政治思想史的中心地位,成为中国传统文化的代表,并对后世的政治考量产生了重要的影响。儒家学术作为更具纲维性、笼罩性的圣贤学问,始终因时代之需应运而生,因后世之需而持险应变,如汉唐儒学、宋明理学等。即便是新儒学也始终以先秦儒学为根本,如宋明理学以儒家学说为核,殷鉴佛道两家的哲学理论,论证了封建纲常名教的合理性和永恒性,理学通过继承孔孟正宗,并以治理国家为目的的新儒学,成为宋明时代占主导地位的儒家哲学思想体系。强调儒学文化在封建国家意识形态中的主导地位,并非否定其他文明的地位,事实上,其区别也仅仅是在教化的路径上有所差别而已,它们之间不过是"天下一致而百虑,同归而殊途"。

总之,古代中国是以农业经济为主体的宗法社会,在中国漫长封建社会的历史变迁中,诸子百家各有所长,同时又相互资用,共同构建了一个独白式的道德教育体系,造就了一代又一代忠君孝亲的封建社会顺民,这其中儒家伦理始终作为内核。① 儒家文化的确立也标志着中华文化摆脱了无序状态,儒家国家观思想也因此成为稳定封建政治和宗法结构的文化盾牌。正如牟宗三所言,假如儒家"这个文化动源的主体性保不住,则其他那些民主、科学都是假的,即使现代化了,此中亦无中国文化,亦只不过是个'殖民地'的身份"②。因此,鉴于中国古代国家观发展历史的实际,以及先秦时期政治儒学对后世的影响,"家国观"始终作为讨论政体问题的一个基本参数,它引导了政治思考的基本方向,故本书将先秦儒家国家观为一项重要内容,并着重分析以父子伦理为中轴、忠孝为核心的家国思想。家国是同构的,国是大家,家是小国,国家不过是身体、家庭或其他组织形式的扩展。事实上,在家国同构的前提下,儒家的家国同构思想没有注意到私人领域与公共领域的差异性,将家庭伦理中的孝扩展到社会和政治领域,将忠孝作为君臣间的规范,把国仅仅理解为家的扩大化。"在家为孝,在国为忠,移忠作孝、忠君爱国"的政治伦理思想,是儒家国家观中的一项重要议题,被视为"天之经也,地之意也"。由此,国便成了一个家,一个大家庭,所有的臣民都是这个家庭的成员,而皇帝则是所有子民的大家长。钱穆指出:"在秦汉'化家为国'的历史进程中,家宰一变而为国家的政治领袖,家臣一变而为朝廷的重臣,汉代九卿均由过去的家臣转化而来。"③儒家将家庭伦理泛化到国家政治制度的框架其本质就是论证和辩护君主专制的合理性。

儒家认为国家是一体的,治国和治家的道理是相通的,政治世界的原理是家庭内秩序原理的同构型延伸,忠孝的不同只是致敬的对象不同而已,其蕴含的道德感及其规范是相同的。有人问孔子:"子奚不为政?"孔子答道:

---

① 参见盛跃明:《思想政治教育转型论:现代性的观点》,人民出版社,2015 年,第 33 页。
② 牟宗三:《政道与治道》,广西师范大学出版社,2006 年,第 22 页。
③ 钱穆:《中国历代政治得失》,生活·读书·新知三联书店,2001 年,第 6~10 页。

"书云:'孝乎惟孝,友于兄弟'。施于有政,是亦为政,奚其为为政?"①这一观点后来在《大学》里得到进一步发挥,即修身、齐家、治国、平天下。需要说明的是,儒家所说的天下并非一种世界观,天下指的是周王室的天下,所讲的国家是指鲁、燕、宋、楚等封建国家而言。孔孟主张尊王攘夷狄,治国平天下之道,并没有忘怀于周王室。关于政体,中国古代影响政体设计的因素有很多,宇宙观、天道观、伦理观等,但儒家政治思想形成之时的政治实践和家国同构、以家拟国的逻辑起点,挤压了国家治理形式的运思空间。因此,当封建君主制成为唯一选项时,君主就成为整个政体的核心,而内圣则成为一种规范性理想,"季康子问:使民敬、忠以劝,如之何? 子曰:临之以庄则敬,孝慈则忠,举善而教不能则劝"②,故圣人耐以天下为一家,以中国为一人者。政府能否有效运转完全依赖于"君师以德化人","君子不重则不威,学则不固"。③同时,政治家性质和教育家性质不谋而合,故曰:"天相下民,作之君,作之师。"即"君师合一主义"。在国家职能上表现为以家拟国,国与家没有根本的区别,即按照家的形象来想象国的结构、运行及其职能。"天子作民父母,以为天下王"就是把官民之间的关系比喻成父母与子女之间的关系。君臣亦同父子,孟子认为,"内则为父子,外则为君臣,人之大伦"④。齐家的原理就如同治国之根本,"若是者,其事君必如其亲,国必如其家,爱民必如其子"⑤。先秦儒家以家拟国,对政体问题的思考局限于君主制的窠臼之中。在国家的发展归属上,儒家文化尝试建立一套以宗法制为基础的政治和人伦秩序,以天下兼国家的民族融合文化统一的大社会,即家天下。所谓的民本思想,其实大谬不然,与现代意义上国家服务和服从于人民的民本思想更

①②　《论语·为政第二》,上海古籍出版社,2010 年,第 16 页。
③　《论语·学而第一》,上海古籍出版社,2010 年,第 4 页。
④　《孟子·公孙丑下》,上海古籍出版社,2010 年,第 74 页。
⑤　[宋]朱熹:《论孟精义》(第 1 卷),上海古籍出版社,2002 年,第 32 页。

是大相径庭,先秦儒家的思想家们之所以对"民为邦本"特别感兴趣,只不过是对当世诸侯横征暴敛、穷兵黩武、自毁邦本的告诫和批评而已。

儒家的德性教化固守差序格局的中心的弊端,屡遭近代以来诸多思想家的诘难。许多知识分子批评儒家的家庭伦理对于个体发展的压抑,并指责孝道为封建专制政治的温床,借助宗族力量得以体现的儒家精神和儒家伦理,作为封建社会的遗物,甚至被一度丢进历史的垃圾堆。梁漱溟指出,公德"恰为中国人所缺乏","不讲公德、缺乏国家观念、自私心理,缺乏纪律习惯、公共场所没有秩序;缺乏组织能力如一盘散沙;好徇人情缺乏法制精神"。① 熊十力在1951年所写的一封致梁漱溟讨论上述有关中国人缺乏公德的看法的书简中,更是激进地指出:"家庭是万恶之源,衰微之本,无国家观念,无民族观念,无公共观念,有私而无公,见近而不知远,皆由此"②,而正是周孔教化为中国人开了家族生活之路。梁漱溟在其《中国文化要义》中评价道,"伦理本位的社会组织,非独事实上成为一个人在经济上有所进取之绝大累赘,抑且根本上就不利于此进取心之发生"③,中国社会经济在二千余年停滞不进者,未始不在此。黄文山认为:"我国的家族伦理,实在是使我们停留在农业生产,不能迅速进入资本主义生产之唯一关键。"④在儒家的国家观念体系中,家庭被看成国家治乱的基础,"欲治其国,先齐其家","一家仁,一国兴仁",家就是国的缩影,儒家的政治伦理也因此首先是家庭的伦理。

对于"家国同构"的传统国家观念,其本身于传统社会是自恰的,但与现代国家观念亦并非是格格不入的东西,应该坚持从整体性和共生性的原则上去把握家国关系。一方面,国也不是家,国乃天下公器,非一家一姓之私

---

① 梁漱溟:《中国文化的命运》,中信出版社,2007年,第23~25页。
② 深圳大学国学研究所:《中国文化与中国哲学》,生活·读书·新知三联书店,1988年,第6页。
③ 梁漱溟:《梁漱溟全集》(第3卷),山东人民出版社,2005年,第191页。
④ 黄文山:《文化学论文集》,中国文化学学会,1938年,第181页。

产,亦非某个利益集团的囊中物,既要破除"家天下"的思维定式,也要防止国侵入家,让社会领域的家保持其自主性;另一方面,在现代社会,国家不是身体、家庭或其他组织形式的扩展,亦不是自然产生的,更不是理性观念的产物,而是人们基于物质生活需要按照一定原则建立起来的政治共同体。家作为社会的细胞具有重要的社会和政治功能,利用好家庭对人性的培养,重视家庭伦理对公民德性养成的基础作用,祭祀祖先是对父母"孝"的情感的扩充和延伸,感受自身生命力量的来源,领会生命存在本身的蓬勃和高扬,从而进一步将这种意识扩充到对国家民族认同上来。总之,走向历史的深处去寻找我们自身存在的依据和走向未来的契机,从中华文化整体性上来看待家与国的互补性结构,才是对由己到家,由家及国,由国到天下通路的正确打开方式。

2. 国家主义国家观思潮

国家主义的历史渊源可以追溯到古希腊,古希腊的城邦理论强调城邦可以对公民生活进行广泛的干预,城邦的权力是绝对的、无所不及的。Polis即城邦,在西方它是最早的国家形式,是人类开始政治生活的起点。大约在公元前8—6世纪,古希腊就出现了第一批城邦国家。古希腊米利都学派创始人泰勒斯认为,城邦是自然界的一部分,他把城邦社会的发展看作与自然界的变化发展有着同一的规律。智者学派的普罗泰戈拉从"人是万物的尺度"的论断出发,认为道德、法律、国家都不是自然的,不是神意志决定的,而是人为的,国家出现的目的在于维护个人利益和保障公共的安全。[1] 原子论代表人物德谟克里特认为,城邦源于人们对于自然的恐惧和共同的利益而建立广泛联合的需要,而不是依靠某种彼岸意志的干预产生的,他还强调公利高于私利,国家高于个人。苏格拉底强调道德是城邦政治的基础,并提出

---

① 参见《国家观的历史发展》,http://phi.gzhu.edu.cn/tabloid/ylfzs/gjg.htm。

"美德即知识"的著名论断,知识和教育才是城邦政治的根本,统治者应该是既有知识又有美德的贵族精英,治理国家的人应该是懂得国王艺术的人。

作为苏格拉底的学生,柏拉图继承了苏格拉底的国家观,他认为国家是社会分工的产物,国家的产生是人类生活需要的结果,"我们每个人为了各种需要,招来各种各样的人。由于需要许多东西,我们邀集许多人住在一起,作为伙伴和助手,这个公共住宅区,我们叫它作城邦"①。他从正义的概念出发研究国家理论,他说,"当每一个个人只做一种对国家有关的工作,而这个工作又是最适合于他的天性时,这个国家就有正义了"②。国家应具备"统治""保卫"和"生产"三种职能,相应地,人们也应分为三个等级,即统治者、护国者和生产者,只要这三个等级各司其职、各守其序、各安其位,这个国家就表现为正义,正确的分工乃是正义的影子,国家也就实现了全体公民最大幸福的理想。柏拉图认为,以哲学王为最高统治者的贤人政体是最理想政体,至高无上的哲学王经过特殊训练,权力与知识得到了有机的结合,并获得至高知识,这种思想对后世西方的精英治国论产生了重要的影响。基于柏拉图对国家的等级划分,马克思认为柏拉图理想国的实质只不过是"埃及种姓制度在雅典的理想化"③。柏拉图强调,理想国是为了实现全体公民的最大幸福,但其笔下的"分工"是一个按天赋职能划分的不同阶级,因此国家在发展归属上表现为一个等级森严的理想国。

柏拉图的国家观对后世的国家学说产生了深远的影响,其中亚里士多德关于国家学说的理论功绩尤为突出,他的《政治学》堪称西方第一部国家观著作,也标志着政治学作为一门独立的社会科学诞生。《政治学》就是从论述国家的起源和目的开始的,"人类自然是趋向于城邦生活的动物(人类

---

① [古希腊]柏拉图:《理想国》,郭斌和等译,商务印书馆,2012 年,第 58 页。
② 同上,第 157 页。
③ 《马克思恩格斯全集》(第 44 卷),人民出版社,2001 年,第 424 页。

在本性上,也正是一个政治动物)"①。"人天生是政治动物"是亚里士多德率先抛出的一个著名命题,其意思是,只有过城邦的生活,人的本性才能够实现。在亚里士多德那里,国家不是从来就有的,而是出于自然的演化,产生源于作为政治动物的人的本性的需要。国家的职能不是为了保护人的自由、生命、财产,而是为了提高整个社会的道德境界,个人必须融入这个道德伦理的整体中,只有这样人类的生活才可以完全自给自足,过上"优良的生活"。他认为国家应当具有一定的职能,如城邦监护职能、公共财政、军事职能等,以保证"同等人们"过上"最优良生活",在这里,国家不是现实而是等级松散的理想类型,因此国家的发展归属就是国家本身。在国家政体上,亚里士多德认为,以中产阶级为基础组成的政体能够远离"大富极贫趋于危险"的境况,理想的政体应当是共和政体,以保证政权不演变为民主制或僭主制。古希腊产生了城邦理论,也产生了公民的概念和公民权利的观念,但这些都尚处于萌芽状态。尽管如此,古希腊时期仍是一个不容忽略的阶段,这一时期关于国家的学说内容丰富,详细阐释了国家的起源、本质和政体等问题,对后世的国家理论具有极大的影响。

在文艺复兴时期,一些思想家坚持用人的眼光来研究国家问题,马基雅维利的《君主论》被认为是近代国家主义理论的开山之作,博丹在《国家论》中则系统地论述了国家主权观念,他们认为国家作为一种组织力量,不是为了个人利益而组织在一起的一种模式,国家在自己的领土之中处于至上的地位,对外表现出扩张政策,个人的权利只能靠国家的权力来支持和给予。在他们看来,善良和正义是需要依靠国家的强制力来实现的,因为人不会按照自己的利益行善,除非某种"必须"驱使他们,像饥饿和贫穷使人勤劳,法律使人善良一样。自文艺复兴以来,西方理论界一直存在两种国家观思想,

---

① [古希腊]亚里士多德:《政治学》,吴寿彭译,商务印书馆,2016年,第7页。

一种是以卢梭、霍布斯、洛克为代表的自由主义国家观,另一种是以马基雅维利代表的国家主义国家观。前者是从理性出发,讨论的是国家的最佳形态,后者从经验主义出发,关涉的是国家的现实存在。这两种观点彼此共存,相互竞争,有时候一种观点突出,有时候另一种观点独占鳌头。①

黑格尔的国家理论则是将理性主义与经验主义结合起来,他认为国家不源于社会契约,社会契约论不符合建立国家的历史事实,因为人们既可以任意地签订契约,也可以任意地解除契约,国家也就变成随意、偶然的东西。在他看来,家庭和市民社会是国家产生的两个条件,是国家产生的客观要求。黑格尔明确区分了市民社会与政治国家的不同,并指出契约论的根本缺陷就在于混淆了国家与社会的区别,自由主义者寄希望于契约建立起来的共同体不是真正意义上的政治国家,而是维护同行特殊利益的自治性团体,仍然属于市民社会的范畴。尽管如此,黑格尔仍认为国家是决定家庭和市民社会的力量,“国家是绝对观念的现实,国家是自在在为的理性的东西”②。由于国家在本质上表现为“普遍意志”,是道德理性的最高实现,是绝对精神在国家理性中认识自己,所以黑格尔认为,君主立宪制是最发达、最完善的国家政治形式,最理想的政治制度应当是君主立宪制。在黑格尔的理论体系中,“由于国家是客观精神,所以个人本身只有成为国家成员才具有客观性、真理性和伦理性”③。国家的基础不是个人意志而是普遍意志,国家是一种独立的力量,来源于且高于市民社会和个人,国家对个人具有最高权力,成为国家的成员应是单个人的最高义务。但是,黑格尔并不否认国家应该关心个人利益,国家作为一个统一的有机体应该履行保证公共自由实

---

① 参见[德]弗里德里希·迈内克:《马基雅维里主义》,时殷弘译,商务印书馆,2008 年,第485～486 页。

② [德]黑格尔:《法哲学原理》,范扬等译,商务印书馆,1961 年,第 253 页。

③ 同上,第 254 页。

现的职能。此外,黑格尔的集体主义国家理论还体现在对民众的怀疑上,他认为民众是野蛮的、非理性的,"人民就是不知道自己需要什么的那一部分人。知道别人需要什么,尤其是知道自在自为的意志即理性需要什么,则是深刻的认识和判断的结果,这恰巧不是人民的事情"①。在这里,国家在发展归属上表现为本体论,国家与法的变革、修正意味着人类理性的演进,也是解决一切社会问题的关键。国家是人类社会生活关系的最高、最完满的形式,因而它也是必然的、永恒的、绝对的、合理的东西,市民社会中的个体必须作为国家公民才能够得到理性的普遍昭示,获得自由。

作为德国古典唯心主义和国家主义的集大成者,黑格尔的国家观理论引起了很大的社会反响,此后,鲍桑葵被誉为英国新黑格尔主义的代表人物,进一步继承和发展了黑格尔的国家观学说。鲍桑葵反对将国家与个人对立起来,在他看来,国家是公共意志的体现,个体与全体是融合在一起的,国家是"一个有效的生活概念。正如柏拉图所教导的,它是指导每一个国民使之能履行其职责的概念"②。20世纪以来,尤其在全球化进程加快的背景下,"看得见手"与"看不见的手"之间的张力与困境,使国家理论学说得到进一步扩展,被誉为"新国家主义",英国社会学家吉登斯就是代表人物之一。在全球化与不确定性时代的背景下,吉登斯认为,"全球化并不只是经济的一体化,而是一种政治和经济的合力推动的范围广泛的进程"。这个进程由于人为风险而变得不确定,人为风险来自科学技术带来的负面效应。自由主义与国家主义融合而成的社会民主主义被称为"第三条道路",在这一蓝图中,吉登斯探讨了个人、公民社会和国家的关系,但针对全球化与风险社会这一特定的语境,他更强调积极国家的作用,全球化的治理使国家的责任

---

① ［德］黑格尔:《法哲学原理》,范扬等译,商务印书馆,1961年,第319页。
② ［英］鲍桑葵:《国家的哲学理念》,汪淑钧译,商务印书馆,2010年,第164页。

变得更大,国家主义的公共利益仍在他的视野之内,国家的积极职能仍然是他关注的重点。

传统中国对世界的认识是以华夏为中心的天下观,"家国一体,由家及国""中国为天,他国为蛮"等是这一时期国家观的主要表现,区别于近代意义上的国家观念。鸦片战争后,中华民族面临着亡国灭种的危机,天朝上国延绵数千年的文化优越感从根本上受到了挑战,并逐渐在与西方文化对垒中被消解。曾经辉煌的"中华帝国"该何去何从,成为无数中国优秀知识分子和仁人志士魂牵梦绕的问题。建设什么样的国家才能国富民强,不再遭受列强的凌辱,成为社会各阶层人士聚焦的中心议题,先进知识分子纷纷开始探求救国救民之良方,这一时期的国家观主要有国家主义国家观、无政府主义国家观、自由主义国家观。中国近代以来,思想界就曾涌动着一股国家主义的思潮,享有"近代国学第一人"之誉的章太炎就曾提出用国粹(国史)激励种性,增进爱国热肠,致力于从历史文化中寻求民族意识,促成军国民社会的形成。"国家所以能够成立的要素不独在经济所需的实质,特别在历史所付的灵魂。德罢朗特说得好:一个民族的'国性'的成立是基于他的过去的回忆;这种回忆并且是全民族的无分阶级,都一样具有的。"[1]人民对历史的回忆是一个国家存在的基础,而这种回忆是全民的、超阶级的。

大革命时期,国家主义思潮曾风靡一时,作为仅次于共产党、国民党的第三大党,醒狮派极力鼓吹国家主义,其代表人物有曾琦、李璜、左舜生等,以期刊为主要舆论工具,如《醒狮》《孤军》等。"居今日之时代,论今日之思潮,舍国家主义实无他物"[2],在他们看来,国家主义是当时诸种主义中最符合国情的一种思潮。他们强调国家对于社会的主导性,"在国家之上,没有

---

① 李璜:《释国家主义》,《醒狮》,1924 年第 1 期。
② 余家菊:《国家主义概论》,《新国家杂志社》,1927 年第 20 期。

比国家更高的世界组织或社会组织"。"评价历史有无价值的标准,只在其是否有利于国家的发展。"①我们可以清楚地看到,其国家观表现出强烈目的论特点,他们企图用抽象的国家观愚弄人民,用全民福利、全民政治、全民国家来掩盖阶级冲突。例如国家主义青年团发表的宣言中讲道,"我们建国设政,当为全民福利着想,自由、平等、博爱之三大精神,为近世文明之母,革命之是否进步,当以其是否发挥此三大精神为段"②,在无产阶级革命已经成为世界潮流的情况下,妄图把中国的历史拉向倒退,这无疑起到了异常反动的作用。总之,醒狮派肯定国家的价值,注重国家的主权与独立性,例如曾琦在论述社会与国家的关系时强调,"社会无绝对的强制力,而国家则有之,如强制法规,规定人民之行为,人民须绝对服从,此种种的规定,是发源于最高主权的"③,凡可以救国者,任何事皆可以牺牲,呼应了这一时期"外抗强权,内惩国贼"的时代主题,无疑具有进步意义。然而究其根源,其政治诉求就是要在中国建立大地主买办阶级专政的反动政权,本质就是资产阶级民族主义,是资产阶级强盗所发挥的一种非常反动的作用,④毛泽东将其评价为:"近代以来的国家观念是对个人自由桎梏。"

3. 宗教神学国家观

中世纪一般是指公元 5 世纪到 15 世纪,在这一时期,古典文明遭到破坏,哲学沦为神学的婢女,宗教神学占据统治地位,正如恩格斯所描述的:"中世纪的历史只知道一种形式的意识形态,即宗教和神学。"⑤在国家起源上,奥古斯丁提出了著名的"上帝之城"和"世人之城"理论,上帝之城指天

---

①　陈天启:《新社会哲学论》,商务印书馆,1948 年,第 14～16 页。

②　《中国国家主义青年团全国代表大会对时局宣言》,《醒狮》,1927 年第 141 期。

③　曾琦:《曾慕韩先生遗著》,文海出版社,1982 年,第 143 页。

④　参见杨念群:《"五四"九十周年祭——一个"问题史"的回溯与反思》,世界图书出版公司,2009 年,第 118 页。

⑤　《马克思恩格斯选集》(第四卷),人民出版社,2012 年,第 242 页。

堂,世人之城指世俗国家,他认为"地上之国"起源于人类的罪恶,地上之国是一切恶人和魔鬼的王国,国家是人类自然的社会性受到玷污和因罪而变得自私的结果,其自身并无独立的价值。托马斯·阿奎那认为国家源于上帝的创造,公民生活在由上帝神异统治世界共同体中。阿奎那继承了亚里士多德关于人天然是社会政治动物的思想,"圣托马斯永远不倦地强调人的政治性的重要意义。在一处地方,他说人是受神法、理性和政治权威这三重秩序的支配的。如果人天生是个离群索居的动物,那只要有理性的秩序和天启法的秩序就够了。单人是个政治动物。如果他想达到他的适当目的以及人生与德,行的最高形式,他就必须参加政治生活,锻炼政治道德"①。"无论人类是否有罪,政治共同体都是既存的,并且是以理性为基础建立起来的天然制度。"②奥古斯丁认为,世俗国家是上帝实现拯救人类的工具,国家在本质上是上帝惩罚人类的"刑具"。阿奎那则认为,国家既非原罪的产物,又非性恶的结果,而是自然法作用的结果,但他在引用亚里士多德这一观点时又将其置于神学框架之中,因为人是上帝的创造物,人的本性来自上帝的赋予,国家一开始就得到了自然创造者——上帝的许可,无论如何国家都是上帝的计划。国家在职能上表现为负责人们的物质需要、提供安全,保证有序的社会交往,抵御外辱,同时作为一种镇压机构还要防止人的堕落。

神学国家观在国家政权上表现为主张政权与教权合一,基拉西乌斯认为,这个世界被两种权力统治着,即牧师神圣的权威和皇帝的世俗权威,二者是同一共同体中的两个权力体系,各司其职,相互平行,相互需要但不相互平等,精神权力价值更高,皇权为神权所授。阿奎那作为神权政治理论的最高权威,经院哲学的集大成者,他的基本倾向是君主政体是最好的政体,

---

① [意]托马斯·阿奎那:《阿奎那政治著作选》,马清槐译,商务印书馆,2009 年,第 13 页。
② [美]肯尼斯·W.汤普逊:《国际思想之父》,谢峰译,北京大学出版社,2003 年,第 66 页。

"所以上帝通过先知答应人民:作为一个巨大的恩惠,他要把他们放在一人之下,只由一个君主来通知他们大众"①。既然对人来说,朋辈共处是自然而且必须的,那么这样--个社会就必然需要某种治理的原则,这种治理社会的原则就是政治制度,人民要服从一定的政治权威,统一的政权比分散政权更有效率,政治制度的目的在于实现公共的幸福。同时阿奎那又认为,"人类的统治权起源于神的统治权,并且应当以神的统治权为模仿的榜样"②,"君权神授"呈现出明显的神学主义倾向。神权是世俗权利与宗教权利的来源,教皇的权利在宗教问题与世俗问题上具有绝对性,因此世俗的权利也应受到宗教权利的制约,"犹肉体之服从灵魂"③。国家要服从于教会,政权要服从教权,"治理人民的国王则是上帝的一个仆人"④。

在国家的发展归属上,奥古斯丁认为国家不是永恒的,而是临时的,是上帝用以惩罚人类原罪的手段,也是上帝实现其拯救人类计划的工具,在末日审判的时候,"上帝之城"(基督教徒组成)和"世人之城"(弃民组成)才会决然分开。阿奎那认为,国家不只是阻止罪恶和伤害的手段,还是促进善的一种手段。阿奎那试图调和自然国家观与神学国家观,强调国家要保障人的世俗幸福,但他更多强调的是人类灵魂得救,进而达到享受上帝快乐的目的,并以超自然的来世幸福为最终归宿。世俗君主之所以维护、保障、扩大尘世的安宁幸福,是因为人在尘世的生活之后还另有命运,即他死后能够享受天国的安宁和幸福生活,且只有教会可以满足这种享受需要,只有它才可以引导人们归上"天上之国"。总之,尽管阿奎那神学国家观理论担当起综合基督教义和政治哲学的历史重任,吸收了亚里士多德关于国家的自然主

---

① [意]托马斯·阿奎那:《阿奎那政治著作选》,马清槐译,商务印书馆,2009 年,第 49 页。
② 同上,第 136 页。
③ 同上,第 144 页。
④ 同上,第 65 页。

义学说,给中世纪增添了世俗主义色彩,但最多也不过是把亚里士多德主义当作稳固信仰的一种有力的哲学上的支持。总体上说,整个中世纪都笼罩在"神"的面纱之下,世俗国家依赖宗教权威,"没有什么权柄不是出于神的"①,上帝是一切权力的源泉和象征。

中国夏代就有"夏服天命"一说,假借天鬼进行统治的情形,殷商时期,统治者自称天命而王,政事必问卜筮,政令皆假神令而出。周代开始出现以德配天的思想,即"天命不常,上天只佑助那些有德行的人"。先秦时期儒家并没有直接指出国家是怎样发生的,其描述带有一些神秘色彩。孔子认为国家是由神设立的,君权是由神授予的,他引用尧对舜的忠告来佐证这一观点,"尧曰:咨! 尔舜! 天之历数在尔躬,允执其中。四海困穷,天禄永终"②。董仲舒提出天人感应、天人合一学说,使儒学具备了类似于宗教的力量,君权神授,天子受命于天。皇帝是上天派下来管理人民的父亲,皇后是国母,而百姓则是皇帝的子民,官员也被拟称为父母官,天子掌握着生杀予夺的绝对政治权利,天下受命于天子。李唐时期将老子奉为祖先,使道家的思想和道教得以扩散和发展,其目的在于抬高门第,强化李唐政权的合法性。在君权弱化的魏晋南北朝时期,玄学之风一度盛行,魏晋玄学满足了统治阶级的劝善和教化。宋明时期,"理"是产生世界万物的精神的东西,理学的天理是道德神学,同时成为儒家神权和王权的合法性依据,其目的在于论证封建纲常名教的合理性和永恒性,至元朝被采纳为官方哲学,神权国家观成为中国古代封建统治的合法性基础。

4. 自由主义国家观思潮

在国家的起源本质的论述上,自由主义者把国家看成人性的需要和社

---

① [意]托马斯·阿奎那:《阿奎那政治著作选》,马清槐译,商务印书馆,2009年,第65页。
② 《论语》,上海古籍出版社,2010年,第237页。

会契约的结果。他们认为国家不过是个人为了本身利益而组织起来的一种模式，国家起源于社会契约，是人民协议的产物。即人们为了使自己生活得更好，个体通过让渡权利组成国家，国家存在的目的是保护公民的权利。霍布斯、洛克、卢梭是主张自由主义国家观的主要代表人物，其中霍布斯、洛克、卢梭的共同之处是都对国家的产生主观构建了一个逻辑起点，即社会契约论和自然权利学说，但他们的见解在形式和具体表达上有很大差异，这源于他们对同一逻辑起点的不同假设，即对于自然状态的不同假设。

　　霍布斯认为，政治社会之前还有一个前政治社会，这个前政治社会才是自然状态，政治社会是人自己创设的，并将其称为利维坦。霍布斯眼中的自然状态是"战争状态"，"这种战争是每一个人对每一个人的战争"①。这种人人互战的状态是悲惨可怕的，人们想要摆脱这种自然状态寻求和平的生活，因此签订了一种社会契约，自愿割让自己的部分权利让渡给统治者或主权者，这种协议组成的共同体便具备一个集体人格，国家也由此形成了。在这里，国家源于人们相互订立的信约，国家的职能是保障每个人的自然权利，而不是创造一种有德性的生活。与霍布斯不同，洛克认为自然状态是一种理性状态，在政治社会之前，人们就已经生活在社会之中，比如家庭、主仆社会等，而非霍布斯笔下的野蛮状态。这种"非国家形态"下的社会是一个个人根据自然法和平共处的状态，"所有的人自然地处于这种状态，在他们同意成为某种政治社会的成员以前，一直就是这样"②。上帝既将世界给予人类共有，又给予他们以理性，使他们受自然法（理性所发现的戒条或一般法则）的统治，也就是理性的统治，人们受理性支配而生活在一起，不存在拥有对他们进行裁判权力的人世间的共同尊长。在这种自然状态中，一切权

---

① ［英］霍布斯：《利维坦》，黎思复等译，商务印书馆，1985 年，第 94 页。
② ［英］洛克：《政府论》（下），叶启芳等译，商务印书馆，2003 年，第 12 页。

利和管辖都是相互,没有一个人享有多于别人的权利,那是一种完备无缺的自然状态,然而人们在自然状态下享有的权利又是具有脆弱性,容易受到威胁侵犯。因此,为了谋求和平、安全的生活,人们协议组成一个共同体,这个共同体就是国家,在这里,国家的职能是保护人的财产,政府的目的是为人民谋福利。

卢梭并不认为自然状态是一种理性状态,他认为自然状态是一种原始的情感状态。"正是这种情感,使我们不假思索地去援助我们所见到的受苦的人。正是这种情感,在自然状态中代替法律、风俗和道德,而且这种情感还有一个优点,就是没有一个人企图抗拒它那温柔的声音。"①在卢梭的自然状态理论中,自然状态是与文明状态相对的,而文明状态同霍布斯的战争状态是等同的,文明社会中的私有制和法律使富人对穷人的奴役合法化,这导致了战争状态,这种状态使人堕落而且悲苦。因此,国家虽然也是通过协议缔结契约的产物,但出发点已不再是自然状态,而是文明社会,其目的是通过社会契约来重新改造和设计社会制度,自然状态作为激励人类目标的含混性,在人道层面上呈现出返回自然状态的想法。在这里,国家职能表现为以全部共同的力量来护卫和保障每个结合者的人身和财富,使人们获得社会自由以及他所能享受的一切东西的所有权。

康德心中的理想国家构建,一方面建立在法权关系意义上的国家意志,另一方面寄托于人类的道德进步,强调政治理想国的实现基于人类道德的进步性,自由即自律。康德认为共和政体才是合理的国家制度,能够真正体现公共意志,但是这一合理的共和国制度在现实中又是不能实现的,于是,共和国作为一个理想的目标就被推向了彼岸世界——在这里,国家的发展归属表现为目的而非工具。在国家职能方面,康德较为进步的一点是提出

---

① [法]卢梭:《论人类不平等的起源和基础》,李常山译,商务印书馆,1962年,第103页。

通过联合的办法组成国家联盟,建立永久和平的国际关系,体现出了国家对外的职能。在自由主义者眼中,国家是保障个人权利的必要产物,个人是本源,国家是派生,人民是一切权利的来源。国家作为人实现理想制度和完善社会生活的工具和手段,其存在是为了人,而不是人为了国家而存在,因此应该通过分权等政权组织形式的设计来维护人民的权利,使国家在发展归属上呈现出基于不断修正的永久合理性。

随着怀疑主义、功利主义等不断冲击着自然法理论的基石,进入 19 世纪后期,古典自由主义在西方逐渐走向衰落,与此相应的是,其国家观理论也步入低潮,直到罗尔斯、德沃金等人的论证和努力,自由主义以一个新的面容重新登上政治舞台。新自由主义反对古典自由主义提倡的消极国家观,强调自由不能脱离平等,个人不能脱离国家,最小的政府不一定是最好的政府,主张国家在经济和社会发展过程中扮演一个积极的角色。罗尔斯将原处状态设置为正义原则缺失,而正义又是从人的自然状态中难以自然而然产生的东西,由此产生的国家便是利用公共权利负责实施正义,通过自上而下的理性构建,国家作为社会正义秩序的创造者,在各个领域扮演积极的角色,因此国家在职能方面也表现为福利式的。尽管新自由主义者认为国家并不像霍布斯所描述的那样是一个危险的怪兽,以国家中立作为新自由主义国家观的重要原则,反对社会事务管理中的理性自负,但新自由主义国家观并没有背离自由主义的底色,在一定程度是对古典自由主义国家观的修正,目标是重新振兴自由主义。

事实上,正是在国家积极干预的情况下,资本主义社会才从经济大萧条的寒冬中走出来,推动了战后资本主义国家的经济繁荣。如果说古典自由主义消极国家观在经济大萧条后被质疑,那么新自由主义积极国家观则伴随着凯恩斯主义的瓦解被审视,与之相伴而生的是保守自由主义国家观大受追捧,这种国家观表现为自由至上。进入 20 世纪,以哈耶克、诺齐克为代表的保守自由主义国家理论,注重对国家进行多视角综合分析,特别是注重对现代、后现代社会所面临的现代性危机和对集权主义的反思,以及探讨如何面对日益复杂社会矛盾实现治理现代化等。保守主义是在经济层面对古典自由主义的复兴,他们对福利国家和计划经济猛烈抨击,极力提倡自由化、市场化、全球化,鼓励个人意义上的探索、冒险等。在他们看来,"最坏形式的当代蒙昧主义,大凡认为一切有效的制度都产生于深思熟虑的设计的人,大凡认为任何不是出自有意识设计的东西都无助于人的目的的人,几乎必然是自由之敌"①。

自由主义国家观对西方国家产生了重要影响,其思想被西方各国思想界不断援引和阐述,其影响至今仍在延续。虽伴随历史几经沉浮,思想几度嬗变,理论界对国家的看法出现认知迥异,争论甚嚣尘上,甚至纷纷著书立说阐明立场观点,但其本质都是抽象意志主宰下的国家观,消解了国家起源的历史性和阶级性。例如霍布斯笔下的"自然状态"就被质疑是一个虚构的理论,因为历史上从来没有过人类没有公共权力而生活的时代。他自己都认为,"自从创世以来,历史上从来没有过人类完全没有社会的时代,这很可能是正确的。即使一部分人类没有法律和统治者,总还是有其他部分的人类可能拥有国家"②。从"国家是自然的""正义原则""人民的公意""政治社会""先验、理性的产物"等,可以看出,关于国家的抽象本质的争论是十分丰富的。尽管如此,他们不是在一般意义上讨论国家,而是着重探讨国家的形式、政府的政策等,但他们对于这些观念从何而来却闭口不谈,有意回避国家的本源性,最终把这些观念的产生归结为人性或上帝。

权利是自由主义的一个基本概念,自然权利又是这其中一个最重要的

---

① [英]弗里德利希·冯·哈耶克:《自由秩序原理》,邓正来译,生活·读书·新知三联书店,1997年,第156页。

② Thomas Hobbes, *On the Citizen*, Cambridge: Cambridge University Press, 1998, pp. 24 – 25.

权利概念,这种权利基于自然法或人的本性,是与生俱来的,不证自明的,不可让渡的。事实上,权利的实现具有历史性,任何权利都不是天上掉下来的,而是上升时期自由主义力量争取出来的。另外,在处理国家与个人之间的关系时,自由主义学派在解决国家与个人的问题时常常把二者对立起来,自由是最核心的东西,国家常常被看作个人自由的桎梏。在国家职能上,自由主义总是认为,"国家机器的任务只有一个,这就是保护人身安全和健康,保护人身自由和私有财产,抵御任何暴力侵犯和侵略,一切超出这一职能范围的政府行为都是罪恶"①。在他们那里,国家观难以超出西方中心主义,此外,对个人自由的极端重视,对私有财产的无限尊崇,热衷于保障个人之间竞赛的公平竞争,追求程序上的正义而疏于实质上的正义,也必然导致他们的政治理想流于形式,落入空泛,所谓的自由、公正、平等也呈现出虚假性,这些口号也必然沦为空洞无物、毫无意义的术语。总之,要么只见事不见人,要么只见人不见事,抽象性、非历史性、超阶级性构成了自由主义中形形色色国家观与马克思主义国家观的根本区别。马克思在《哥达纲领批判》中指出,国家是阶级工具,当真正谈论自由的时候国家就不存在了。因此自由主义者们对自由的关切,努力在自由主义的框架内寻求解决办法,个人主义的绝对化又趋向发展成为极端主义,侧重于从国家未来应然出发,而忽视对国家当下实然状态的考察,最多也只能是一种"现实主义的乌托邦"。

5. 社群主义国家观思潮

社群主义是在批判新自由主义的基础上发展起来的,二者之间的争论显示了近代以来西方主流政治思想与非主流政治思想之间的思想张力,具体展现为权利政治与公益政治价值优先序列的选择,因此社群主义又被称

---

① 〔奥〕路德维希·冯·米勒斯:《自由与繁荣的国度》,韩光明等译,中国社会科学出版社,1995 年,第 90 页。

为后自由主义语境下的政治哲学。社群主义者们强调人的社会性质的重要性,他们宣称"一个社会不只是经由契约联系在一起的个人间的结合,它毋宁是一个人们因共享一些相同的习俗和信念而结合在一起的社群"①,也就是那些具有共同的自我认知的参与者按照某种方式组成的共同体,在这种社群中,共同体的分享与参与以及归属感凸显出来。社群主义者们认为,是社群决定个人而不是个人决定社群,他们积极倡导公益政治学,旨在确定一种共同的善的学说。作为一个思想流派,社群主义在西方文化中有着悠久的传统。俞可平指出:"从知识渊源上讲,社群主义的出现既与亚里士多德以来就存在于西方思想传统中的社群观点有密切的联系,又与对新自由主义的反驳相关。从社会背景上看,则既是对于西方国家的国家弱化的一种理论反弹,又是对于曾经在西方政治生活中发挥过重大作用却逐渐衰落的中间性社群进行重建的诉求的反映,更是 20 世纪 60 年代兴起的新社群运动的理论回应,以及对于 70 年代兴起的新人权运动的理论总结。"②

社群主义者认为,权利的实现具有现实历史性,任何权利都不是天上掉下来的,人处于社群关系之中,只有理解个人所处的社会环境与历史文化传统,才能了解个人的价值和目的。故而作为社群成员,个人必然带有社群的文化传统的印记,分享社群价值理念、物质利益,乃至承担提升个人和社会的责任,社群是形塑个人的既定素材。自由主义者认为,个人是社会的基础和价值本源,社会不过是个人的派生形式和集合形式,社会和国家的正当合理性就在于确保个人生命和个人权利的积极意义,因而其价值只能是相对的、工具性的。俞可平认为,"社群既是一种善,也是一种必须,人们应当努

---

① 万俊人:《美国当代社会伦理学的新发展》,《中国社会科学》,1995 年第 3 期。
② 俞可平:《权利政治与公益政治——当代西方政治哲学评析》,社会科学文献出版社,2000年,第 255~257 页。

力追求而不应当放弃"①。在社群主义者心中,社群是一种善,个人只有在社群中才有意义,而国家就是最大的政治社群,这种性质的社群又被称为完全性社群。麦金太尔指出,"现在国家产生的历史本身显然是一部道德的历史"②,因此从这个意义上看,国家就是社群发展到一定阶段的产物。从本质上看,社群主义是一种哲学,是在对抗新自由主义的过程中形成的,包含了一些合理性和辩证因素,但其本质上是资本主义私有制理论的反映,它以解决资本主义矛盾,维护和发展资本主义为最终目的,因此社群主义又被称为自由主义另一种形式,或被称为后自由主义哲学。

事实上,"社群主义者并不是想要取代自由主义,而是要保全它,社群主义者是这样的自由主义者,他们想在人们中间重建对于这些问题的常识:国家的目的是什么,其人民在历史中有什么共同的东西,他们应该争取达到什么目的"③。从政体的角度来看,社群主义并没有取消资本主义私有制的社会现实,在面对实际问题时又缺乏辩证唯物主义的视域,在资本主义私有制的条件下,社群利益也只能是特殊利益而非国家整体利益。所以社群主义者仍然停留在对资本主义国家政体的连在性修复上。在意识形态上,社群主义与社会主义的集体主义是根本对立的,其观点不代表人民群众的根本利益。在国家职能上,社群主义者对自由主义者的国家中立原则进行了反驳,他们强调国家在公共利益方面的重要作用,呼吁发挥国家的职能和作用,增进公共利益,桑德尔说:"如果一个政治社群,所提供的公共利益很少,或者公共利益的享受者寥寥,这样的社会纵使最公正,也不能算是一个良好的社会。"④米勒认为国家有五大职能:保护个人权利的职能,分配与再分配

① 俞可平:《社群主义》,中国社会科学出版社,2005 年,第 27 页。
② [美]麦金太尔:《追寻美德:道德理论研究》,宋继杰译,译林出版社,2011 年,第 247 页。
③ 徐友渔:《重读自由主义及其他》,河南大学出版社,2008 年,第 152 页。
④ 俞可平:《社群主义》,中国社会科学出版社,2005 年,第 113 页。

职能,提供公共物品的职能,经济管理的职能,国家的自我再生产职能。从国家的发展归属上看,在社群主义者眼里,社群不同于社会,社会晚于社群,社会是各个人基于特定利益而聚合在一起的有机体,而社群是一种持久的、真正的共同生活,是一种天然状态的人的意志有机体,社群为个人提供道德源泉,提供个人合作的机会,个人间连接的纽带以及情感满足和信仰的需要,因此社群即是目的。总之,社群是其成员自我认同的核心。因此,为了达到最大或最高的善而组成的人类团体或社会关系就是国家,国家的本质就是最大的政治社群,国家机器恰好是这种社群理念的表现形式,并且是一个充满高度凝聚力和具有须臾不离社群感的社会,在发展归属上呈现出目的论的特征。

总的来说,人类社会历史上关于国家的学说形式多样,观点迥异,尽管诸种形式的非马克思主义国家观极具迷惑性,但无论其怎样装饰自己,都不能科学地解释国家的起源和本质,随着人类社会的进步,它们也必将被抛入历史的"垃圾堆"。

(四)马克思主义国家观教育的内涵及其本质

教育在对人的培养和文化传承中形塑着人对国家的观点,教育作为国家柔性治理的重要手段对国家观的形成更具有先在性,而国家又是理解教育制度的根本核心。我们常说"有其国必有其教",教育与国家的关系是教育实践性问题背后存在的理论性问题之一,因此分析马克思主义国家观教育的内涵及其本质,首先要厘清国家与教育的关系。关于国家与教育的关系,质言之,就是国家的教育职能与教育的国家意志相统一,即国家权力分配影响着教育管理体制,教育制度反映国家的权力意志。因此,在某种程度上,国家观培育就是教育的根本职能。梳理国家与教育之间的关系,是界定国家观教育内涵的前提依据。

总览国家与教育的内涵和外延,二者既有交叉又存在分野。从时间角度看,教育是伴随着人类社会的产生而产生的,教育的产生早于国家,在所有制关系取代以血缘为基础的宗法关系前,教育就已经产生。从范围上看,一方面,教育是国家的重要组成部分,国家当中必然存在这样或那样的教育;另一方面,在阶级社会产生以前,教育就已经作为人类社会延续的方式而存在,是一种全社会的教育活动,因此教育的范围比国家的更为宽广。从存在形态上来看,教育是一种动态性的实践活动,而国家更多的是一个空间概念。从发展归属上看,教育是终身性、全息性的,而国家则起源于阶级斗争终于阶级消亡。从唯物史观上看,国家与教育都属于上层建筑部分,国家是由社会内部产生的,是平衡社会利益与权力的产物,当国家弱化其作为镇压性国家机器的作用时,教育无疑在维护社会秩序中起到了重要的作用,特别是在帮助国家传播主流意识形态、培养各类可靠人才、推动经济繁荣、提高全民族的科学文化水平、构建和谐社会等方面具有明显作用,正因如此,教育也必然被纳入国家管辖的范围内并以法律的形式确定下来。

　　有什么样的国家就有什么样的国家观,有什么样的政治体制就有什么样的教育结构。教育问题的分析中隐藏着不同的国家观,这种观点又决定着我们对教育问题的分析和理解。事实上,对国家与教育关系认识的不同,在很大程度上取决于对国家理解的差异性上,即不同的国家观对教育有着不同的看法。无可否认的是,教育作为一项国家事务应由法律规定,我国《宪法》第十九条、四十六条、四十七条、八十九条、一百零七条、一百十九条都对教育作出规定,例如《宪法》第四十六条规定,中华人民共和国公民有受教育的权利和义务,国家培养青年、少年、儿童在品德、智力、体质等方面全面发展。总之,国家会尽量影响、控制和监督教育,无论这种监督控制是直接还是间接,其目的都是为了更有效地发挥国家管理教育事业的作用。正如批判教育学派阿普尔(Michael Apple)所认为,"教育改革尤其是正规的学校教育主要是由国家开办的,这就决定了学校教育的本质是一个政治过程。

教育往往处于政治斗争的中心,而分析国家与教育之间的复杂关系,离不开对学校教育中知识、课程与教学等方面的关注,其本质是探讨教育与权力之间的关系"①。

综上所述,国家与教育都受制于一定的经济基础,反映着统治阶级的利益和意志。自从有了教育活动,人们就开始对教育进行探索与思考,并且已经形成了一个专门知识领域,随着教育学成为一门独立形态的学科,教育活动开始走向成熟,拥有自己的问题域、学科话语体系及教育对象。教育作为上层建筑系统中的重要构件,受一定的生产力发展水平和政治经济制度所制约,又有自身独特的形式和发展历史,一旦生成后又可以对前者进行意义构建,这主要表现在相对独立性及自由性两个方面。教育具有相对独立性又可以从两个方面来分析。教育对社会发展具有能动的反作用,表现在教育社会功能日益突出并日益受到重视,是社会发展进步的动力源泉,是一个国家的文化软实力。教育作为社会系统的一个子系统,依靠一定的条件而存在的同时,又具有相对滞后性和不平衡性,表现为优于社会生产力发展水平与政治制度,引领时代进步,或不能满足未来发展需要,成为社会改革发展的桎梏。教育应该是自由的,从教育实践发展来看,教育不应该整齐划一、千篇一律、万人一腔。作为一个独立的存在,教育具有自身运行的规律,具有不可替代性。教育对象的多样性、能动性也决定了教育内容、方法的多元化,同时,应对不同的时代背景、教育环境、社会现实,教育应有不同姿态及表现形式。通过探讨国家与教育的关系,对教育与国家的关系做一个概略的考察,从经济关系及阶级关系的角度厘清教育具有的政治属性,从而确立国家观教育的合理性与合法性存在。

---

① Michael W. Apple, *The State and the Politics of Knowledge*, New York: RoutledgeFalmer, 2003, p. 19.

从一般意义上看,国家观教育是指把关于国家的观点和立场作为一般理论传授给公民,目的在于使其了解国家、认同国家,树立正确的国家观,增强参与管理国家事务的能力。从认识论的角度看,国家观作为人的一种理性认识,是人们对国家这个存在物的特征及运行规律的能动反映,指导着人们在国家生活中的行为活动,并不断接受实践的检验,因此对国家观再认识的过程就是国家观教育的过程。从阶级意义上看,国家观教育是意识形态教育的重要组成部分,作为一种政治教育,是统治阶级将其对国家的立场和观点灌输到公民意识之中的实践活动,是统治阶级主导下的政治社会化过程,这实际上也是国家观教育的本质。

综上所述,我国的国家观教育是指在我国现阶段的条件下,党和国家有目的、有计划、有组织地对公民进行马克思主义国家观教育,以促使社会成员正确认识国家相关问题,确立正确的国家观,提高对国家的认同感和爱国热情的教育过程,是一种指向明确的政治爱国主义教育。在新时代条件下对大学生进行国家观教育,本质就是对大学生进行马克思主义国家观教育,既包括马克思主义国家观一般性教育,又包括中国共产党人把马克思主义国家观学说同中国实际相结合创造性运用的具体性教育,以及中国特色社会主义制度体系、社会主义核心价值观以及中国梦等特殊性教育。

四、研究思路及方法

研究思路是整个研究活动的逻辑脉络,思考的理路和脉络是否清晰科学,决定着整项工作的成功与否。方法的选择和运用是否科学,事关研究能否顺利开展,以及进展的程度和效果。

(一)研究思路

马克思主义国家观是一个完整的、系统的关于"祖国"这个历史现象的理论体系。本书立足马克思主义经典作家关于国家本质的有关论述,阐释了国家的产生、国家的本质和职能、国家的发展演变趋势以及国家的消亡,并在此基础上揭示马克思主义国家观与其他形形色色国家观之间的本质区别,从而厘清马克思主义国家观教育与非马克思主义国家观教育的本质区别。我国是社会主义国家,大学生国家观教育的任务就是要帮助大学生正确地认识社会主义国家的基本特征和社会主义制度的优越性,激发大学生对社会主义国家的热爱。

第一,对相关概念进行界定、梳理,旨在回答"是什么"的问题。马克思主义国家观教育有一个清晰的内涵和外延,是深入开展研究的前提。从历时性与共时性的角度,对历史上的"中国"与今天的"中国",祖国与国家等相关概念分析,对马克思主义国家观与诸种非马克思主义国家观思潮辨析,厘清马克思主义经典作家对国家问题的看法和基本观点,划清马克思主义国家观与非马克思主义国家观的界限,进而明晰马克思主义国家观教育的内涵及本质。

第二,回答"为什么教"的问题。国家观教育的现实意义,是国家观教育活动的出发点和落脚点。通过分析国家观教育对国际、国家和个人的意义,突出强调大学生国家观教育对于构建人类命运共同体的推动作用,阐明大学生国家观教育为实现中华民族伟大复兴的中国梦提供精神支柱,进一步揭示大学生是国家的希望、民族的未来。大学生树立正确国家观事关国家的前途、民族的命运,事关大学生自身成长成才。从理论基础的角度回答为什么教这一问题。理论基础是大学生国家观教育的行动指南,是系统化、理论化了的马克思主义世界观在国家观教育问题上的表现,通过对马克思主义国家观教育理论基础的系统整理归纳。此外,本书分析了党的十八大以来有关国家观教育的相关论述,突出了新时代大学生国家观教育的新要求,这也是对"为什么教"这一问题的进一步回答。

第三,探索改革开放以来大学生国家观教育的历史与现实,旨在回答"教得怎么样"这一问题。国家观教育的历史进程就是国家观教育活动经过的陈迹,分析改革开放以来大学生国家观教育的历史沿革脉络,考察其变迁的原因,总结大学生国家观教育取得的成就和积累的丰富经验,承前启后,继往开来。对于整体把握大学生国家观教育,增强新时代大学生国家观教育的实效性具有积极意义。还针对这一时期大学生国家观教育所存在的问题,提出新的要求和新的对策。

第四,问题就是时代的口号,有了问题导向也就有目标指向。针对改革开放以来大学生国家观教育存在的问题,以及新时代条件下,对大学生爱国主义教育提出的新要求,明确了在教育者意欲传递给教育对象关于国家的思想观点时所要遵循的目标要求、原则要求和内容要求,以及大学生马克思主义国家观的实现路径。通过对大学生马克思主义国家观教育,帮助大学生树立正确的国家观,认识到非马克思主义国家观的实质和错误所在,并自觉抵制非马克思主义国家观的影响,这一环节也是对新时代大学生国家观教育应该"如何教"的回答。

(二)研究方法

工欲善其事必先利其器。没有恰当的研究方法就无法完成研究任务,本书以马克思主义理论为指导,以其他相关学科为借鉴,主要采取以下研究方法。

第一,逻辑与历史相一致的方法。研究新时代大学生国家观教育必然要研究它的历史背景和历史条件,而对于事实资料又必须在历史考察的基础上进行逻辑分析,即以史为论。每一时期的大学生国家观教育既是特定历史条件下的任务要求,又是对前一时期遗留问题的解决和超越。

第二,文献研究法。对马克思主义经典著作、工具书和相关文献资料,以及各大门户网站、自媒体客户端等有关大学生国家观教育的内容进行整理。对国内外学者有关大学生国家观教育的著作、论文中的观点进行归纳提炼。

第三,比较研究法。新时代大学生国家观教育既要以马克思主义国家观教育思想为指导,又要扎根于中国传统国家观教育思想,吸收借鉴国外关于国家观教育的先进经验。因此,只有通过横向与纵向的比较,才能明事理、辨是非,有选择地为我所用,避免历史虚无主义和复古主义,创新新时代大学生国家观教育思想体系。

第四,系统分析法。从系统论的角度看,国家观教育是社会系统中的一个子系统,同时又由各要素组成。新时代大学生国家观教育是社会系统变迁中的一部分,新时代大学生国家观教育的有效进行离不开其系统内部各要素与外部要素间协调一致的互动整合。因此,必须抛弃就事论事的惯常思维,脱离时代语境和社会条件孤立地去研究。

第五,科学抽象法。运用科学的抽象方法,把不同时段国家观教育发展过程各种现象和原始资料分门别类地上升到普遍和一般认识。如果就事论事地去研究现象和资料而不进行由表及里的加工,就抓不住其实质。

第六,规范性研究与实证研究相结合的方法。大学生国家观教育研究,既是一个价值命题,又是一个现实问题。从应然的层面来看,新时代大学生国家观教育研究必须进行规范性的研究。从实然的层面来看,新时代大学生国家观教育的背景考察,大学生国家观教育的现状与症候分析,文献资料的搜集和分析,则需要描述性的研究。

五、研究的难点和创新点

出发点和落脚点往往是开展一项研究工作的重点,它贯穿整个研究的始末,而研究过程之中的出现难点和创新点,则是推动开展下一项研究的新起点,科研工作前进的每一步,都建立在对难点解决和创新点挖掘的基础上。

(一)研究的难点

国家观的培养和建立关系到国家的统一、民族的团结、社会的和谐和政权的合法性的确立,因而国家认同教育一直是世界各国关注的焦点。爱国主义教育、祖国观教育、公民道德教育等也都是各国教育的重点,以培养符合本国社会发展所需要的人才。笔者通过文献搜集发现,与爱国主义教育和公民教育相关的资料可谓是汗牛充栋,研究成果也是成绩斐然。尽管相关研究成果层出不穷,但研究成果之间存在交叉重复,外延规模的不断扩大却导致国家观教育内涵式发展不足。例如对爱国主义教育形而上的思考和本体论上的追问的相关研究就十分缺乏,这也间接导致与本研究密切相关的文献资料严重不足。总的来看,本研究面临的主要困难是由于马克思主义国家观教育研究尚处在起步阶段,现有成果稀少,有针对性的文献资料不足。

此外,从目前来看,大学生马克思主义国家观教育研究是思想政治教育学的重点、焦点,同时也是一个难点。制度化的大学生国家观教育还是一个新鲜的事物,没有直接经验和成果作为参照系。大学生的国家观教育应该纳入高校思想政治理论课,还是应该作为与政治学相关联的一门专业课,大学生国家观教育活动的成果和问题的判断依据是什么,以及评价指标体系又是什么等,一切还都是未知数,都还处在摸着石头过河的阶段。

(二)研究创新点

首先,选题视角是本书的一个创新点。爱国主义是思想政治教育的主旋律。本书立足于马克思主义经典作家对国家本质的论述,通过对大学生进行马克思主义国家观教育,帮助大学生正确认识社会主义国家的本质、特征及优越性,在此基础上形成对社会主义国家的热爱,使其积极投身于中国特色社会主义事业中去,为实现中华民族伟大复兴而奋斗终生。以国家认同实现爱国主义教育是本书的一个主要创新点。

其次,内容结构的创新。大学生国家观教育是新时代爱国主义教育的新要求。本书通过对传统爱国主义教育的积极扬弃,把大学生的朴素爱国情感巩固和升华到国家理性层面,进而形成一个整体的国家认同,凸显国家观教育相较于传统爱国主义教育的优越性。从结构上看,区别于传统写作手法,常规写法大都以堆砌思想资源和理论基础开篇布局,本书将党的十八大前后作为关节点,向上承接党的十八大之前大学生国家观教育的经验做法,及所存在的问题,向下以党的十八大以来提出的新要求为依据,提出新对策,使本书的布局看起来更具有动态性。

最后,把"大学生国家观教育"作为一个整体来研究,也是本书的一个创新点。从国家观一词提出背景,以及党的十八大之前的相关研究来看,大学生国家观教育更多的是针对少数民族地区的大学生,落脚点在增强民族认同。例如《国家中长期教育改革和发展规划纲要(2010—2020年)》中提到的祖国观,就放在了《纲要》第九章的民族教育部分。本书中,国家观教育的对象不再以少数民族地区或者某一民族地区的大学生为教育对象,转而以全国各民族大学生为教育对象,落脚点是增强国家认同,并通过对社会主义国家认同的教育,增强中华民族的凝聚力和向心力。

第一章　大学生国家观教育的理论基础

马克思主义经典作家和中国共产党历代领导核心关于马克思主义国家观的教育思想,是对于为什么、如何运用马克思主义国家学说来教育无产阶级和广大人民群众的思想,也是大学生国家观教育的理论基础。其中,经典作家和中国共产党历代领导核心对什么是国家以及如何看待国家问题的观点体系,是马克思主义国家观教育思想的前提和基础,在逻辑上具有先在性。本章主要以马克思主义国家观教育思想为梳理对象,但对后者的梳理离不开对前者的归纳分析,二者相辅相成。

一、马克思主义经典作家关于国家观及其教育的思想

马克思主义经典作家关于国家观及其教育的思想,是一种历史唯物主义国家观点和国家观教育思想。他们关于国家问题的总的看法和基本观点,同各种形形色色的抽象的、超历史的国家观彻底决裂,特别是对国家的阶级本质全面揭示,为马克思主义国家观教育提供了坚实的基础。列宁把马克思主义国家学说基本原理同俄国无产阶级革命和社会主义建设相结

合,对国家问题的探索从一般的资本主义深入到帝国主义,从一个严密的理论设想转变成创造性的实践应用,对马恩的国家观及其教育思想作了进一步丰富和发展。

（一）经典作家关于马克思主义国家观的基本观点

马克思主义经典作家们认为,国家共同体是阶级社会特有的现象,国家是阶级本质与多重属性的统一,国家将渐次归于无用而终于消亡。但在此之前,国家被当作一种超阶级的、抽象的存在。儒家思想中,常常把修身齐家治国平天下等观念连在一起,不无以一种"国之本在家"的主张而成为家族起源说,即国家是家族扩大化的结果。在亚里士多德那里,国家不是从来就有的,而是出于自然的演化,源于作为政治动物人的本性的需要。国家从来都不是像黑格尔所断言的那样从外部强加于社会的一种力量,是理性的形象和现实,市民社会只是绝对精神的特殊领域,国家是人类社会发展到一定阶段的产物,它来源于社会却又表现为一种超然于社会的独立力量。西方自由主义者把国家看成人性的需要、社会契约的结果。康德赞同卢梭的国家契约论,认为国家源于社会契约,但他并不认为社会契约是真实存在的,历史可以证明的,当然,也不需要它是真实的,只是就国家产生的道理上讲得通即可。黑格尔的国家理论则是将理性主义与经验主义结合起来,他认为国家不源于社会契约,社会契约论不符合建立国家的历史事实,因为人们既可以任意地签订契约,也可以任意地解除契约,国家也就变成随意性、偶然性的东西。

与黑格尔同时代的学者,德国政治家洪堡认为,对国家作用的限制比任何政治问题都重要,国家必须以单一的人及其存在为出发点,"每一个单的人享受着从他自身按照其固有特征发展自己的、最不受束缚的自由,而且在其中,身体的本质不会从人的手中接受其他的形态,每一个个人都根据他的需要和他的喜好,自己随心所欲地赋予他种形态,他这样做时仅仅受到他的力量和他的权利局限的限制"①。因此,国家在本质上扮演"守夜人"伦理角色。进入20世纪,以哈耶克、诺齐克为代表的保守自由主义国家理论,注重对国家进行多视角综合分析,特别是注重对现代、后现代社会所面临的现代性危机,对集权主义的反思以及如何面对日益复杂的社会矛盾实现治理现代化等。保守主义是在经济层面对古典自由主义的复兴,他们猛烈抨击福利国家和计划经济,极力提倡自由化、市场化、全球化,鼓励个人意义上的探索、冒险等。在社群主义者心中,社群是一种善,个人在社群中才有意义,而国家就是最大的政治社群,这种性质的社群又被称为完全性社群。

综上所述,关于国家的起源和本质,在马克思主义出现之前,学者们基于各自的立场和视角对其加以研究,尽管提出林林总总的观点,但其共同之处就是把国家说成是超阶级、超历史、代表全民利益的社会机构。亚里士多德说:"至高而广涵的社会团体就是所谓'城邦',即政治社团。"②囿于时代的局限性,他并没有进一步阐明这一政治社团的属性。马里旦说:"国家不过是一个有资格使用权利和强制力并由公共秩序和社会福利方面的专家或人才所组成的机构,它不过是为人服务的工具。"③尽管马里旦指出了国家的工具属性,但他并没有进一步深入阐明这一工具是为谁服务的,正如同枪支弹药等物质不纳入人的有意识活动,就如同废铁一堆;又如同这个世界上有中国人、美国人和欧洲人,却没有普遍意义上的人。总之,马克思主义经典作家们在积极扬弃的基础上形成了新的国家理论学说,科学地揭示了人类社会发展的一般规律,把颠倒的国家观重新树立,打破了西方近代以来以契约论为主流的思辨式国家观传统。

---

① [德]洪堡:《论国家的作用》,林荣远译,中国社会科学出版社,1998年,第35页。
② [古希腊]亚里士多德:《政治学》,吴寿彭译,商务印书馆,2016年,第3页。
③ [法]马里旦:《人和国家》,霍宗彦译,商务印书馆,1964年,第15页。

1. 马克思和恩格斯的国家观思想

第一，从揭示国家的起源和本质出发，提出要"打碎资产阶级国家机器"。马克思率先找到了研究国家起源的切口，他在《〈黑格尔法哲学〉批判》中提出市民决定国家的观点，"政治国家没有家庭的自然基础和市民社会的人为基础就不可能存在。它们对国家来说是必要条件"①。国家是人类进入阶级社会后形成的，属于上层建筑的核心构件，是经济基础的产物。恩格斯指出："国家并不是从来就有的。曾经有过不需要国家，而且根本不知国家和国家权力为何物的社会。在经济发展到一定阶段而必然使社会分裂为阶级时，国家就由于这种分裂而成为必要了。"②从表面看来，国家是整个社会的代表，实际上则是维护阶级统治的政治性工具，是统治阶级借以实现其共同利益的形式。国家不是对社会各阶级一视同仁管理的公共事务机关，表面上凌驾于社会之上的力量，发挥着社会管理的作用，其本质是掩盖并维护阶级利益。通过对国家本质的深刻揭示，大多数无产阶级处于一种被压迫和剥削地位的国家之中，建立在私有制基础上国家不属于无产阶级。因此，马克思、恩格斯在《共产党宣言》中明确指出"工人没有祖国"③，并在此基础上提出国家独立和民族解放而抗争到底的国家观，号召无产者在国际主义的基础上团结起来，以革命的形式推翻资产阶级，上升为民族的阶级，在经济上获得解放的政治形式。

无产阶级革命的第一步就是使自己拥有祖国，在争取国家独立和民族解放的进程中，全世界无产者联合起来是无产阶级革命的基本原则。恩格斯在《德国农民战争》序言中指出："首先必须维护真正的国际主义精神，这种精神不容许产生任何爱国沙文主义，并且欢迎无产阶级运动中任何民族

---

① 《马克思恩格斯全集》(第 3 卷)，人民出版社，2002 年，第 12 页。
② 《马克思恩格斯选集》(第四卷)，人民出版社，2012 年，第 190 页。
③ 《马克思恩格斯选集》(第一卷)，人民出版社，2012 年，第 419 页。

的新进展"①,并且这一观点又在《关于波兰的演说》中再次被提及。他认为,民主主义还未实现前,共产主义者和民主主义者应并肩战斗,二者的利益是一致的。② 这充分表明,马克思主义国家观是爱国主义与国际主义相统一。关于无产阶级如何建立自己国家的方式,马克思、恩格斯通过高度赞扬中国人民的反侵略斗争,强调"在一切实际事务中——而战争就是极其实际的——中国人远胜过一切东方人"③。恩格斯认为:"民众为了进行抵抗,一切手段都可以使用。"④马克思认为,当一个富有生命力的民族受外国侵略者压迫时,应把自身所有的力量、心血和精力用以反抗外敌。实现整个民族为争取社会解放而斗争,无产阶级自身的解放是实现这一切的前提。那是因为,"无产阶级战胜资产阶级意味着克服了一切民族间和工业中的冲突,这些冲突正是当前引发民族互相敌视的导火索。因而,无产阶级战胜资产阶级同时也是所有被压迫民族获得解放的信号"⑤。

第二,从国家的演变发展规律出发,揭示无产阶级国家政权的崭新性和过渡性。无产阶级专政的理论是马克思主义国家学说的精髓,无产阶级国家是新型民主和新型专政的社会主义国家,具有崭新性又兼有过渡性。崭新性是指无产阶级国家不同于以往任何其他阶级国家,过渡性是指无产阶级国家仅仅是通往共产主义社会的一个过渡阶段,二者具有内在同一性。马克思和恩格斯早在《共产党宣言》中就阐明了无产阶级专政的经济任务和政治使命,指出:"工人革命的第一步就是使无产阶级上升为统治阶级,争得民主。无产阶级将利用自己的政治统治,一步一步地夺取资产阶级的全部资本,把一切生产工具集中在国家即组织成为统治阶级的无产阶级手里,并

---

① 《马克思恩格斯选集》(第三卷),人民出版社,2012年,第38页。
② 参见《马克思恩格斯全集》(第4卷),人民出版社,1958年,第410~411页。
③ 《马克思恩格斯全集》(第16卷),人民出版社,2007年,第107页。
④ 《马克思恩格斯全集》(第17卷),人民出版社,1963年,第180页。
⑤ 《马克思恩格斯全集》(第4卷),人民出版社,1958年,第409~410页。

且尽可能快地增加生产力的总量。"①阶级斗争必然导致无产阶级专政,无产阶级专政是阶级斗争的必然结果,无产阶级专政是通向共产主义社会的过渡形态,即"这个专政不过是达到消灭一切阶级和进入无阶级社会的过渡"②。1875年,马克思在《哥达纲领批判》一文中对无产阶级专政学说作了进一步阐述,他指出:"在资本主义社会和共产主义社会之间,有一个从前者变为后者的革命转变时期。同这个时期相适的也有一个政治上的过渡时期,这个时期的国家只能是无产阶级的革命专政。"③但无产阶级专政不再是原来意义上的国家,而是向无阶级社会过渡的形态,无产阶级国家是对广大人民群众实行民主,对极少数剥削者专政。正如恩格斯所指出的,巴黎公社"已经不是原来意义上的国家"④。这一过渡形态与包括资产阶级民主共和国在内的一切剥削阶级国家,具有根本性和本质性的区别,其性质是完全相反的,这一点甚明而无疑。

2. 列宁的国家观思想

第一,从国家的一元本质和多重属性出发,强调了国家的革命向度和国家的管理职能。列宁的国家理论思想内容极其丰富,是在坚持马克思主义国家学说基本原理的基础上对马恩国家观的进一步丰富发展。例如关于国家问题的探索从一般的资本主义深入到帝国主义,对马克思恩格斯关于新型国家管理社会的方式,国家经济职能、共产主义发展阶段等方面的论述,更加清晰和具体地凸显出来。他从国家本体观的角度进一步揭示了,"国家是阶级统治的机关,是一个阶级压迫另一个阶级的机关,是建立一种'秩序'来抑制阶级冲突,使这种压迫合法化、固定化"⑤。

---

① 《马克思恩格斯选集》(第一卷),人民出版社,2012年,第421页。
② 《马克思恩格斯选集》(第四卷),人民出版社,2012年,第426页。
③ 《马克思恩格斯选集》(第三卷),人民出版社,2012年,第373页。
④ 同上,第348页。
⑤ 《列宁选集》(第三卷),人民出版社,2012年,第114页。

从国家的构成要素来看,国家机器作为统治阶级的工具包含着很多内容,如军队、警察、法院、监狱等国家机关。这些构成国家的暴力机关,"是阶级压迫阶级的工具。对于敌对的阶级,它是压迫的工具,它是暴力,并不是什么'仁慈'的东西"①。从国家的职能上看,国家实体作为一元本质与多重属性的统一体,除却阶级统治的政治外,其多重属性表现在国家的其他重要职能上,像经济干预、社会管理等。国家必须履行管理和维护社会公共秩序的职能,因为"政治统治到处都是以执行某种社会职能为基础,而且政治统治只有在它执行了它的这种社会职能时才能持续下去"②。由此可见,国家即是阶级统治和压迫的工具,又是平衡社会各阶级不同利益的工具,这也正是统治阶级利益得以实现的客观要求和形式,并体现着国家性质。国家的本质是一个阶级统治另一个阶级的工具,国家职能是国家本质的具体表现,并体现在国家机构各个部分的任务、目的与活动方式的不同,但它们都反映国家活动的总方向,这些职能"自在自为的本质"无一不指向维护和实现统治阶级利益。

十月革命以后,列宁不再一般地坚持"国家是统治阶级政治统治的工具",而是将注意力转移到巩固无产阶级政权上,即巩固苏维埃政权,并将工作重心转移到经济建设上,牢固树立无产阶级专政的物质基础。同马克思、恩格斯一样,列宁也主张通过革命的方式实现无产阶级专政,进而实现国家统一。他强调:"无产阶级必须打碎资产阶级国家机器,过去一切革命都是使国家机器更加完备,而这个机器是必须打碎,必须摧毁的。"③因为无产阶级革命是实现社会主义的先决条件,"这正是大陆上任何一次真正的人民革

---

① 《建党以来重要文献选编(1921—1949)》(第26册),中央文献出版社,2011年,第508页。
② 《马克思恩格斯选集》(第三卷),人民出版社,2012年,第559~560页。
③ 《列宁全集》(第31卷),人民出版社,1985年,第31页。

命的先决条件"①。1917 年 11 月,列宁领导的布尔什维克政党推翻了临时政府,建立了苏维埃政权,并公开宣称他们是保卫社会主义祖国的"护国派"。他认为,"如果只抓住第一个原理(工人没有祖国),这是对的。但是,那里不仅仅指出这一点。那里还指出,在民族国家形成的时期,无产阶级的作用有些不同"②。"在民族战争中承认'保卫祖国'完全符合马克思主义。"③"从1917 年 10 月 25 日起,我们是护国派,从这一天起,我们主张保卫祖国。"④"保卫社会主义祖国,也就是保卫世界无产阶级革命的基地。"⑤当无产阶级成为民族阶级,政权掌握在人民手中时,我们就要保卫它的独立。列宁在巩固苏维埃新生政权时,始终注意维护世界无产阶级革命的最高利益。他强调:"为了世界无产阶级革命的最高利益,我们承担而且应当承担最大的民族牺牲。"⑥并揭示"小资产阶级由于自己的经济地位,比资产阶级和无产阶级都更加爱国"⑦,所形成的"爱国主义是由于千百年来各自的祖国彼此隔离而形成的一种极其深厚的感情"⑧,进而批判小资产阶级民族主义的狭隘性。正如斯大林所评价的,"列宁从来没有把苏维埃共和国看作最终目的。他始终把它看作加强西方和东方各国革命运动的必要环节,看作促进全世界劳动者战胜资本的必要环节"⑨。

列宁的国家观理论包括国家起源于阶级矛盾,国家本质是阶级统治的工具。资产阶级国家与无产阶级国家的根本区别在于,无产阶级国家即社会主义国家,是通过无产阶级革命胜利而取代资产阶级国家的新型国家,无

---

① 《列宁全集》(第 31 卷),人民出版社,1985 年,第 36 页。

②③ 《列宁选集》(第二卷),人民出版社,2012 年,第 786 页。

④ 《列宁全集》(第 33 卷),人民出版社,2017 年,第 413 页。

⑤ 姚婷婷:《当代中国大学生马克思主义祖国观教育研究》,电子科技大学博士学位论文,2013 年。

⑥⑦ 《列宁选集》(第三卷),人民出版社,2012 年,第 580 页。

⑧ 同上,第 579~580 页。

⑨ 《斯大林选集》(上),人民出版社,1979 年,第 172 页。

产阶级政党的纲领是"绝对符合大多数居民的利益和要求的"①。因而无产阶级的政权"只交给真正代表人民利益、军队利益（立即提议媾和）、农民利益（立刻夺取土地，废除私有制）和饥民利益的人"②。列宁关于国家的理论既突出了国家的革命向度，又强调了国家的管理职能，尤其在十月革命以后，列宁较多地关注了国家的社会管理职能，凸显国家在社会主义现代化建设中作用。毛泽东高度评价十月革命的意义，"十月革命帮助了全世界的也帮助了中国的知识分子，用无产阶级的宇宙观作为观察国家命运的工具，重新考虑自己的问题。走俄国人的路——这就是结论"③。总之，列宁作为世界上第一个社会主义国家的缔造者，真正践行了马克思、恩格斯的国家观，无论是从理论上还从实践上都极大地丰富了马克思主义国家理论。

第二，无产阶级专政是走向共产主义社会的必然步骤。这是因为"无产阶级专政的实质不仅在于暴力，而且主要不在于暴力。它的主要实质在于劳动者的先进部队、先锋队、唯一领导者即无产阶级的组织性和纪律性。无产阶级的目的是建成社会主义，消灭社会的阶级划分，使社会全体成员成为劳动者，消灭一切人剥削人现象的基础"④。无产阶级在打碎资产阶级国家机器以后，该用什么代替这个机器呢？对此列宁创造性地提出无产阶级领导权、无产阶级专政的任务、苏维埃政府是无产阶级专政的形式等一系列重要问题。他指出，"从资本主义向共产主义过渡，当然不能不产生非常丰富和多样的政治形式，但本质必然是一样的：都是无产阶级专政"⑤。而"无产阶级专政是由党领导的国家政权机关与工会等群众组织协同共建的复杂体

---

① 《列宁选集》（第三卷），人民出版社，2012 年，第 223 页。
② 同上，第 336～337 页。
③ 《毛泽东选集》（第四卷），人民出版社，1991 年，第 1471～1472 页。
④ 《列宁专题文集·论社会主义》，人民出版社，2009 年，第 139 页。
⑤ 《列宁全集》（第 31 卷），人民出版社，1985 年，第 33 页。

系"①。无产阶级取得政权,建立社会主义国家以后,列宁尖锐地指出,社会主义国家需要依法治理,社会主义法律是人民意志的体现,"假使我们拒绝用法令指明道路,那我们就会是社会主义的叛徒"②。是否坚持彻底打碎资产阶级国家机器、无产阶级专政、国家自行消亡,是检验是否为真正马克思主义者的试金石。"在经济上占统治地位的阶级的国家,这个阶级借助于国家而在政治上也成为占统治地位的阶级,因而获得了镇压和剥削被压迫阶级的新手段"③,这一阶段的国家表现为"只是为了私有制而存在的"。国家不是被"炸毁""打碎""废除"的,而是自行消亡的,这里的国家指的是无产阶级打碎资产阶级国家机器,取得国家政权之后的无产阶级国家制度残余,虽然是新型的民主和新型的专政的崭新国家,但社会主义国家同样具有阶级性。人类迈向共产主义社会,就必须建立在无产阶级国家或半国家历史暂时性的基础上,即无产阶级掌握国家政权是国家工具消亡的不可缺少的环节,同时,这一必经环节又有过渡性。总之,列宁的国家观思想立足于国内和国际的时代背景,是对马克思和恩格斯关于国家本体观思想的进一步阐释。

(二)经典作家关于马克思主义国家观的教育思想

有什么样的国家观就有什么样的国家观教育思想,经典作家们的国家观教育思想就是在一定国家观指导下建立起来的有关教育目标、理念、内容和对象的思想理论,是马克思主义理论教育思想中的重要组成部分。经典作家们关于国家观教育思想,开启了无产阶级教育理论的新篇章,为无产阶级推翻资产阶级,巩固新生政权,掀起世界无产阶级革命浪潮,提供了思想引领和行动指南。

---

① 顾玉兰:《科学阐释列宁国家理论及其当代价值》,《马克思主义研究》,2016 年第 12 期。
② 《列宁全集》(第 36 卷),人民出版社,1985 年,第 188 页。
③ 《列宁选集》(第三卷),人民出版社,2012 年,第 119 页。

1. 马克思和恩格斯关于国家观的教育思想

第一，以引导无产阶级革命，建立自己的祖国为教育目标。马克思和恩格斯十分重视对工人群众进行思想理论教育，他们认为，这才是"真正导致解放的措施"①。通过理论掌握群众，使他们走出经验，为无产阶级推翻资产阶级的统治，拥有自己的国家提供科学的理论武器。马克思和恩格斯认为，向无产阶级提供最好的东西就是科学社会主义理论，使无产阶级革命由非自觉转变为自觉，并通过进一步的理论宣传和教育，动员群众，使他们变为革命的力量，最终胜利的希望在于工人阶级精神的发展。他们在《共产党宣言》中明确指出："共产党一分钟也不忽略教育工人尽可能明确地意识到资产阶级和无产阶级的敌对的对立。"②也就是说，马克思、恩格斯认为："真正导致解放的措施，只有在经济变革促使广大工人群众意识到自身的地位，从而为他们取得政治统治开辟了道路的时候，才有可能。"③无产阶级革命的第一步就是使国家成为无产阶级的国家，由无产阶级夺取政权，这也是共产党人进行马克思主义国家观教育的任务。无产阶级的历史使命是彻底实现自身解放和人类解放，因而国家观教育的目的是为了"使负有使命完成这一事业的今天受压迫的阶级认识到自己的行动的条件和性质"④，"以引导无产阶级争取民族独立进而推动国际共产主义运动"⑤。只有在实现独立民族的范围内，无产阶级的国际运动才有可能开展。一个民族的独立和解放是其进行国际合作的前提条件，也就是说，"为了能够进行斗争，首先需要有土壤、空气、光线和场地。否则，一切都是空话"⑥。无产阶级只有拥有了自己的祖

---

① ③ 《马克思恩格斯文集》(第十卷)，人民出版社，2009年，第607页。

② 《马克思恩格斯选集》(第一卷)，人民出版社，2012年，第434页。

④ 《马克思恩格斯选集》(第三卷)，人民出版社，2012年，第817页。

⑤ 姚婷婷：《当代中国大学生马克思主义祖国观教育研究》，电子科技大学博士学位论文，2013年。

⑥ 《马克思恩格斯文集》(第十卷)，人民出版社，2009年，第473页。

国,才能真正领悟爱国主义的真谛。

第二,工人的未来取决于下一代的教育。马克思、恩格斯认为,在无产阶级革命取得胜利以后,群众的觉悟性是建设社会主义的必要条件,此外,社会主义需要通过教育来培养各种专家。同时,他们清楚看到,无产阶级解放自身,不能寄托于单靠一个阶级的力量去战胜资产阶级,还必须在斗争中联合一切进步力量,形成最广泛的群众运动。马克思、恩格斯在《德意志意识形态》中指出,对于全社会的革命而言,"如果还没有具备这些实行全面变革的物质因素,就是说,一方面还没有一定的生产力,另一方面还没有形成不仅反抗旧社会的个别条件,而且……但这对于实际发展没有任何意义"①。因此,他们认为,无产阶级在推动革命运动发展的进程中,工人、农民、小资产阶级左翼和青少年,都是应该教育和争取的对象。"但不管怎样,最先进的工人阶级完全了解,他们阶级的未来,从而也是人类的未来,完全取决于正在成长的工人一代的教育。"②

青年是社会的新生力量,也是资产阶级和无产阶级争夺的重点对象。因此无产阶级对新生一代的德育任务就是要培养他们的共产主义爱国主义精神,无产阶级的国际主义、集体主义、社会主义精神,使学生养成社会主义成员所应具备的道德品质。早在19世纪40年代,空想社会主义者就提出青年将举着无产阶级革命的旗帜奔向各地。马克思在对这一观点扬弃的基础上明确指出:"人类的未来完全取决于正在成长的工人一代的教育。"恩格斯也认为,青年在革命党中人数占多数很正常,并进一步说道,"我没有什么牵挂的,我们的事业是会做得更好的! 人,是一代比一代更坚强的啊!"③在对青年的教育方式和方法上,马克思和恩格斯主张教育与生产劳动相结合的

① 《马克思恩格斯选集》(第一卷),人民出版社,2012年,第173页。
② 《马克思恩格斯全集》(第16卷),人民出版社,1964年,第217页。
③ 向华编:《学习马恩列斯工作作风》,联合图书出版社,1950年,第45页。

教育方式。"我一向赞成把有抱负的青年人送到国外去,使他们能开扩眼界并摆脱在祖国必然会产生的地方偏见。"①总体来看,马克思、恩格斯立足于阶级性、时代性和革命性的角度认识和教育青少年这一群体,并探讨了如何通过生产实践的锻炼和思想文化教育,使其成为社会政治变革的无产阶级革命的重要力量。

第三,在批判错误思潮中宣传正确的国家观。在批判错误思潮中宣传正确的国家观,是一种树立正确国家观的路径,同时批判诸种非马克思主义国家观,也是马克思主义国家观教育的内容。因此,马克思、恩格斯认为,一方面要加强国家观理论教育,培养工人群众的阶级意识,使他们掌握阶级斗争理论和阶级分析方法,另一方面还要在批判错误思潮中宣传正确的国家观,努力清除错误观念对无产阶级的影响。在一定意义上,马克思主义国家观教育,就是一部同各种非马克思主义国家观思潮斗争的历史。早在《共产党宣言》中,马克思和恩格斯就提出了"两个决裂"思想,"毫不奇怪,它在自己的发展进程中要同传统的观念实行最彻底的决裂"②。这充分表明了社会主义革命的彻底性,并明确了无产阶级国家观教育的性质、任务和内容。也就是说,对无产阶级进行理论教育,不仅要灌输正确的思想,还要清楚各种错误的思想。马克思指出:"资产阶级的纯正的爱国主义,对各类'国有'财产的实际所有者说来是很自然的,但是,由于他们的金融、商业和工业活动已带有世界的性质,这种爱国主义现在已只剩下一个骗人的幌子。在类似的条件下,这种爱国主义在所有国家也会像在法国一样被戳穿。"③关于沙文主义和民族主义,马克思进一步指出:"资产阶级的沙文主义实际上不过是一种虚假的装饰,它给资产阶级的种种无理要求罩上一件民族的外衣,是防

---

① 《马克思恩格斯全集》(第35卷),人民出版社,1971年,第352页。
② 《马克思恩格斯选集》(第一卷),人民出版社,2012年,第421页。
③ 《马克思恩格斯选集》(第三卷),人民出版社,2012年,第156页。

止工人阶级的国际合作的重要手段,而这种合作正是工人阶级解放的首要条件。"①对于资产阶级宣扬的"民族主义",马克思是极力反对的,因为这个口号旨在使各族人民分离,因而它是有利于资产阶级而有害于无产阶级的。马克思和恩格斯以普鲁士政府镇压波兰的波兹南民族起义为例,辛辣地批判了普鲁士资产阶级"害怕世界风暴,同时又利用这个风暴来谋私利"②的丑陋行径。总之,马克思和恩格斯通过批判资产阶级的爱国主义,揭露了其华丽辞藻掩盖下的狭隘性和大国沙文主义的本质,从而帮助国际共产主义克服狭隘片面的国家观,教育国际无产阶级革命运动要紧密团结起来。

由于宗教虚幻性使人们容易失去接受理性的能力,统治阶级便十分注意通过宗教教育来诱使人思想盲从,特别是少数贵族门阀和僧侣通过把持政治教育和宗教教育,极力固化人们的愚昧和迷信。正是因为如此,马克思认为:"中世纪是人类史上的动物时期。"③马克思在《〈法兰西内战〉初稿》中指出,清除教育中的宗教成分是人们解放思想的一个开端,他高度赞扬了无产阶级努力清除宗教教育对教育的消极影响,并指出,虽然"公社没有时间来改组国民教学(教育);但是,公社清除了其中的宗教和教权主义成分,因而在人民的思想解放上开了一个端"④。总之,马克思和恩格斯坚持科学无神论的宇宙观,并把克服宗教思想对人们的消极影响作为国家观教育的重要内容,为工人、农民和小资产阶级中的左翼接受共产主义宇宙观开辟了道路。

第四,坚持理论指导与联系实际相结合的教育原则。马克思和恩格斯在从事理论教育和政治宣传的实际过程中,探索出了一系列关于国家观教

---

① 《马克思恩格斯全集》(第17卷),人民出版社,1963年,第605页。
② 《马克思恩格斯选集》(第一卷),人民出版社,2012年,第444页。
③ 《马克思恩格斯全集》(第3卷),人民出版社,2002年,第102页。
④ 《马克思恩格斯全集》(第17卷),人民出版社,1963年,第574页。

育的基本原则,正是遵循这些基本准则,国家观教育活动才得以顺利开展,并最终帮助无产阶级推翻资产阶级使其拥有了自己的国家。马克思和恩格斯一直主张用科学的理论指导和教育群众,使理论掌握群众,使无产阶级革命由自发转向自觉。他们批评以魏特林为代表平均共产主义者热衷于在工人集会上发表鼓动演讲,认为这实际上是在用一种虚幻的幻想和盲目的热情鼓动群众,因为这种鼓动缺乏任何可靠、深思熟虑的行动依据。马克思认为,如果没有正确的理论指导,"除了喧哗叫嚷、有害的感情冲动和使事业遭到失败,什么事也干不出来"①。在与魏特林的辩论中质问道:"你在德国大叫大嚷的鼓动,请你讲一讲,你根据什么来证明你的活动是正确的? 你根据什么来确定将来的活动?"②在对这些预言家式的理论进行批判的同时,马克思和恩格斯要求党的领袖和理论家研究理论的问题,"并且时刻注意到:社会主义自从成为科学以来,就要求人们把它当做科学来对待,就是说,要求人们去研究它"③。

理论联系实际是马克思主义的灵魂,实事求是是马克思主义的精髓,科学理论来源于现实实践,并在实践中反复检验。马克思和恩格斯认为宣传和鼓动要想取得好的效果,理论研究就必须着力于解决国家的具体现实需要。马克思在《〈黑格尔法哲学批判〉导言》中指出:"理论在一个国家实现的程度,总是取决于理论满足这个国家的需要的程度。"④思想理论只有立足于现实的土壤,才具有生命力。如果把唯物主义当成现成的公式,"按照它来剪裁各种历史事实,那它就会转变为自己的对立物"⑤,如果不联系实际,

---

①　中共中央马克思恩格斯列宁斯大林著作编译局编译:《人间的普罗米修斯》,人民出版社,1983 年,第 45 页。

②　同上,第 44 页。

③　《马克思恩格斯选集》(第三卷),人民出版社,2012 年,第 38 页。

④　《马克思恩格斯选集》(第一卷),人民出版社,2012 年,第 11 页。

⑤　《马克思恩格斯选集》(第四卷),人民出版社,2012 年,第 595 页。

一味地坚持教条主义,最终会滑向宗派主义。因此,"真正的运动是在这个宗派之外进行的,而且离它越来越远"①。总之,马克思和恩格斯关于国家观教育思想中蕴含着丰富的国家观教育原则,其中还包括物质利益保障原则、政治性根本原则等,而理论指导与联系实际相结合的教育原则,是贯穿在对无产阶级国家观教育活动中的根本原则。事实上,梳理马克思和恩格斯所执笔的理论文献可以发现,他们的著作从来没有脱现实,关于无产阶级解放的学说也是建立在对资本主义社会深刻批判的基础上,以及马克思和恩格斯积极投身社会主义运动的实践中形成的,这充分表明了他们高度重视理论指导和理论联系实际。

2. 列宁关于国家观的教育思想

(1)以培养真正的共产主义者为教育目的

不同国家观教育的目的是培养真正的共产主义者,培养真正的共产主义者的目的是"把全体劳动者团结到无产阶级的周围"来建设社会主义,并为实现共产主义社会而奋斗。俄国是一个农民占人口多数的国家,同时还存在着工人、士兵、小资产阶级等,因此国家观教育的对象具有广泛性和复杂性。但不管对象和条件怎样复杂多变,国家观教育的目的就是培养真正的共产主义者,共产主义事业的实现需要社会各阶层人民的努力。何为真正的共产主义者呢?列宁认为,真正的共产主义者应具备崇高的共产主义道德,并对我们伟大事业的正义性深信不疑,他们"捍卫自己的国际主义,坚持自己的社会主义信念"②,而"谁指望不通过社会革命和无产阶级专政来实现社会主义,谁就不是社会主义者"③。因此,"政治文化、政治教育的目的是培养真正的共产主义者,使他们有本领战胜谎言和偏见,能够帮助劳动群众

---

① 《马克思恩格斯全集》(第38卷),人民出版社,1972年,第98页。
② 《列宁全集》(第26卷),人民出版社,2017年,第14页。
③ 《列宁全集》(第28卷),人民出版社,2017年,第172页。

战胜旧秩序,建设一个没有资本家、没有剥削者、没有地主的国家"①。列宁强调,培养真正的共产主义者,无产阶级首先要坚持自己的社会主义信念,他要求俄国社会民主党人一分钟也不能隐瞒自己的社会主义信念。同时要求社会民主党人在"任何场合,在任何情况下,都不应当拒绝利用哪怕是最小的合法机会来组织群众和宣传社会主义"②。"要善于利用每一件小事来向大家说明自己的社会主义信念和自己的民主主义要求,向大家解释无产阶级解放斗争的世界历史意义。"③在培养真正的共产主义者过程中,列宁也敏锐地认识到,共产主义的实现是一个长期的过程,需要充分的物质基础,这需要几代人甚至几十代人的努力奋斗才能实现。对此,他告诫苏联人民,要做好充分的思想准备,循序渐进地走向共产主义。列宁始终把社会主义作为一个庄严的信念,并深信社会主义将发展成为共产主义,这一信念也始终贯穿于培养真正共产主义者活动的始终,不断激励着无产阶级谱写世界社会主义运动的光明图景。

(2)重视培养青年的共产主义道德

列宁对于青年的教育也有丰富的论述,无论是在推翻沙皇专制斗争,还是在巩固苏维埃政权的进程中,列宁始终重视青年的教育问题。他认为,青年是革命事业的未来,在推翻沙皇专制的斗争中,要注意教育青年把自我教育与革命斗争联系起来。为配合工人阶级掀起的政治性总罢工,学生通过罢课运动开展教育与自我教育,以反对沙皇政府的统治。对此,列宁进一步鼓励学生,"希望你们努力把自我教育、培养自己成为坚定刚毅和坚韧不拔的社会民主党人作为自己组织的主要目的"④。俄国社会民主党是以马克思

---

①　《列宁全集》(第 39 卷),人民出版社,2017 年,第 446 页。
②　《列宁全集》(第 26 卷),人民出版社,2017 年,第 338 页。
③　《列宁全集》(第 6 卷),人民出版社,2013 年,第 77 页。
④　《列宁全集》(第 7 卷),人民出版社,2013 年,第 49 页。

主义为指导的政党，列宁希望青年学生同俄国社会民主保持密切的联系，并指出："我们是未来的党，而未来是属于青年的。我们是革新者的党，而总是青年更乐于跟着革新者走。"①在反抗沙皇专制的革命斗争中，以确立科学的无产阶级世界观为主要任务，宣传动员学生配合工人阶级的反抗斗争，而在十月革命胜利以后，对青年的培养侧重于共产主义道德。列宁在《青年团的任务中》中开宗明义地指出："使培养、教育和训练现代青年的全部事业，成为培养青年的共产主义道德的事业。"②青年是与苏维埃共和国共同成长的一代，为了使青年具有共产主义的高尚道德品质，他要求"全体青年的任务，尤其是共产主义青年团及其他一切组织的任务，可以用一句话来表达：就是要学习"③，学习共产主义基本理论，了解共产主义的任务。青年只有了解共产主义的基本理论才能团结一致地进行革命，才能齐心协力地建设苏维埃政权。为了保障这一目标的实现，列宁指示苏维埃政权要在全国各地建立大量的图书馆和阅览室，并在图书馆的藏书量、规模、管理、图书馆的开放时间等方面都做了精细化的要求，为青年提供了良好的学习环境。

教育与生产劳动相结合是马克思主义教育思想体系中关于实现人的全面发展的重要教育方法。列宁则真正践行了马克思、恩格斯的国家观教育的这一方法，并要求青年积极投身于社会实践。他严厉批评那些训练、培养和教育只局限于学校内，而与沸腾的生活实践相脱离的教育，其结果就是生产出那些只会背诵共产主义理论的书呆子或吹牛家。"离开工作，离开斗争，那么从共产主义小册子和著作中得来的关于共产主义的书本知识，可以说是一文不值。"④此外，在对青年进行国家观教育的进程中，列宁还创新性地提

① 《列宁全集》（第14卷），人民出版社，2017年，第161页。
② 《列宁选集》（第四卷），人民出版社，2012年，第288页。
③ 同上，第281页。
④ 同上，第283页。

出"陶冶教育法",通过修建革命领袖半身纪念像和纪念碑,来提高青年的革命意识和培养他们的共产主义道德观。在《给阿·那·卢那察尔斯基的来信上的指示》中提道:"我同意必须着手在莫斯科建立一座马克思纪念碑。"①

（3）爱国主义与国际主义教育

列宁关于爱国主义与国际主义教育,可划分为推翻沙皇专制制度斗争中的爱国主义教育和建设社会主义进程中的爱国主义教育两个阶段。只要民族还没有独立,严肃地讨论内政问题就没有意义,消灭阶级的目的只有通过无产阶级的政治统治才能实现,马克思和恩格斯时期的国家观教育旨在动员被压迫的民族为国家独立和民族解放抗争到底。那时的"工人没有祖国",政权还没有掌握在人民手里,未来的社会形态是建立在马克思和恩格斯运用科学的思维方法在批判资本主义旧社会基础上预测的结果。因而,马克思和恩格斯反对保卫建立在资本主义私有制基础上的那个即成的国家机器。也就是说,马克思和恩格斯时期的爱国主义教育,是为全世界被侵略的国家和被奴役的民族的爱国者指明前进方向的教育。列宁反复强调,马克思主义是行动指南而不是教条,列宁在帝国主义与无产阶级革命的时代环境和俄国现实境遇的条件下,运用马克思主义科学方法,使社会主义变成现实。因此列宁笔下的爱国主义侧重于建立在无产阶级已经拥有自己的祖国这个既定事实的基础上,反映在社会主义建设上,这一期时期的国家观教育的主题集中在巩固新生政权上,包括理想信念教育、共产主义道德教育和爱国主义教育等。

新形势下,列宁关于国家观教育活动的中心,就是围绕着探寻俄国社会主义建设的新道路,特别在爱国主义方面,为了巩固这个新生政权,还与德国签订了《布列斯特合约》。而历史也证明,列宁在当时情况下签订这一条

---

① 《列宁全集》(第49卷),人民出版社,2017年,第164页。

约是正确的。当然,这不是说在苏维埃政权建立之前不存在列宁的爱国主义思想,例如1898年,列宁在明斯克成立俄国社会民主工党时,进行了社会主义宣传,并要求社会民主党人在向"全体人民说明和强调一般民主主义任务,同时一分钟也不隐瞒自己的社会主义信念"①。此外,列宁在反对沙皇专制统治推行民族主义基础上对群众进行社会主义教育,号召社会各阶层人民团结起来,共同宣传社会民主主义。是因为在新政权建立之前,一方面,列宁的国家观教育内容与马克思、恩格斯的国家观教育目标、内容和对象有着很大的重合性。例如马克思和恩格斯主张清除教育中的宗教成分,列宁也在科学世界观教育中宣传无神理论。另一方面,列宁结合俄国工人阶级面临的国内外现状,以及工人阶级所肩负的历史使命,赋予了爱国主义与国际主义教育新的内涵,他提出,理论教育的目的不在限于启发无产阶级的革命意识,理论教育必须为社会主义建设服务。列宁认为,培养具有社会责任感、诚实品格以及集体主义精神的共产主义建设者,即具备共产主义道德的新型劳动者,是苏联共产党国家观教育的主要任务。他认为,在苏维埃政权建成后,我们仍然需要国家,需要国家来维持社会主义新社会的运行。因此,"提高群众的政治觉悟是摆在第一位的任务"②,他号召人民"要像保护眼珠一样保护我们国家和我们红军的防御能力"③。在共产主义者看来,"全部道德就在于这种团结一致的纪律和反对剥削者的自觉的群众斗争"④。因此,他强调法院对加强纪律教育所起到的作用,"保证劳动者的纪律和自觉纪律得到严格的执行"⑤,以及在参与共产主义事业中形成共产主义道德品

---

① 《列宁选集》(第一卷),人民出版社,2012年,第367页。
② 《列宁全集》(第19卷),人民出版社,2017年,第108页。
③ 《列宁全集》(第42卷),人民出版社,2017年,第339页。
④ 《列宁全集》(第39卷),人民出版社,2017年,第341页。
⑤ 《列宁全集》(第34卷),人民出版社,2017年,第149页。

质,"为巩固和完成共产主义事业而斗争,这就是共产主义道德的基础"①。
同时,列宁要求社会主义宣传要同国际主义相结合,他强调,无产阶级要"捍
卫自己的国际主义,坚持自己的社会主义信念"②。

(4)灌输是国家观教育思想的核心

"列宁针对如何唤醒和增强俄国工人阶级的阶级意识这一问题,围绕着
'灌输论'这一核心,形成了比较完整的关于马克思主义国家教育的丰富理
论。"③列宁关于国家观教育的论述,主要是强调从提高工农群众的政治意
识、促进无产阶级革命斗争以及推进社会主义事业顺利发展来巩固新生的
政权。"灌输论"在精神实质上阐明革命理论与群众实践相结合的重要性,
契合马克思和恩格斯的理论指导与联系实际相结合的教育原则。灌输既是
传播和发展马克思主义的重要原则和方法,也揭示了马克思主义大众化的
基本原理,"灌输论科学阐明了马克思主义产生和传播的一般规律,是马克
思主义思想理论教育的基础理论"④。在列宁之前,法国著名的空想共产主
义者泰·德萨米较早提出"灌输"思想,马克思和恩格斯则是无产阶级思想
理论教育灌输论的创始人。列宁立足于俄国工人阶级面临的国际和国内环
境变化,继承马克思和恩格斯无产阶级解放学说中的灌输思想,并结合考茨
基对灌输理论的进一步阐释,深入细致地对灌输论进行文本解读和理论佐
证,并在《怎么办?》一书中进行了经典呈现。

灌输理论强调的是向工人阶级灌输马克思主义理论的重要性,其中也
蕴含着马克思主义国家观教育思想。例如列宁认为:"各国的历史都证明:
工人阶级单靠自己本身的力量,只能形成工联主义意识。"⑤工人阶级争取自

---

① 《列宁全集》(第39卷),人民出版社,2017年,第342页。
② 《列宁全集》(第26卷),人民出版社,2017年,第14页。
③ 孙来斌:《列宁的灌输理论及其当代价值》,社会科学文献出版社,2017年,第90页。
④ 孙来斌:《"灌输论"是指导思想理论教育的科学理论》,《马克思主义研究》,2004年第3期。
⑤ 《列宁全集》(第6卷),人民出版社,2013年,第29页。

身利益,一般通过捣毁机器、打破厂房的形式与资本家展开斗争,不了解赢得经济斗争政治形式。尽管工人阶级解放是工人阶级自己的事情,但首先自身要成为一个阶级,因此必须唤醒和增强他们的阶级意识,才能激发他们的革命热情。这说明工人自身不能产生阶级革命意识,不能自觉地团结起来共同反对资本主义,也就更谈不上实现无产阶级专政,进而拥有自己的国家。"没有革命的理论就没有革命的运动"①,而革命的理论只能"从外面灌输给工人,即只能从经济斗争外面,从工人同厂主的关系范围外面灌输给工人"②,"这样才能摆脱经济关系束缚。为了向工人灌输政治知识,社会民主党人应当到居民的一切阶级中去,应当派出自己的队伍分赴各个方面"③。"应当既以理论家的身份,又以宣传员的身份,又以组织者的身份'到居民的一切阶级中去'。"④总之,列宁国家观学说始终以无产阶级解放事业的需要为出发点,其"灌输论"中关于国家观教育的思想,针对新形势和新任务,在其《青年团的任务》中又得到进一步的阐发。

二、中国共产党关于马克思主义国家观及其教育的思想

正如国家是一个历史范畴一样,国家观也是一个概念,并随着历史的嬗变而发展变化。中国化马克思主义国家教育思想观萌生于新民主主义革命的历史潮流之中,在抗日战争与解放战争的峥嵘岁月中进一步丰富发展,成熟于社会主义建设与改革开放的历史进程,并在实现中华民族伟大复兴的中国梦征程中甄于完善。中国共产党人在致力于马克思主义国家理论民族化、大众化、时代化研究的同时,努力培养自己的理论思维,并对于如何用科

---

① 《十四大以来重要文献选编》(下),人民出版社,1999 年,第 2537 页。
②③ 《列宁全集》(第 6 卷),人民出版社,2013 年,第 76 页。
④ 同上,第 79 页。

学的马克思主义国家理论武装无产阶级和广大群众的头脑亦进行了深入的思考和探索,增强了马克思主义国家观教育活动的自觉性和能动性。

(一)中国共产党关于马克思主义国家观的基本观点

中国共产党在把马克思主义国家观同国家建设发展实际相结合的过程中,形成了丰富的国家观思想,这些思想观点也是我们正确认识国家现象,解决国家问题的行动指南。关于中国化马克思主义国家观的分类,我们既可以纵向地梳理,例如毛泽东思想中的国家观、中国特色社会主义理论体系中的国家观,又可以横向地系统分类讨论,例如国家价值观、国家形象观、国家安全观等。但总的来看,中国共产党关于马克思主义国家观中国化的观点,始终行走在马克思主义国家观这条逻辑主线上,围绕着国家的本质(人民民主专政的社会主义国家),国家政权的巩固发展(坚持和发展社会主义国家),国家发展阶段性特征(中国特色社会主义过渡性特征)这三个核心命题。事实上,国家观是一个更宏大、抽象的命题,它并不单指哪一个具体的国家,这就从整体上揭示马克思主义国家观与非马克思主义国家观的本质区别。本书将从国家本体观视角,阐释关于中国化的马克思主义国家观基本观点。

1.早期中国共产党人的国家工具观思想

大革命期间,恽代英、张闻天、萧楚女、陈独秀、郭沫若等早期共产党人从阶级、革命来看待国家,并结合当时中国内忧外患的现实境遇进一步发展了马克思主义国家观,其国家观是一种批判性和革命性的国家观。不同于其他政治派别的是,共产党人把国家看作统治阶级对被统治阶级剥削和压迫的支配性工具,而非国家目的论的观点,并指出"只有无产阶级摆脱被压迫地位并执掌权力的国家才是真正的国家"。对此,李大钊认为:"革命的方法,就是无产阶级独揽政权。"①受十月革命的影响,他们也树立了"民族自决"的国家观。②陈独秀主张被压迫民族"由革命而分立,而建国家",他认为,"共产主义者的主张是,立脚在阶级斗争的原则之上,建设无产阶级专政的国家,利用无产阶级专政的国家这个机器,压制资产阶级的反动,最后达到废除一切阶级无国家的共产社会,这就是共产主义者破坏和建设之大略程序"③。施存统在李大钊主编的《共产党》月刊上表达了自己对无产阶级专政必要性的看法,他指出:"我们共产主义者,主张推翻有产阶级的国家之后,一定要建设无产阶级的国家,否则,革命就不能完成,共产主义就不能实现。……我们的最终目的,也是没有国家的。不过我们在有产阶级没有消灭以前,却极力主张要国家,而且是主张要强有力的无产阶级专政的国家的。阶级一天一天趋于消灭,国家也就一天天失其效用。我们的目的并不是要拿国家建树无产阶级的特权,是要拿国家来撤废一切阶级的。"④

由于马克思主义经典作家的国家观被曲解,同一时期的自由主义、国家主义、无政府主义等认为共产党人是反对国家的,并将其当作"过激主义"去攻击。然而,共产主义者并不是反对国家,而是有着不同于其他政治派别的国家观。事实上,共产党人认可国家的地位和作用,主张革命救国主义应该与国际主义相结合。青年毛泽东的国家观受到梁启超国家理论的洗礼,脱离了天子建国、诸侯立国的思想束缚。在国家起源上,他认为国家是正式而成立,并非应天而成立的,与中国传统国家观中"天作民为"国家起源说划清了界限。毛泽东指出:"我们是国际主义者,我们又是爱国主义者,我们的口号是为保卫祖国反对侵略者而战。"⑤他们在肯定国家的时候始终把国家作

---

① 《李大钊全集》(第4卷),人民出版社,2013年,第165页。
② 参见萧楚女:《讨论"国家主义的教育"的一封信》,《少年中国》,1924年5月。
③ 《陈独秀著作选》(第2册),上海人民出版社,1993年,第40页。
④ 转引自宋镜明著:《李达》,河北人民出版社,1997年,第34页。
⑤ 《毛泽东选集》(第二卷),人民出版社,1991年,第520页。

为一种工具和手段，认同国家渐次归于无用而终于消亡这一观点。总之，这一时期的共产党人反对视国家为空洞之物，注重具体的革命实践，主张以社会重建国家，并围绕着国家这一工具的获取方式展开了丰富的论述。

2. 坚持人民民主专政是迈向共产主义社会的基础

无产阶级不仅要实现政治解放，更要实现全人类的解放，完成这一庄严使命离不开无产阶级专政。"对于胜利了的人民，这是如同布帛菽粟一样地不可以须臾离开的东西。这是一个很好的东西，是一个护身的法宝，是一个传家的法宝，直到国外的帝国主义和国内的阶级被彻底地干净地消灭之日，这个法宝是万万不可以弃置不用的。"①人民民主专政是中国共产党领导人民在抗日战争胜利以后建立起来的政权，是马克思主义关于无产阶级专政学说在我国历史条件下的具体应用，是中国共产党把马克思主义关于无产阶级专政学说与中国具体实际相结合的产物，其在本质上就是无产阶级专政。"中国无产阶级的先锋队，在十月革命以后学了马克思列宁主义，建立了中国共产党。接着就进入政治斗争，经过曲折的道路，走了二十八年，方才取得了基本的胜利"②。新民主主义革命时期，毛泽东以马克思主义国家理论为指导，在实践探索的基础上，形成了成熟的中国共产党人的国家观念。具体表现在把阶级与生产的社会关系作为国家产生的条件，在具体的革命进程中坚持阶级分析法，明确了由阶级关系决定的革命目标的国家观。由于各民族走向社会主义的历史条件不同，无产阶级专政也会出现这样或那样的形式，我国的人民民主专政是具有中国特色的无产阶级专政。

在人民民主专政经历了新民主主义革命和社会主义革命两个阶段后，我国的阶级关系已发生了历史性的变化。新中国成立以后，靠出卖劳动力

① 《毛泽东选集》(第四卷)，人民出版社，1991年，第1502~1503页。
② 同上，第1472页。

的无产阶级已经上升为"有产阶级",成为国家的主人和社会主义事业的建设者。邓小平指出:"人民民主专政不能丢。你闹资产阶级自由化,用资产阶级人权、民主那一套来搞动乱,我就坚决制止。马克思说,阶级斗争不是他的发现,他的理论最实质的一条就是无产阶级专政。无产阶级作为一个新兴阶级夺取政权,建立社会主义。"①1982 年,邓小平在中央工作会议上明确指出:"对人民内部的民主方面和对反动派的专政方面的相相结合,就是人民民主专政,这实质上也就是无产阶级专政,但是人民民主专政的提法更适合于我们的国情。"②事实上,这一"中国国情"毛泽东早在运用马克思主义理论分析国家问题时就已经注意到了,因此他没有教条地拘泥于马克思的国家学说,在《新民主主义论》中描述了一个具有过渡性质的社会即新民主主义社会。这个社会表现为从中华人民共和国成立到建成社会主义社会的过渡期,这一设想极大地深化了马克思列宁国家理论学说,这无疑是以毛泽东为代表的中国共产党人在民主革命时期的伟大理论创造。

毛泽东在《新民主主义论》中阐述了未来国家的形态,即在无产阶级领导下的一切反帝反封建的人们联合专政的民主共和国,是新民主主义革命时期具有鲜明的时代特色的国家观,是近代中华民族与帝国主义之间的矛盾,人民与封建主义之间的矛盾产物。这一时期国家的职能表现为,争取民族独立、主权完整,立足于相互尊重国家独立和平等的地位,建立友好的国家关系。中国无产阶级在共产党领导下,推翻了大地主大资产阶级反动政权,建立了人民民主专政的国家政权。因此"人民民主专政必须讲。要争取一个安定团结的政治局面,没有人民民主专政不行,不能让那些颠倒是非、混淆黑白、造谣诬蔑的人畅行无阻,煽动群众"③。在阶级斗争仍然存在的条

---

① 《邓小平文选》(第三卷),人民出版社,1993 年,第 364～365 页。
② 《改革开放三十年重要文献选编》(上),人民出版社,2008 年,第 174 页。
③ 《邓小平文选》(第三卷),人民出版社,1993 年,第 195 页。

件下,坚持人民民主专政并不输理。"在这个问题上,要理直气壮。我们社会主义政权的专政力量不但不能削弱,还要加强。在这问题上,切不可书生气十足。不然,哪一天政权丢了,我们还不知道怎么丢的。"①党的十六大以来以胡锦涛同志为主要代表的中国共产党人十分强调新世纪坚持人民民主专政的重要性,在十六届二中全会的讲话中,胡锦涛指出:"建设社会主义政治文明,必须坚持工人阶级领导的,以工农联盟为基础的人民民主专政,不能削弱和放弃人民民主专政。"②

无产阶级(人民民主)专政不是一个永恒的范畴,它只适应于无产阶级夺取政权到实现全部生产资料归全社会所有的无阶级社会之前的时期,有一个建立、发展、消亡的过程。国家是经济上占统治地位的阶级的国家,国家作为统治阶级剥削的工具,必然随着阶级的灭亡而自行消亡,因为阶级的"这种划分是以生产的不足为基础的,它将被现代生产力的充分发展所消灭"③。无产阶级不是自古就存在,它是随着资产阶级生产方式出现而出现的。作为资产阶级生产方式的产物,无产阶级随着资产阶级的不断发展而壮大,随着资产阶级的灭亡而消失。马克思主义者坚持从资本主义社会到社会主义社会过渡时期的国家制度是无产阶级专政,过渡时期结束后才进入共产主义社会的低级阶段,那时的国家正在消亡,但还没有完全消亡。马克思把这样的国家称之为"未来共产主义社会的国家制度",恩格斯称其为"非政治国家",列宁称其为"没有资产阶级的资产阶级国家"。

3. 中国特色社会主义是科学社会主义

科学社会主义经历了由学说到运动再到实践的发展路径,在品尝胜利的喜悦之后,又经历低潮的曲折发展过程。十月革命的胜利标志着科学社

---

① 《江泽民文选》(第三卷),人民出版社,2006 年,第 223 页。
② 《十六大以来重要文献选编》(上),中央文献出版社,2005 年,第 146 ~ 147 页。
③ 《马克思恩格斯选集》(第三卷),人民出版社,2012 年,第 831 页。

会主义由理论变为实践,新民主主义革命的伟大胜利和社会主义三大改造的顺利完成,实现了中国历史最伟大最深刻的社会变革,我国建立了人民民主专政的社会主义国家,同时也进入了社会主义初级阶段。改革开放以来,中国共产党找到了建设中国特色社会主义的道路,我国在各个领域都取得了举世瞩目的成就,人民生活水平得到了极大的改善,人民的生活方式发生了翻天覆地的变化,综合国力显著提高。党的十二大明确提出建设有中国特色的社会主义的重大时代命题,在中国特色社会主义旗帜的指引下,创造了"中国奇迹","改革开放以来我们取得一切成绩和进步的根本原因,归结起来就是:开辟了中国特色社会主义道路,形成了中国特色社会主义理论体系,确立了中国特色社会主义制度"①。

毛泽东在争取民族独立实践的过程形成了特有的民族国家观念,成为邓小平国家观形成与发展的理论源泉,这一构想也是对马克思主义国家学说的创造发展。邓小平在超越意识形态差异的基础上解放思想,回答了"什么是社会主义? 怎样建设社会主义?"这一根本性问题。邓小平的国家观本质上就是人民民主专政的国家观,人民是国家的真实主体,国家主权实质是人民的主权,因此,国家主权与人民的根本利益是一致的。党的十八大以后,中国特色社会主义事业取得了长足的发展,这一发展是全方位的、开创性的,变革是深层次的、根本性的,明确了今后的奋斗目标,强调了两个"一定能"。党的十九大庄严宣告,"中国特色社会主义进入新时代"②,全面建成小康社会的美好愿景即将实现,中华民族伟大复兴展现出光明前景。中国特色社会主义进入新时代是党的十九大报告对我国发展所处历史方位做出的重大政治论断,也是以习近平同志为核心的党中央牢牢把握我国社会发

---

① 习近平:《在庆祝中国共产党成立 95 周年大会上的讲话》,人民出版社,2016 年,第 3~4 页。
② 习近平:《决胜全面建成小康社会 夺取新时代中国特色社会主义伟大胜利——在中国共产党第十九次全国代表大会上的报告》,人民出版社,2017 年,第 12 页。

展的阶段性特征,准确定位我国发展新的历史方位,这一历史新方位意味着近代以来历经苦难却百折不挠的中华民族迎来了从站起来、富起来到强起来的伟大飞跃。历史雄辩地证明,只有中国共产党才能领导中国,只有社会主义才能救中国,只有中国特色社会主义才能发展中国,实现现代化,"更重要的是向人类表明,社会主义是必由之路,社会主义优于资本主义"①。在中国特色社会主义这面旗帜引领下,我们对实现奋斗目标、创造美好未来充满自信。

中国特色社会主义是实现中国梦的必经之路,中国特色社会主义道路是适合中国国情的发展道路,只有中国特色社会主义这面旗帜才能凝聚人心,持续助推中国特色社会主义事业向前发展。列宁指出:"一切民族都将走向社会主义,这是不可避免的,但是一切民族的走法却不会完全一样,在民主的这种或那种形式上,在无产阶级专政的这种或那种形态上,在社会生活各方面的社会主义改造的速度上,每个民族都会有自己的特点。"②中国特色是指中国所特有的、彰显中国风格和气派的风貌,建设中国特色社会主义,就是深深根植于人民群众的历史创造活动。中国特色社会主义的"特",既体现了社会主义的"共相"规律,又反映了中国实际的"殊相"特征,既坚持了科学社会主义的基本原则,又扎根中国大地和时代要求,赋予其鲜明的中国特色,正确地引领着中国的发展进步。

在新时代条件下,我国社会主要矛盾的性质和特点发生了深刻变化,但我国的基本国情没变,我国处于并将长期处于社会主义初级阶段,这是我国最大的实际。这一阶段既明显不同于马克思所说的过渡时期的"无产阶级革命专政",也不是马克思所说的"未来共产主义社会的国家制度",它是介

---

① 《邓小平文选》(第三卷),人民出版社,1993年,第22页。
② 《列宁选集》(第二卷),人民出版社,2012年,第777页。

于二者之间,兼有二者共同属性的国家形式。既然这一国家形式不是共产主义社会的低级阶段,那么它是否可以被称为社会主义社会呢? 答案是肯定的,在我国公有制以及由此决定的按劳分配已经占据统治地位时社会已经是社会主义性质的社会,因而这一具有不同发展阶段的"过渡时期"本质上已经蜕变成为社会主义社会。初级阶段的社会主义是中国特色社会主义的最大国情,江泽民在庆祝中国共产党成立八十周年大会上的讲话中指出:"社会主义初级阶段是整个建设有中国特色社会主义的很长历史过程中的初始阶段,但这一阶段并不是泛指任何国家进入社会主义都会经历的起始阶段,而是特指我国这样一个从半殖民地半封建社会脱胎而来的社会主义必然要经历的特定历史阶段。随着经济发展和社会全面进步,将来条件具备时,我国社会主义建设会进入更高的发展阶段。"[1]胡锦涛指出:"实现共产主义是一个非常漫长的历史过程。我国现在处于并将长期处于社会主义初级阶段,我们必须从这个实际出发,根据社会发展的现实基础确定现阶段的奋斗目标,有步骤推进我们的事业。"[2]

中国特色社会主义是当代中国的科学社会主义,不是什么别的主义,更有别于形形色色的资本主义。贫穷不是社会主义,两极分化也不是社会主义,邓小平曾在南方谈话中将社会主义本质界定为,"解放生产力,发展生产力,消灭剥削,消除两极分化,最终达到共同富裕"[3],三个"是否有利于"成为人们评判社会主义建设事业是非得失的根本标准。党的十八大新修订的《中国共产党章程》规定,"由于国际的影响和国内的因素,阶级斗争在一定范围内长期存在,在某种条件下甚至有可能激化,但已经不是主要矛盾"[4]。

---

① 《江泽民文选》(第三卷),人民出版社,2006 年,第 293 页。
② 《胡锦涛文选》(第一卷),人民出版社,2016 年,第 494 页。
③ 习近平:《在纪念邓小平同志诞辰 110 周年座谈会上的讲话》,人民出版社,2014 年,第 24 页。
④ 《中国共产党章程》,《人民日报·海外版》,2012 年 11 月 19 日。

中国特色社会主义是科学社会主义在中国的成功实践,中国特色社会主义国家观是共产主义国家观的阶段性演绎和被创造性叙述的典范。我国的人民民主专政不同于马克思、列宁笔下的无产阶级革命专政,也不同于新民主主义革命与社会主义革命时期的国家形式,这一时期国家的政治职能进一步缩小减弱,国家的社会职能逐渐增强和扩大。习近平总书记指出:"中国实行工人阶级领导的、以工农联盟为基础的人民民主专政的国体,实行人民代表大会制度的政体,实行中国共产党领导的多党合作和政治协商制度,实行民族区域自治制度,实行基层群众自治制度,具有鲜明的中国特色。"①中国特色社会主义的目标是共产主义社会。所谓"目的微不足道,运动就是一切"是忘记初心,迷失方向的表现。

　　习近平总书记在党的十九大报告中指出,"中国共产党一经成立,就把实现共产主义作为党的最高理想和最终目标"②,共产主义远大理想是中国共产党最根本、最始源性的初心。中国特色社会主义是在中国实现共产主义的必经阶段,是党的最高纲领和基本纲领的统一,是共产主义最高理想在现阶段的具体体现,实现中国特色社会主义共同理想与实现共产主义最高理想本质上是一致的。中国特色社会主义作为一个具有过渡性质的社会,把民族复兴的梦想与解放全人类的目标统一起来,既功在当下又着眼于未来。因此,坚持和发展中国特色社会主义必须处理好共同理想与远大理想的关系,忘记最高理想而只顾当下,就会迷失方向,变成功利主义、实用主义、孤立主义。"必须认识到,我们现在的努力以及将来多少代的持续努力,都是朝着实现共产主义这个最终目标前进的。"③我们从来没有把共产主义

---

① 《习近平谈治国理政》(第二卷),外文出版社,2017年,第288页。
② 习近平:《决胜全面建成小康社会 夺取新时代中国特色社会主义伟大胜利——在中国共产党第十九次全国代表大会上的报告》,人民出版社,2017年,第13页。
③ 《十八大以来重要文献选编》(上),中央文献出版社,2014年,第115页。

作为唾手可得、一蹴而就的目标。中国社会主义的巩固和发展是一件道路曲折、极其漫长的事情。建设中国特色社会主义必须从中国社会主义初级阶段的基本国情出发,坚持以经济建设为中心,坚持改革开放的基本路线,坚持"两个毫不动摇"。党的十八大以来,以习近平同志为核心的党中央高度重视人民民主专政在实现中华民族伟大复兴进程中的决定性作用,把为人民谋幸福、为民族谋复兴作为党的奋斗目标,作为中国共产党人的初心和使命。坚持人民民主专政,是我国的根本政治制度和立国之本,巩固人民政权是正义的事情,"坚持人民民主专政并不输理",直至国家公共权力回归社会。

共产主义不是空想而是科学。马克思主义揭示了人类社会的发展规律,人类历史发展就是这样一个从低到高发展的客观过程。事实一再告诉我们,"两个必然"并没有过时,是社会历史发展不可逆转的总趋势,人类意识形态会终结,历史则不会终结。针对当前中国面临的新的国家安全挑战,习近平总书记在中央国家安全委员会第一次全体会议上首次正式提出"总体国家安全观",他强调,维护国家安全的根本目的,就是为了实现人民安全,确立了一条以人民安全为宗旨,以政治安全为根本的中国特色国家安全道路。共产主义社会并不遥远,共产主义社会也并不是一成不变的,作为一种消灭现实的现实运动,只要我们投身于这场私有制财产积极转化的运动,我们就身处在共产主义社会之中。作为一种价值尺度,只要我们投身于人的自我异化的积极扬弃,当代中国的科学社会主义就是"共产主义社会"。"我坚信,世界上赞成马克思主义的人会多起来的,因为马克思主义是科学。"①中国特色社会主义是代表着广大人民最根本利益的社会,促进社会和谐是中国特色社会主义的本质属性,党的领导是中国特色社会主义的本质

① 《邓小平文选》(第三卷),人民出版社,1993年,第382页。

特征。因此,学习中国共产党关于马克思主义国家观的看法和观点,就是要深刻领会中国特色社会主义是党和人民长期实践取得的根本成就,深刻领会只有中国特色社会主义才能够有效地解决我国发展面临的突出问题,深刻领会中国特色社会主义是由道路、理论体系、制度三位一体构成的,深刻领会夺取中国特色社会主义伟大胜利的基本要求,深刻领会党始终是中国特色社会主义事业的领导核心,深刻领会中国特色社会主义的最高目标是共产主义社会。

(二)中国共产党关于马克思主义国家观的教育思想

党的十八大以前,中国共产党虽然没有明确提出国家观教育这一概念,但思想政治工作一直都是党的优良传统,也是党的政治优势,更是党的生命线。在浩如烟海的马克思主义理论教育思想中,到处闪耀着中国共产党关于马克思主义国家观教育的思想光辉,这些思想光辉又集中体现在中国共产党历代领导集体关于国家观教育的思想之中。中国共产党关于马克思主义国家观中国化的教育思想深邃,内容丰富,本书主要汲取与研究主题相关的部分内容,侧重点主要在青年学生,以及围绕教育对象展开的教育内容、方法和目标。

1. 以实现中华民族伟大复兴为教育目标

马克思主义是无产阶级和广大人民群众认识世界和改造世界的思想指南,一旦被群众掌握就会变成改造社会的物质力量。马克思主义国家观掌握群众的目的旨在实现国家独立和民族解放,保障社会主义现代化建设顺利进行,维护国家统一和民族团结,即实现中华民族伟大复兴。也就是说,实现中华民族伟大复兴的宏伟目标,必须高度重视发挥马克思主义国家理论的重要作用,并通过与中国具体实际相结合,实现中国革命、建设和改革的面目焕然一新。综观历史,自鸦片战争以来,无数仁人志士为求得民族独立、国家富强进行了艰辛的探索。不断涌现出以太平天国运动、义和团运动为表现形式的农民阶级的抗争,和地主阶级的自强求富所开展的洋务运动,资产阶级改良派进行的戊戌变法,资产阶级革命派领导的资产阶级革命等,均以失败告终。失败原因有很多,像阶级的局限性,农民阶级争夺王权的腐朽思想,资产阶级的软弱性、妥协性等,也有封建统治苟延残喘,帝国主义的扼杀等。但最根本的原因是,他们的救国方案不能代表广大人民群众的根本利益,缺少一个先进思想武装的政党。鸦片战争以后,中国沦为半殖民地半封建社会,中华民族面临着空前的危机。中国人民面临着两个时代课题,一是推翻帝国主义和封建主义的统治,实现民族独立和人民解放。二是改变国家贫穷落后的面貌,实现国家富强和人民当家作主。为此,无数仁人志士进行了探索、尝试,但都没有找到答案。中国共产党自诞生以来就始终把这两个课题作为自己的使命,并交出了合格的答卷。可以说,中国共产党的历史上矗立着一座座爱国主义的丰碑,这一座座爱国主义丰碑的脚下都深深地镌刻着通向中华民族伟大复兴的印记。

实现中华民族伟大复兴的中国梦,是爱国主义在奋斗目标上的体现。1987年党的十三大报告使用了中华民族伟大复兴的标准表述,报告指出:"在社会主义基础上实现中华民族伟大复兴的历史阶段。"①党的十六大报告中,江泽民系统地论述了中华民族伟大复兴征程中的三个阶段,他指出:"在新民主主义革命时期,我们党团结和带领全国各族人民完成民族独立和人民解放的历史任务,为实现中华民族伟大复兴创造了前提。我们党创造性地完成由新民主主义到社会主义的过渡,实现中国历史上最伟大最深刻的社会变革,开始了在社会主义道路上实现中华民族伟大复兴的历史征程。十一届三中全会以来,我们党找到了建设中国特色社会主义的正确道路,赋

---

① 《改革开放三十年重要文献选编》(下),人民出版社,2008年,第898页。

予了民族复兴新的强大生机。"①党的十六大之后，胡锦涛根据国际国内形势发生的新变化，提出了科学发展观和构建社会主义和谐社会的执政理念。胡锦涛指出："在当代中国，爱国主义最鲜明的主题就是不断发展中国特色社会主义，在改革开放中加快推进社会主义现代化，全面建设小康社会，把中华民族伟大复兴的宏伟蓝图变成美好现实。"②

习近平总书记指出："近代以后，中华民族遭受的苦难之重、付出的牺牲之大，在世界历史上都是罕见的。但是，中国人民从不屈服，不断奋起抗争，终于掌握了自己的命运，开始了建设自己国家的伟大进程，充分展示了以爱国主义为核心的伟大民族精神。"③因此，他指出："实现中国梦必须弘扬中国精神。这就是以爱国主义为核心的民族精神，以改革创新为核心的时代精神。"④这种精神是凝心聚力的兴国之魂。习近平总书记在主持中央政治局第二十九次集体学习时指出："实现中华民族伟大复兴的中国梦，是当代中国爱国主义的鲜明主题。"⑤党的十九大报告指出："中国共产党人的初心和使命，就是为中国人民谋幸福，为中华民族谋复兴。"⑥"中国共产党一经成立，就把实现共产主义作为党的最高理想和最终目标，义无反顾肩负起实现中华民族伟大复兴的历史使命，团结带领人民进行了艰苦卓绝的斗争，谱写了气吞山河的壮丽史诗。"⑦此外，党的十九大审议决定，将实现中华民族伟大复兴的中国梦写入党章，这充分表明了中国共产党向人民、向历史作出的庄严承诺。可以说，中国共产党的历史就是一部为实现民族独立和人民解

---

① 《江泽民文选》（第三卷），人民出版社，2006年，第574页。

② 曹普、韩玉瑜：《马克思主义理论宝库中的爱国主义》，《北京日报》，2009年6月8日。

③ 《习近平谈治国理政》，外文出版社，2014年，第35页。

④ 同上，第40页。

⑤ 习近平：《习近平关于全面建成小康社会论述摘编》，中央文献出版社，2016年，第123页。

⑥ 习近平：《决胜全面建成小康社会 夺取新时代中国特色社会主义伟大胜利——在中国共产党第十九次全国代表大会上的报告》，人民出版社，2017年，第1页。

⑦ 同上，第13页。

放,实现中华民族伟大复兴而奋斗的历史。中国共产党要领导和团结人民进行革命、建设和改革,实现中华民族伟大复兴的历史重任,就必须牢牢把握正确的政治目标。为完成马克思主义国家理论教育的任务,实现中华民族伟大复兴的目标,中国共产党自始至终都要承担领导核心和教育主体的作用。正因为如此,马克思主义国家观教育才能够高扬中国精神,汇集起中华民族不可战胜的磅礴力量,引导全国各族人民坚定不移地沿着中国特色社会主义道路前进。

2. 从娃娃抓起,从小学抓起,重视对青少年的国家观教育

马克思主义理论是一切革命者都应学习的科学,因此,国家观教育是一项全民教育,旨在提升公民对国家的认同,增强民族凝聚力,而青少年则始终是教育对象中的重点。事实上,中国共产党在革命、建设和改革的各个历史时期,都十分关心青少年的健康成长,高度重视他们的思想道德建设。青年是国家的希望和民族的未来,毛泽东同志把青年看作未来世界的主人,他对青年寄予了无限的期望。1957 年 11 月 17 日,毛泽东在莫斯科会见中国留学生的谈话中指出:"世界是你们的,也是我们的,但归根结底是你们的。你们青年人朝气蓬勃,正在兴旺的时期,好像早晨八九点钟的太阳。"[1]1964年 6 月,毛泽东在中共中央工作会议上强调,要教育干部懂得马列主义,懂得越多越好,因为这是培养无产阶级革命接班人的首要条件。毛泽东还认为,教师队伍必须革命化,"教师特别是政治理论课教师应该既会教书,又会进行思想政治工作"[2],"他们的任务是'造学生'。这是共产党的大事,不是小事"[3]。邓小平认为,对大学生进行国家观教育,是培养党的事业合格继承

---

① 《毛泽东在苏联的言论》,人民出版社,1965 年,第 14～15 页。

② 石云霞、袁银传、孙来斌:《马克思主义理论教育思想发展史研究》(下),中国社会科学出版社,2012 年,第 755 页。

③ 转引自耿仲琳、田逢禄、齐得平《毛泽东在抗大讲话记录稿介绍》,《党史通讯》,1984 年第7 期。

者、接班人的需要。邓小平也高度重视青年群体,强调要教育我们的人民特别是青年,他在 1974 年会见外宾时指出:"我们社会主义国家的命运,归根到底决定在青年的身上。"①"十一届三中全会确立的这条中国的发展路线,是否能够坚持得住,要靠大家努力,特别是要教育后代。"②对此,邓小平在强调无产阶级政党作为教育主体的同时,又特别强调"提高教师的质量问题"③。老师教得好,学生才能学得好,因此思想政治工作者要提高自身理论水平,思想政治工作队伍要提升自身能力。江泽民指出:"从一定意义上讲,青年兴则国家兴,青年强则国家强,青年有希望,未来的发展就有希望。"④胡锦涛认为:"加强和改进未成年人思想道德建设,是增强我国发展后劲和国际竞争力的必然要求"⑤,"加强和改进未成年人思想道德建设,培养一代又一代四有新人,是时代的要求、历史的重托、人民的期望。"⑥习近平总书记认为:"青年一代有理想、有本领、有担当,国家就有前途,民族就有希望。"⑦

正是由于党的事业需要一代代传下去,党的事业要靠一代代年轻人去完成,未来的世界和国家前途属于青年一代,中国共产党始终重视对青少年的国家观教育。毛泽强调出:"青年应该把坚持正确的政治方向放在第一位。"⑧青年一代确立正确的政治方向,离不开持之以恒的教育,即必须把政治教育作为教育的中心一环。无产阶级事业接班人必须要懂得一些马克思主义,因此毛泽东非常重视对青年思想教育工作。早在 1938 年,毛泽东为抗

---

① 《邓小平文集(一九四九——一九七四年)》(下),人民出版社,2014 年,第 358 页。
② 《改革开放三十年重要文献选编》(上),人民出版社,2008 年,第 640 页。
③ 《邓小平文选》(第二卷),人民出版社,1994 年,第 108 页。
④ 《江泽民论有中国特色社会主义(专题摘编)》,中央文献出版社,2002 年,第 420 页。
⑤ 《十六大以来重要文献选编》(中),中央文献出版社,2006 年,第 75 页。
⑥ 同上,第 85 页。
⑦ 习近平:《决胜全面建成小康社会 夺取新时代中国特色社会主义伟大胜利——在中国共产党第十九次全国代表大会上的报告》,人民出版社,2017 年,第 70 页。
⑧ 毛泽东:《在模范青年发奖大会上的讲话》,《新中华报》,1936 年 6 月 6 日。

大同学会题词时,所确定的抗大教育方针之一就是要坚定政治方向。在这里,政治方向就是抗日救国、民族解放和社会解放的方向。对青年除了要进行持之以恒的思想教育以外,还要让他们到实际中去锻炼,不掌握马克思主义立场、观点和方法是不能做马克思主义者的,同时,不与群众运动相结合,不到实际斗争中去锻炼,也不是真正的马克思主义者。对此,毛泽东强调:"培养革命后代,一定要让他们到实际斗争去锻炼。"①邓小平认为,培养接班人是关系到党和祖国命运的大事,接班人应该是"四有"新人,要求我们的"教育要面向现代化,面向世界,面向未来"②。在对青年一代的弱点和优点详细分析之后,邓小平认为,必须对青年进行马克思主义理论教育、党的历史教育、革命的历史教育以及"四项基本原则教育",帮助青年树立无产阶级世界观,提高青年的社会主义觉悟。他还认为:"小学一年级的娃娃,经过十几年的学校教育,将成为开创二十一世纪大业的生力军。"③

1983 年 8 月 24 日,教育部发出了《关于学习贯彻〈关于加强爱国主义宣传教育的意见〉的通知》,强调爱国主义教育要从娃娃抓起。1990 年 5 月 3 日,江泽民在《爱国主义和我国知识分子的使命》重要讲话中指出:"需要广泛深入地进行爱国主义教育。这种教育要从少年儿童抓起。全国人民特别是广大青年,都要认真学习和了解祖国的历史,尤其是近代以来的历史。"④1994 年 8 月 23 日,中共中央印发《爱国主义教育实施纲要》,阐明了"爱国主义教育是全民教育,重点是广大青少年",⑤并进一步指出,"学校是对青少年进行教育的重要场所,要把爱国主义教育贯穿到幼儿园直至大学的教学、育人全过程中去"⑥。在谈到素质教育问题时,江泽民强调:"不断增强学生和

---

① 毛泽东:《用毛泽东思想哺育革命后代》,《人民日报》,1966 年 6 月 1 日。
② 《十四大以来重要文献选编》(中),人民出版社,1997 年,第 1771 页。
③ 《十五大以来重要文献选编》(下),人民出版社,2003 年,第 1874 页。
④ 《江泽民论有中国特色社会主义(专题摘编)》,中央文献出版社,2002 年,第 401 页。
⑤⑥ 《十四大以来重要文献选编》(上),人民出版社,1996 年,第 925 页。

群众的爱国主义、集体主义、社会主义思想,是素质教育的灵魂。"①胡锦涛认为,要使广大未成年人成为对祖国、人民有用的人才,使他们成为祖国现代化事业发展的强大后备军,就必须加强和改进未成年人思想道德建设,创造未成年人健康成长的社会环境。

党的十八大以来,习近平总书记从培养社会主义事业接班人和建设者的战略高度,在不同的时间、场合,特别是每逢青年节都要参加相关活动并发表重要讲话,表达了对青年的亲切关怀和殷切期望,深刻阐释了当代青年在实现中华民族伟大复兴道路上的重要使命和责任担当。习近平总书记认为,"青年的价值取向决定了未来整个社会的价值取向"②,因此青年的第一粒扣子就要扣好。2019 年 3 月,习近平总书记在主持学校思想政治理论课教师座谈会上强调:"我们党立志于中华民族千秋伟业,必须培养一代又一代拥护中国共产党领导和我国社会主义制度,立志为中国特色社会主义事业奋斗终身的有用人才"③,并进一步指出,作为国家观教育主体的思政课教师队伍责任重大。

3. 爱国主义、集体主义、社会主义、国际主义教育的统一

爱国主义是马克思主义国家观的基本内涵,爱国主义集中表现为公民的国家意识。国家作为一个历史概念不是从来就有的,因而爱国主义和爱国主义教育也必然是一个历史范畴,在不同的历史时期和时代条件下有不同的主题,并随着无产阶级和人类解放事业发展壮大而常说常新。在中国语境下,爱国主义、集体主义、社会主义、国际主义在本质上统一的。只有社会主义才能救中国,才能发展中国,"历史证明,坚定捍卫中华民族尊严、期

---

① 《江泽民文选》,人民出版社,2006 年,第 332 页。
② 《习近平谈治国理政》,外文出版社,2014 年,第 172 页。
③ 《习近平主持召开学校思想政治理论课教师座谈会》,http://www.xinhuanet.com/2019－03/18/c_1124250454_3.htm。

望中国繁荣昌盛的爱国者,大都会成为忠诚的社会主义者或社会主义的可靠的朋友"①,正是爱国主义精神与社会主义的紧密结合,推动中华民族伟大复兴事业走向了正确的道路。集体主义强调"一切从人民的利益出发,而不是从个人或小集团的利益出发"②,"如果一个民族、一个国家,人们只讲个人利益、个人奋斗,而不讲国家利益、社会贡献,那末,这样的民族和国家就不能自立于世界民族之林"③。爱国主义与国际主义并不冲突,"中国共产党人必须将爱国主义和国际主义结合起来"④。

综上所述,在当代中国,爱国主义、集体主义、社会主义、国际主义教育在本质上也是统一的。社会主义与爱国主义的统一性,决定了建设有中国特色的社会主义是新时期爱国主义的主题。1983 年 7 月 2 日,中共中央中宣部、中共中央书记处研究室印发了《关于加强爱国主义宣传教育的意见》,进一步阐明了爱国主义是一个历史范畴。在社会主义现代化建设的新时期,我国各族人民的爱国主义主要内容就是"加紧社会主义现代化建设,争取实现包括台湾在内的祖国统一,反对霸权主义、维护世界和平"⑤。邓小平指出:"中国人民有自己的民族自尊心和自豪感,以热爱祖国、贡献全部力量建设社会主义祖国为最大光荣,以损害社会主义祖国利益、尊严和荣誉为最大耻辱。"⑥因此,增强民族自尊心、自豪感以及自信心是新时期爱国主义教育的目标。

中国共产党是马克思主义政党,中国共产党自成立以来始终坚持用马克思主义国家理论教育群众、武装全党,始终强调爱国主义教育必须与集体

---

① 《江泽民文选》(第一卷),人民出版社,2006 年,第 68 页。
② 《胡锦涛文选》(第三卷),人民出版社,2016 年,第 475 页。
③ 《江泽民论有中国特色社会主义(专题摘编)》,中央文献出版社,2002 年,第 403 页。
④ 《毛泽东选集》(第二卷),人民出版社,1991 年,第 520 页。
⑤ 《改革开放三十年重要文献选编》(上),人民出版社,2008 年,第 260 页。
⑥ 《十四大以来重要文献选编》(上),人民出版社,1996 年,第 921～922 页。

主义、社会主义、国际主义教育统一。江泽民指出，"爱国主义、集体主义和社会主义思想教育三位一体"①，"尤其是要加强对青少年学生进行爱国主义、集体主义、社会主义思想教育，帮助他们树立正确的世界观、人生观、价值观"②。我国的社会主义性质决定，培养"四有"社会主义新人，爱国主义、集体主义和社会主义教育是素质教育的根本，旨在使人民群众特别是广大青年树立社会主义理想信念。胡锦涛在五四运动八十周年纪念大会上的讲话中强调："发扬伟大的爱国主义精神，为建设有中国特色社会主义努力奋斗。"③他在同中国农业大学师生代表座谈时的讲话中指出："在当代中国，爱国主义最鲜明的主题就是不断发展中国特色社会主义。"④改革开放 40 多年以来的独立奋进，中国经济所取得的辉煌成就，我们成为世界第一大工业国，第二大经济体，充分说明了中国特色社会主义是实现中华民族伟大复兴的正确道路，中国共产党是带领中国人民走中国特色社会主义道路、实现中国梦的坚强领导力量。

习近平总书记在主持中央政治局第 29 次集体学习会议时强调："只有坚持爱国、爱党和爱社会主义相统一，爱国主义才是鲜活的、真实的，这是当代爱国主义精神最重要的体现。"⑤在新时代条件下，中国梦成为当代中国爱国主义的鲜明主题，实现中国梦需要大力弘扬爱国主义精神。继承弘扬中华民族的爱国主义精神，要把爱国主义教育作为永恒主题，要把爱国主义教育贯穿国民教育和精神文明建设全过程。"广泛开展理想信念教育，深化中国特色社会主义和中国梦宣传教育，弘扬民族精神和时代精神，加强爱国主

---

① 《十四大以来重要文献选编》（上），人民出版社，1996 年，第 921～922 页。
② 《江泽民文选》（第二卷），人民出版社，2006 年，第 590 页。
③ 《十五大以来重要文献选编》（中），人民出版社，2001 年，第 831 页。
④ 胡锦涛：《在同中国农业大学师生代表座谈时的讲话》，《人民日报》，2009 年 5 月 3 日。
⑤ 习近平：《大力弘扬伟大爱国主义精神　为实现中国梦提供精神支柱》，《人民日报》，2015 年 12 月 31 日。

义、集体主义、社会主义教育,引导人们树立正确的历史观、民族观、国家观、文化观。"①

4.在实际中学习马克思主义国家观

一切从实际出发,理论联系实际是马克思主义的理论品质,也是共产党区别于其他任何政党的显著标志。理论和实际的统一,既是马克思主义理论教育的基本原则,又是马克思主义理论教育的基本方法。中国共产党人积极地运用马克思主义国家理论解决中国革命、建设和改革的实际问题,赋予了马克思主义国家理论新的时代内涵和民族特色。毛泽东曾深刻地总结道:"中国共产党的二十年,就是马克思列宁主义的普遍真理和中国革命的具体实践日益结合的二十年。"②他认为学习马列主义,最重要的是到实际中去学,不仅要读有字之书,更要读"无字天书"。"一个中国的马克思主义者,如果不懂得从改造中国中去认识中国,又从认识中国中去改造中国,就不是一个好的中国的马克思主义者。"③他要求全党同志"要有目的地去研究马克思列宁主义的理论,要使马克思列宁主义的理论和中国革命的实际运动结合起来"④。这表明,学习马克思主义国家理论,要同将来我们的国家是否独立,政党会不会变颜色,会不会坚持走社会主义道路等根本性问题联系在一起考虑。

邓小平对实践是检验真理的唯一标准大讨论的支持和反复强调,充分表明邓小平对理论与实践相统一这一马克思主义根本原则继承和发展,并把这一原则同党和国家的前途命运紧紧联系在一起。他继承了马克思主义理论教育的灌输原则,把马克思主义国家观理论的灌输,同启发与提高工人

---

① 习近平:《决胜全面建成小康社会 夺取新时代中国特色社会主义伟大胜利——在中国共产党第十九次全国代表大会上的报告》,人民出版社,2017年,第42~43页。

② 《毛泽东选集》(第三卷),人民出版社,1991年,第795页。

③ 《毛泽东文集》(第二卷),人民出版社,1993年,第344页。

④ 《建党以来重要文献选编(1921—1949)》(第18册),中央文献出版社,2011年,第298页。

阶级和人民群众的阶级意识、觉悟相结。他认为："我们共产党人，不仅要认识世界，而且要改造世界。"①在建设和改革时期，他强调，中国共产党必须经常警诫自己脱离群众的危险性，每一个党员密切联系群众是必须遵循的原则。同时，他还认为：共产党人"不仅要当群众的学生，还要当群众的先生"②。江泽民指出："坚持理论与实际相结合，是我们党领导革命、建设和改革的基本经验"③，并且做出了"'一个中心''三个着眼于'的新概括"④，赋予了社会主义初级阶段这个最大的"实际"不同的内涵和时代特色。他从学风的角度强调："学习邓小平理论，一定要学以致用。要把邓小平理论同国际国内的实际，同本地区本部门的实际结合起来"⑤，坚决反对经院式学风。胡锦涛在同中国农业大学师生代表座谈时的讲话中指出："对青年学生来说，基层一线是了解国情、增长本领的最好课堂，是磨炼意志、汲取力量的火热熔炉，是施展才华、开拓创业的广阔天地。"⑥

　　党的十八大以来，以习近平同志为核心的党中央高度重视理论联系实际的马克思主义学风，不断开创着理论联系实际的新境界，把马克思主义国家理论与坚持和发展中国特色社会主义事业、实现中华民族伟大复兴中国梦的宏伟目标紧密联系在一起，赋予了马克思主义国家观教育崭新的时代内涵。习近平总书记在和其他中央政治局常委集体参观《复兴之路》展览时，深情阐述了实现中华民族伟大复兴是一项光荣而艰巨的事业，并着重强调"空谈误国，实干兴邦"的实干精神。习近平总书记在北京大学师生座谈会上的讲话中指出，"广大青年生逢其时，也重任在肩"⑦，他要求广大青年要

①②　《邓小平文选》（第一卷），人民出版社，1994 年，第 72 页。
③　《江泽民文选》（第一卷），人民出版社，2006 年，第 304 页。
④　石云霞、袁银传、孙来斌：《马克思主义理论教育思想发展史研究》（下），中国社会科学出版社，2012 年，第 1088 页。
⑤　《江泽民论讲学习讲政治讲正气（专题摘编）》，党建读物出版社，1999 年，第 52～53 页。
⑥　胡锦涛：《在同中国农业大学师生代表座谈时的讲话》，《人民日报》，2009 年 5 月 3 日。
⑦　习近平：《在北京大学师生座谈会上的讲话》，人民出版社，2018 年，第 2 页。

知行合一,做实干家。习近平总书记在全国党校工作会议上指出:"要坚持理论联系实际的马克思主义学风,坚持问题导向,……反对主观主义、教条主义、形式主义,防止空对空、两张皮。"①总之,实干是成就事业的必由之路,每一个中国人都需要一如既往地发挥实干精神。一方面,"依靠学习走向未来,好学才能上进"②。另一方面,也要加深对当代中国最大实际的认识,坚持问题导向,用正确国家观来认识各种历史问题、国家问题、民族问题、国际问题,避免陷于唯心主义的孤立论、片面论、主观论的泥潭之中,使马克思主义国家观在正视与解决现实问题中实现创新性发展与飞跃。

---

① 习近平:《在全国党校工作会议上的讲话》,人民出版社,2016 年,第 16 页。
② 《习近平谈治国理政》,外文出版社,2014 年,第 407 页。

第二章 改革开放以来大学生国家观教育的历史发展

　　国家观教育是新时代爱国主义教育的崭新要求。国家观教育是一个历史范畴,本章主要研究改革开放以来到党的十八大之前的大学生国家观教育的历史进程、基本经验以及所面临的现实问题。中国共产党历来重视大学生爱国主义教育,爱国主义是马克思主义国家观的基本内涵。改革开放以前,关于大学生国家观教育的内容、形式变动不居,有时甚至与政治运动等同起来。改革开放以后,世情、国情、党情、民情都发生了深刻的变化,现实条件的变化构成了大学生国家观教育的现实依据,在勠力同心实现伟大复兴中国梦的伟大进程中,我国大学生国家观教育取得了可喜的成就,积累了丰富的经验。通过梳理近三十多年来大学生国家观教育的历史发展,总结大学生国家观教育取得的成就和积累的丰富经验,特别是爱国主义教育在情感孕育与理性抒发方面取得的实效业绩,承前启后,继往开来,为新时代大学生国家观教育提供经验支持和对照启发。本章主要通过关照传统大学生爱国主义教育的现实问题,深刻把握大学生爱国主义教育的本质与规律,在此基础上,创新继承和弘扬爱国主义精神的理念、内容和路径等。

一、大学生国家观教育的历史进程

历史研究的任务是叙述接续不断的往事，研究现象的发生、变迁、进化，揭示现象发生发展的运行法则。分析改革开放以来大学生国家观教育历史沿革的脉络，考察其变迁的原因，对于整体把握大学生国家观教育、增强新时代大学生国家观教育的实效性具有积极意义。

（一）国家观教育在拨乱反正中重建

《关于加强爱国主义宣传教育的意见》和《关于社会主义精神文明建设指导方针的决议》两个标志性文件的颁布，特别是"85 方案"的出台，是这一阶段划分的重要依据。这一阶段主要是恢复正常的国家观教育，探索适应这一阶段国情的国家观教育体系，重建大学生对社会主义现代化建设的信心。

党的十一届三中全会以来，中国共产党在政治、思想、组织等各个领域全面开展拨乱反正的任务。随着大学生主体意识和价值自觉的觉醒，他们开始重新思考个人与国家、社会之间的关系，但由于缺乏正确评价标准，在盲目地与西方比较中容易产生自卑心理和激进的爱国情怀，导致对社会主义信念动摇，自由化思潮在大学生群体中蔓延开来。在改革开放的背景下，国际间互动密切，提高大学生的思想觉悟，增强民族自信心、自豪感具有现实紧迫性。因此，这一阶段国家观教育的主要任务是洗涤"文化大革命"带来的精神污染，激发大学生热爱社会主义国家的热情，为祖国繁荣昌盛的献身精神，正确认识改革开放以来社会主义现代化建设所取得的成就。改革开放伊始，党和国家就强调坚持两个文明一起抓的战略方针，1979 年 9 月，叶剑英在庆祝新中国成立三十周年大会讲话中，第一次明确提出社会主义精神文明。邓小平在后来的讲话中多次提到，社会主义和共产主义理想信念是社会主义精神文明的核心问题,并把社会主义精神文明建设与四个现代化紧密联系起来。在教育全国人民做到有理想、有道德、有文化、有纪律的同时,首先要向青年进行有理想和有纪律的教育,没有青年的理想信念,实现社会主义的四个现代化是不可能的。1980 年 4 月,《关于加强和改进高等学校学生思想政治工作的意见》指出,要努力使学生树立正确的政治方向,教育学生热爱党、信任党,坚持党的领导。1981 年《光明日报》刊文《爱国主义是建设社会主义的巨大精神力量》。

　　1982 年 5 月,中共中央发出《关于转发〈深入持久开展"五讲四美"活动争取社会主义精神文明建设的新胜利〉的通知》,此后"五讲四美"成为社会主义精神文明活动的具体表现,特别是向青少年发出倡议,引导他们树立无产阶级世界观,重塑良好社会风气,维护社会安定团结。1983 年 7 月,中共中央宣传部、中共中央书记处出台《关于加强爱国主义宣传教育的意见》指出,在社会主义现代化建设进程中要培养全体公民、特别是青年的爱国主义精神,提高他们的爱国主义觉悟,引导他们树立共产主义理想信念。同年,教育部发出了《关于学习贯彻〈关于加强爱国主义宣传教育的意见〉的通知》指出,学校各门课程都要进行爱国主义教育,形势与政策课程要经常向学生介绍祖国的最新成就,提高他们对十一届三中全会以来党的路线方针政策的认识,增强他们对社会主义现代化建设的信心。1984 年 3 月,中共中央印发《关于加强革命传统教育的意见》,提出进行革命传统教育是当前进行爱国主义教育的一项基础工程,是建设社会主义精神文明和抵御精神污染的重要内容。1985 年 8 月,中共中央发出《关于改革学校思想品德和政治理论课程教学的通知》,强调要以中国革命史为中心开展历史教育,使学生了解传统中国,了解在中国共产党的领导下走社会主义道路的历史必然性。对学生进行社会主义建设和改革的理论政策教育,使学生充分认识到社会主义事业的崇高性,唤起他们的责任担当。1986 年 9 月,《关于社会主义精神文明建设指导方针的决议》指出，必须加强社会主义民主、法制、纪律的教育。1987 年 5 月，《关于改进和加强高等学校思想政治工作的决定》强调，坚持高等教育的社会主义方向，要经常地、有针对性地对学生进行爱国主义、集体主义和革命传统教育，社会主义民主和法制教育。总的来说，这一阶段标志性文件和具有重要指导意义文件的相继颁发，充分显示了党和国家为恢复和重建国家观教育作出的努力。这一阶段国家观教育的目的就是提高大学生的爱国觉悟，重拾对社会主义国家的信心，激发大学生为社会主义伟大事业而奋斗的献身精神。

（二）国家观教育在反思完善中推进

《爱国主义教育实施纲要》《关于进一步加强和改进学校德育工作的若干意见》和《中国普通高等学校德育大纲》的印发，以及"98 方案"的出台，是这一阶段划分的重要依据。从国内外环境来看，东欧剧变、苏联解体致使社会主义事业陷入低谷，国内的政治问题也给我国社会主义事业蒙上一层阴影。从党和国家对大学生爱国主义正向构建的角度看，随着拨乱反正的完成，社会主义现代化建设取得显著的成就，尤其经济方面成绩突出，同时培养了一大批思想政治教育的专家学者，造就了大批社会主义建设的合格人才。由于"一手硬，一手软"，全党认识不够，在思想政治方面流于疏忽，导致资产阶级自由化思潮泛起，使马克思主义国家观教育在前进中遭遇挫折。邓小平多次严厉地指出"十年最大的失误是教育，这里我主要是讲思想政治教育"，"对于中国是个什么样的国家，将要变成一个什么样的国家，这种教育都很少，这是我们很大的失误"。① 广大热血青年拥护改革开放，积极投身到为祖国繁荣昌盛的建设中去，但他们并不了解改革开放的长期性与艰巨性，不了解祖国的历史、现实和将来。在资本主义"和平演变"政治阴谋渗透

---

① 《邓小平文选》（第三卷），人民出版社，1993 年，第 306 页。

下,部分青年对社会主义制度优越性产生怀疑,甚至丧失共产主义信仰。因此,这一阶段国家观教育的主要任务是培育"四有新人"以保证社会主义现代化事业顺利进行,把爱国热情引导凝聚到建设有中国特色的社会主义事业上来,抵御国内外敌对势力的和平演变。这一时期爱国主义教育的内容,在原来的基础上又增加了社会主义民主与法制教育、国防教育和国家安全教育、"和平统一、一国两制"教育。

党的十三届四中全会以后,以江泽民同志为主要的中国共产党人重新确立了"两手抓,两手都要硬的方针",使大学生国家观教育在反思完善中焕发出新的生机。在强调进一步加强爱国主义教育中指出:"加强教育,我想特别提出国情教育的问题。这就是近百年来的中国历史的教育⋯⋯他们生长在祖国的土地上,理应在这块土地扎下深根,理应从我们的工人、农民、战士的身上汲取精神营养。"①通过加强历史教育、政治经济发展现状教育、社会主义必然性教育,以及四个现代化目标教育等,让大学生了解祖国的历史与现实,增强民族自尊、自信、自强精神。也正是如此,这一阶段有关爱国主义教育的论述较为丰富,特别是在纪念各种重大革命历史事件的会议上,江泽民在"五四"报告会上发表主题《爱国主义和我国知识分子的使命》的专题讲话;杨尚昆在纪念辛亥革命80周年大会上关于振兴中华民族的讲话;纪念红军长征胜利60周年大会上,江泽民发表关于一定要弘扬作为民族精神最高体现的长征精神的重要讲话;胡锦涛在纪念五四运动80周年大会上,发表主题为《发扬伟大爱国主义精神,为建设有中国特色社会主义努力奋斗》等。这些讲话极大地激发了大学生的爱国热情,鼓舞着他们为建设中国特色社会主义事业而奋斗。

爱国主义教育被视为社会主义精神文明建设的基础性工程,这一时期

---

① 《江泽民文选》(第一卷),人民出版社,2006年,第61页。

纲领文件的颁布也较为集中，如《关于在中小学进一步开展爱国主义教育活动的意见》《关于在幼儿园加强爱家乡、爱祖国教育的意见》《关于充分运用文物进行爱国主义和革命传统教育的通知》《爱国主义教育实施纲要》《关于加强和改进思想政治工作的若干意见》等。《关于贯彻爱国主义教育实施纲要的通知》中，强调爱国主义教育是学校的德育的重要内容。相较于第一阶段，这一时期的国家观教育更加全面系统，从教育主体、教育对象、教育内容、教育原则、教育方法、教育路径等方面整体规划了国家观教育。《爱国主义教育实施纲要》是新的历史条件下加强大学生国家观教育的一个非常完整的指导性文件，主旨明确，目标精准，设计科学，切中肯綮，也为后面国家观教育的逐步确立提供了参照。总的来看，这一阶段的国家观教育正处于新旧世纪交接的路口，面对风云突变的国际环境，纷繁复杂的国内现状，党和国家战略部署紧扣建设中国特色社会主义事业这一主题，努力提高大学生的爱国觉悟，把大学生的强国之志、报国之行凝聚和引导到中国特色社会主义事业上来，国家观教育被提升到前所未有的高度。

共同理想和精神支柱是建设中国特色社会主义文化的根本，党的十五大报告中特别强调，要大力弘扬爱国主义、集体主义，引导人们树立正确的世界观和价值观，提高大学生的思想品德，为加强新时期国家观教育指明了方向。1994 年 8 月，中共中央印发《关于进一步加强和改进学校德育工作的若干意见》，指出思想政治教育是一门科学。要克服"一手硬，一手软"和忽视德育工作的倾向，要把中国特色社会主义理论体系作为学校马列主义理论教育的中心内容，要深入持久地进行爱国主义教育，要完善德育工作管理体制等。1997 年 9 月，国家教委印发《关于进一步加强高等学校社会主义精神文明建设的若干意见》。《意见》指出，要以共产主义远大理想为目标，以社会主义道德规范为要求，以"两史一情"为依托，加强并不断深化爱国主义教育。同年 12 月，马克思主义理论和思想品德课第一次工作会议召开，会议指出,我们培养的大学生不仅应具有科学文化知识,而且应具有正确的世界观、价值观,有爱国主义觉悟。1998 年 6 月,中共中央宣传部、教育部下发《关于普通高等学校"两课"课程设置的规定及其实施工作的意见》指出,要进一步加强"两课"课程建设、设置、内容等。"98 方案"明确了"两课"设置方案,强调要以邓小平理论为中心内容,比较系统地进行爱国主义教育。1999 年 6 月,《关于深化教育改革全面推进素质教育的决定》强调德育是素质教育的重要组成部分,必须把德智体美等有机地统一在教育活动的各个环节。大学生国家观教育依托于大学生思想政治教育,随着高校大力加强和改进思想政治工作,大学生国家观教育也迎来新的转机,大学生提高了对党的基本路线方针的认识和分辨是非的能力,思想认识趋于冷静、理性。

(三)国家观教育在深化整合中提出

进入 21 世纪,国际局势依旧风云变幻,如伊拉克战争、国际金融危机等,我国的改革开放和现代化建设一方面呈现出光明的图景,另一方面又呈现出道路的曲折性,如"神舟五号"的成功发射和北京奥运会的成功举办,给国人带来了极大的民族自信心和自豪感。而汶川大地震、钓鱼岛事件等,给社会主义事业的发展带来挫折,这些发展问题和时代课题,给大学生国家观教育带来了机遇和挑战。通过对国家观教育的进一步深化整合,这一阶段的大学生国家观教育趋向规范化、系统化,社会主义核心价值体系融入国民教育和精神文明建设全过程,特别是大学生思想政治教育得到了进一步加强和改进,学科建设、课程建设、队伍建设、内容方法的创新等都获得了全面进步和整体发展。此外,在重视培育大学生的爱国主义精神的同时,我国还深入弘扬和培育民族精神,强调"育人为本、德育为先"的教育理念,努力拓展国家观教育的新途径,主动占领网络思想政治教育阵地,突出强调把校园网络这块阵地建设好,使用好,维护好,取得了可喜的成果。

进入 21 世纪,我国步入全面建设小康社会阶段,力争把中华民族向往的美好蓝图变成美好现实。随着党对我国基本国情的认识更加深化,对社会主义现代化建设的认识更加全面,理论更加成熟,实践更加理性,对大学生国家观教育规律的把握更加准确,对大学生自身思想特征的掌握更加全面,大学生国家观教育迎来了新的发展,进入整合深化阶段,以开阔的视野,深入推进大学生国家观教育。2002 年 2 月,教育部印发《关于进一步加强高等学校学生公寓管理的若干意见》,指出高校要按一定的学生比例,选派公寓辅导员学生日常的爱国主义教育。2002 年 5 月,江泽民在纪念共青团成立 80 周年的讲话中明确指出,爱国主义始终是中国青年运动的旗帜,当代青年的历史使命和责任担当是沿着党指引的方向前进,积极投身于基本实现现代化的伟大进程中。2002 年 7 月,第五次全国民族教育会议强调要加强和改进民族地区学校德育工作,把民族团结教育作为学校德育工作的重点,牢固树立维护国家统一,反对民族分裂的思想意识。2004 年 8 月,国务院发出《关于进一步加强和改进大学生思想政治教育的意见》,明确指出将以爱国主义为核心的民族精神作为大学生思想政治教育的重要任务。这一时期,大力推进中国特色社会主义现代化建设成为爱国主义教育的主题,爱国主义最鲜明的主题就是不断发展中国特色社会主义,在改革开放中加快推进社会主义现代化。

大学生国家观教育形式更加丰富,充分发挥主渠道的作用,推进马列主义、毛泽东思想、邓小平理论和"三个代表"重要思想进教材、进课堂、进学生头脑;不断创新爱国主义教育实践载体,丰富实践体验,以"火热实践锻造绚丽青春"为主题,积极推进大学生"三下乡"、青年志愿者服务活动以及社会公益劳动等,磨砺意志、锤炼品格,增强大学生社会责任感;强化课余活动和生活的引导功能,推进爱国主义主题活动进公寓、进社团、进网络,坚持家庭、学校、社会教育相互配合,建构爱国主义教育的统合力。高校思想政治理论课是大学生国家观教育的主渠道和主平台,"05 方案"的出台具有里程碑意义,课程的简化和教育对象层次的划分以及新课程设置方案极大地提高了国家观教育效果。2006 年,党的十六届六中全会明确指出,以爱国主义为核心的民族精神和以改革开放为核心的时代精神是社会主义核心价值体系重要内容。2007 年,《国家教育事业发展"十一五"规划纲要》强调,要深入开展中国特色社会主义共同理想教育,加强以爱国主义为核心的民族精神和以改革开放为核心的时代精神教育,开展多种形式的社会主义荣辱观教育,继续加强国情和形势政策教育、法治教育、国防教育和民族团结教育。这一阶段的大学生国家观教育与其他教育形式统一在爱国主义教育中。

总体来看,这一时期的大学生国家观教育始终坚持以中国特色社会主义共同理想为主题,以爱国主义为核心的民族精神和以改革创新为核心的时代精神为精髓,以社会主义荣辱观为基础的总体布局,大学生国家观教育活动展现出蓬勃的生机与活力。通过梳理这一时期《中国教育报》定期发布的高校学生思想政治状况滚动调查报告,总体来看,以"80"后为主体的高校大学生与党中央保持高度一致,表现出高度的政治觉悟和强烈的爱国热情,对我国政治经济发展前景充满信心,关心国内外大事,能够在新的历史起点上,承担起中华民族伟大复兴的历史使命,充分表明了大学生国家观教育取得实效。

2009 年 8 月,中宣部教育部国家民委《关于在学校开展民族团结教育活动的通知》中指出:"要在学校全面、深入、持续地开展民族团结教育,引导各族青少年学生牢固树立正确的国家观、民族观。"①2010 年颁布的《国家中长期教育改革和发展规划纲要(2010—2020 年)》指出:"在各级各类学校广泛开展民族团结教育引导广大师生牢固树立马克思主义祖国观、民族观、宗教

---

① 劳以东:《积极传承弘扬优秀民族文化 有效推进民族学校科学发展》,《民族教育研究》,2010 年第 S1 期。

观,不断夯实各民族大团结的基础,增强中华民族自豪感和凝聚力。"①国家观在这一阶段的明确提出表明,弘扬爱国主义精神,提升大学生对国家的认同感,不再局限于爱国主义教育这个宏观的框架之下。通过更为细致的理论增强"四个自信",巩固大学生为实现中华民族伟大复兴中国梦努力奋斗的思想基础,国家观教育的思路更加清晰,视野更为宽广,格局越发前瞻,路径愈加科学。国家观由"零散"走向系统,由抽象变得具体,由局部转向整体是一件里程碑意义的事情,但不能忽视的是国家观还是一个"新"的概念,其教育内容、路径、原则等与爱国主义教育存在交叉与分野,与民族观、文化观、历史观也存在着千丝万缕的联系。厘清这些概念之间的关系,明确国家观的内涵与外延,是今后我们研究的一个重点。国家观作为一个完整的概念被明确提出是在党的十八大以后,这一阶段,国家观与民族观、文化观、历史观一并作为新时代弘扬爱国主义精神的崭新路径。同时,"四观"又是加强爱国主义、集体主义、社会主义教育的目的,目的与手段的统一在这一阶段充分地彰显出来。

二、大学生国家观教育的基本经验

改革开放以来,我们用改革创新精神,推动大学生国家观教育实现了跨越式发展。通过一系列的爱国主义教育形式,大学生的爱国之识更加理性,爱国之情更加浓烈,强国之志更加坚定,报国之行更加自觉。在取得骄人成就的同时,也积累了丰富的经验。总结这一时期的经验,揭示大学生国家观教育的规律,通过厚植经验优势,增强前进动力,破解现实难题,为开创新时

---

① 国家中长期教育改革和发展规划纲要工作小组办公室:《国家中长期教育改革和发展规划纲要(2010—2020年)》,2010年7月29日。

代大学生国家观教育新局面,提升大学生爱国主义教育新境界提供经验支持。

(一)坚持以中国化马克思主义国家观理论指导为核心

马克思主义爱国主义是社会主义思想道德建设的主旋律,是社会主义精神文明建设的基础性工程,必须坚定不移、长期不懈地抓下去。中国特色社会主义的国家观教育最本质的特征,就是坚持以中国化马克思主义国家观理论指导为核心,这是我国大学生国家观教育区别于其他形形色色国家观教育的根本特征,同时也是改革开放以来大学生国家观教育取得骄人成绩的重要保证。没有科学的国家观理论指导的教育是盲目的国家观教育,只有坚持科学的指导,行动上才不会出现失误。历史上出现的失误和曲折,是源于对马克思主义国家理论教条化的理解和对现实国情的错误预估,错讹之处并非在理论本身。中国化马克思主义国家观理论来源于国家观教育实践,科学的国家观教育理论对实践又有指导作用,1994 年,《爱国主义教育实施纲要》中明确提出要搞好爱国主义教育的理论建设,爱国主义教育必须以建设中国特色社会主义理论和党的基本路线为指导的原则。

大学生国家观教育不外乎就是马克思主义关于国家的理论和观点的教育,是意识形态教育的重要组成部分之一。大学生国家观教育的目的是将国家观理论知识传递给大学生,使其了解国家的产生、本质、发展、消亡,提高爱国觉悟,增强政治生活的参与能力,把爱国热情凝聚和引导到实现中华民族伟大复兴的历史进程中。"没有革命的理论,就不会有革命的运动。"[①]正确的国家观不会自发地在大学生群体中产生,它需要从外部"灌输"进去。科学的国家观教育不可能形成于朴素的经验总结,它需要从本真的角度把握国家观教育的规律。国家观教育不同于一般教育,它是一种政治教育,是

---

① 《斯大林选集》(上),人民出版社,1979 年,第 200 页。

为人民民主专政的国家政权服务的,是统治阶级主导下政治社会化的过程,具有阶级性、规范性、原则性等特征。事实上,改革开放以来,大学生国家观教育所取得成绩都须臾不能离开中国化马克思主义国家观理论的指导,邓小平理论、"三个代表"重要思想、科学发展观等马克思主义中国化理论成果中关于国家观教育的理论,既是大学生国家观教育的指导思想,又是教育效果的评价标准,中国化马克思主义国家观理论明确了大学生国家观教育的本质要求和价值目标。

大学生所要具备正确国家观本质是对中国化马克思主义国家理论的一种概括和提炼,是凝练的马克思主义国家理论,是弘扬社会主义爱国主义精神的重要路径,是国家认同和爱国主义的重要内容。因此,大学生国家观教育必须要以中国化马克思主义国家观理论为指南,在当代中国,这一教育理论指南就是习近平新时代中国特色社会主义思想。"新时代中国特色社会主义思想,是对马克思列宁主义、毛泽东思想、邓小平理论、'三个代表'重要思想、科学发展观的继承和发展,是马克思主义中国化最新成果,是党和人民实践经验和集体智慧的结晶,是中国特色社会主义理论体系的重要组成部分,是全党全国人民为实现中华民族伟大复兴而奋斗的行动指南。"[①]这一新时代中国特色社会主义思想蕴含着一系列关于国家的新思想、新观点、新论断,深刻地揭示了当代中国最显著的特点,这也是大学生国家观教育的行动指南和逻辑依据。

(二)内化为情感认同是外化为理性爱国行为不可或缺的环节

情感在某种意义上是一种自我传播现象,其情感迁移的对象具有广泛性。关注情感认同对人思想道德形成的意义,早在先秦时期有之,诗和乐被

---

① 习近平:《决胜全面建成小康社会 夺取新时代中国特色社会主义伟大胜利——在中国共产党第十九次全国代表大会上的报告》,人民出版社,2017年,第20页。

先秦儒家作为"立礼"的重要抓手。没有认同则认知无效,没有认同则实践难以为继。认同作为一种关系性存在,是指对共同或相同的东西进行确认。因此,国家认同也就是公民对共同国家的肯定性体认,这种认同较多地停留在对祖国的情感认同上。爱国主义通俗来说就是公民的主权意识和维护祖国领土的完整,强调国家的尊严不可侵犯,时刻铭记国家的荣誉和利益永远高于个人的荣誉和利益。在我国,爱国主义就是爱社会主义国家、爱马克思主义思想、爱社会主义社会的前进方向。

　　改革开放以来,大学生国家观教育致力于以提高大学生爱国觉悟为起点,以不同时期的社会发展现实和大学生的思想实际为依据,通过多种教育方式相结合,有步骤、有计划地开展教育,不断激发大学生的爱国热情,引导他们积极投身于中国特色社会主义事业建设上来,并逐步将马克思主义信仰,对社会主义和共产主义信念内化为情感认同。从实践过程角度看,这一时期的国家观教育主要是以培养对祖国的热爱为基础,以确立对国家的忠诚为核心,以实现中华民族伟大复兴为目标,以理性爱国行为的践履为表现。从价值旨趣上看,爱国主义教育与国家观教育在价值追求上殊途同归,同时,我们也应看到,在实践过程中传统国家观教育侧重方法论追求,缺少对本体论追问和形而上的思考,对国家本质是什么,发展现状是什么,以及其根本性质又是什么等相关问题的认识不足。在国家问题上"知其然,不知其所以然",是大学生呈现非理性爱国行为的一个重要原因。当然,这并不是说国家观教育就是培育大学生理性爱国的唯一途径,更不是把国家观教育绝对化和神圣化。实现理性爱国行为是各方正向合力的结果,而国家观教育只是其中一环。

　　爱国主义是社会主义精神文明建设的基础性工程,需要贯穿教育各个环节,需要常抓不懈的坚持,在这一点上,无论是自上而下的顶层设计,还是自下而上贯彻落实,都取得了不错的实效。如用升国旗、唱国歌、敬礼之类的仪式教育来培养学生的爱国情感,都是在日常教育中不遗余力推而广之的。榜样的力量是无穷的,发挥先进典型的示范引领作用,准确把握时、度、效,用通俗易懂的语言、喜闻乐见的方式讲故事,讲道理,让群众爱听爱看、产生共鸣,把核心价值观落细落小落实,融入社会生活的各个方面,营造"崇德向善、见贤思齐、德行天下"的社会氛围,为实现中国梦提供强大的精神动力和道德滋养。

(三)多种教育方式相结合是增强国家观教育有效性的重要保障

教育方式是实现教育目标的方式、方法,也是连接主客体的中介要素,多种教育方式相结合是增强国家观教育有效性的重要环节,在完成国家观教育任务中具有无可替代的地位和作用。国家观教育要想获得预期的成效,科学的方法是前提,没有正确的方法,大学生国家观教育就不会取得良好的效果。

总的来看,改革开放以来,我国大学生国家观教育方法由经验型、零散型向系统型、多样型转变,这一时期的教育方式主要有灌输教育、说理教育、实践教育、正面教育、层次教育、网络教育等。这些教育方式为实现大学生国家观教育提供了保障,也为打开新时代大学生国家观教育新局面提供了经验支持。其中,教育方式在当今仍然处于主流地位,这些教育方式也是我们今后要一以贯之下去的。例如课堂教学主渠道和主阵地作用,爱国主义教育基地是实践育人重要场所,运用文物进行爱国主义和革命传统教育,发挥榜样教育的先进示范作用,建设浓郁的爱国主义校园文化,主动占领意识形态网络阵地。此外,根据教育对象思想形成、发展、转化规律形成了个别教育、层次教育,根据不同学生的思想实际、知识水平,有步骤、有计划、有重点地进行教育。任务为目标服务,任务决定方法。一个教育者只有真正掌握国家观教育的方法理论,才能在实际行动中减少盲目性、片面性和随意性。因此,在新时代条件下,完成大学生国家观教育的时代使命,帮助大学生树立正确的国家观,一方面要开展国家观教育方法理论研究,推进国家观教育科学化进程;另一方面国家观教育者必须增强正确运用国家观教育方式的自觉性,遵循大学生思想实际和活动规律,促进主体意识积极转化,增强国家观教育的说服力、感染力和吸引力,不断开创新时代大学生国家观教育的新境界。

(四)以民族特色和时代精神作为国家观教育内容创新的依据

马克思主义国家理论是具有普遍性和科学性的一般国家理论体系,大学生国家观教育本质上就是马克思主义国家观教育,但又不局限于马克思主义国家理论中所描述的"国家机器观"。马克思主义不是教条,实事求是是马克思主义活的灵魂,中国化马克思主义国家理论是马克思主义国家观与中国实际相结合的产物,反映了中国国情和民族属性。国家观教育首先是文化传统教育,数千年延绵不断的中华文明蕴含了无数具有民族特色的国家观教育素材。习近平总书记强调:"弘扬爱国主义精神,必须尊重和传承中华民族历史和文化。对祖国悠久历史、深厚文化的理解和接受,是人们爱国主义情感培育和发展的重要条件。引导人民树立和坚持正确的历史观、民族观、国家观、文化观,不断增强中华民族的归属感、认同感、尊严感、荣誉感。"[1]事实上,坚持民族特色一直都是我们建设社会主义事业的优良传统,新民主主义革命时期,毛泽东就提出要建设民族的、科学的、大众的新民主主义文化。改革开放以来,中国共产党总结历史经验,结合新的发展形势,提出了建设中国特色社会主义文化的目标。在我国,国家观教育、爱国主义教育、集体主义教育、社会主义教育本质上是一致的,有机地统一在实现中国梦的伟大实践中。

---

　　①　习近平:《大力弘扬爱国主义精神　为实现中国梦提供精神支柱》,《人民日报》,2015 年 12 月 31 日。

国家是一个历史范畴,国家观教育同样是一个历史范畴。在历史发展的长河中,国家观教育的具体内容,教育重点、形式、规模等,都是随着历史条件发展而变化的。在封建时期,国家观教育多与"忠君爱国""家国同构"相联系。民主革命时期,国家观教育的内容转变为救亡图存。新中国成立以后,国家观教育的内容由谋求国家独立、化解民族危机转变为实现国家复兴,民族复兴,人民幸福。改革开放以来,我国大学生国家观教育牢牢把握时代主题,着力破解现实难题,不断赋予其生机与活力。改革开放初期,国家观教育的内容侧重于提高大学生的爱国觉悟,恢复建设社会主义事业的信心,随着社会主义现代化建设取得巨大的成果,由于缺乏系统的正面教育,国家观教育中隐藏的问题开始凸显出来。一方面大学生奋发图强积极投身于建设、保卫祖国的实际行动中,另一方面这一行动又掺杂了民族自卑感和自责情绪,最终在理想与现实的巨大反差激荡中走向"逆向民族主义"。因此,不断增强大学生的民族自尊心、自豪感、自信心是国家观教育工作重点,提出进行革命传统教育作为一项基础性工作,通过加强国情教育,增进大学生了解中国的历史与现实,在教育对象上主张进行全民教育,强调从儿童抓起和以广大青年为重点。进入千禧年,大力推进中国特色社会主义现代化建设成为国家观教育的主题,国家观教育的内容集中体现为社会主义核心价值体系这个重大命题和战略任务。国家观教育的内容是教育目的和任务的具体体现,目标和任务是一个动态发展与变化的过程,也就是说,国家观教育的目标和任务是一定历史阶段和时代特征的反映。新时代大学生国家观教育,必然是以实现中华民族伟大复兴为目标,面对培养担当民族复兴大任时代新人的艰巨任务,教育内容也必须紧紧围绕着实现伟大梦想进行具有许多新的、历史特点的伟大斗争,使中国梦成为新时代大学生国家观教育的价值引领。

三、当前大学生国家观教育面临的现实问题

弘扬爱国主义精神是古往今来常讲常新的一个话题,不同的历史时期和发展阶段,弘扬爱国主义精神的主题、路径也具有多样性。改革开放以来,建设中国特色社会主义成为新时期爱国主义的主题,围绕着这一主题进行了形式多样的爱国主义教育,国家观教育作为爱国主义教育的重要路径,既在爱国主义教育中孕育、萌生并逐渐成为一个清晰的概念,又被化约为爱国主义教育,与其他形式的爱国主义教育交叉在一起。国家观教育与传统爱国主义教育最明显的区别就是,大学生的国家观教育是建立在理性的基础上,既有民族性和自然性,又有政治性和阶级性。而传统爱国主义教育则偏重于情感的培养,将爱国行为寄托于变动不居、忽冷忽热的爱国情感之上,这就无形中淡化了爱国主义应有的思想性、实践性与社会性。一言以蔽之,以往的大学生国家观教育被辖制在"情理"的范畴,而对于国家观义理和国家观教育的学理问题则暂告缺如,是传统大学生爱国主义教育存留的现实问题。

（一）国家观教育与爱国主义教育等同

国家观教育与爱国主义教育等同的现实状况是,二者既紧密相连,但又是截然不同的两个概念。历史上的爱国主义教育与国家观教育本质上同归而殊途,同质而异称,二者在不同的历史时期、社会条件具有不同的时代内涵,解决不同的现实课题,但其最终归途都是培育大学生对国家的热爱、忠诚以及践行理性报国之志。国家观既是一个古老的话题,又是一个不断变化发展的历史的范畴。爱国主义是一个国家繁荣富强的精神力量,是增强民族凝聚力、向心力的精神纽带,更是一个国家民族安定团结的思想保障,继承和发扬爱国主义传统,需要进行广泛深入的爱国主义教育。正是因为

如此,爱国主义教育在任何国家教育中都被作为一项基础性工作贯穿于整个社会发展,古今中外,概莫能外。也正是归因于爱国主义教育对大学生树立爱国意识,培养大学生对国家的认同感、归属感、自豪感等方面具有决定性意义,以至于人们将其与国家观教育等同起来。爱国主义教育和国家观都必须承担起将统治阶级关于国家的立场和观点灌输公民的意识之中,培养公民的国家观念和政治意识,在其意识中形成基本完整的国家观念结构,并在此基础上调动公民对国家的热爱、忠诚和关切,让国家观成为联系公民、社会与国家的坚固纽带,成为人民团结、社会稳定、国家安宁的精神支柱。也正是因为爱国主义教育与国家观教育如此的相近,以至于国家观教育难以形成一个独立清晰的文本,且一直被泛化为爱国主义教育。

现代政治文明中,爱国主义价值本身蕴含着丰富的层次性,它包含又不限于公正、包容、自由等诸多内在品质,也内嵌着守法的价值内涵。事实上,爱国与爱国方式是两回事,爱国并不等于一定能够采取理性的爱国方式,爱祖国与爱国家也有明显的不同。正是由于不能看到国家是祖国繁荣昌盛的重要保障,所以才出现"爱祖国"但"不爱国家"之类的糊涂言论。改革开放四十多年的实践所取得辉煌成就雄辩地证明,"只有社会主义才能救中国,只有共产党才能领导中国"[①],中国特色社会主义道路是实现中华民族伟大复兴的唯一正确道路,爱国主义与社会主义本质上是一致的,爱国、爱党、爱社会主义具有内在一致性。随着中国梦光明图景日益清晰,"中国角色"日益走进世界舞台的中央,国家观教育不能再泛化为爱国主义教育,它还应该是一种知识和理性教育,文明素质和价值观教育,意志锤炼和行为养成教育。正确的国家观不仅是合理认识国家的观念工具,也是科学看待分析国家间矛盾问题,指导爱国主体行为的重要指针。新时代大学生国家观教育

---

① 《十三大以来重要文献选编》(中),人民出版社,1991 年,第 576 页。

内涵更具丰富性,外延更为宽泛,是进一步激发爱国之情,确立正确的国家观,继承和发扬爱国主义精神的重要路径。因此,正确看待传统国家观教育优势和不足,继往开来,是新时代大学生国家观教育的历史使命。

(二)国家观教育侧重于情感孕育向度

认同是一种双向互动过程,包含着认同者与被认同者两个基本要素,认同关系的确立离不开共同的关涉物,是一种满足个人归属感的心理机制。认同不仅包括承认,还蕴含了建立在信任和承诺基础上的接受意蕴。此外,认同具有不同的层次水平,例如低层次的经验认同和高层次的逻辑认同等。传统国家观教育在认同构建的过程中侧重于情感向度的孕育,唤醒无条件维护本民族国家利益的本真冲动,唤醒对本民族国家事务的热切关注积极参与的情感。从当前爱国主义的主流定义来看,《科学社会主义百科全书》,以及 2006 年出版的《思想道德修养与法律基础》、2018 年出版的《思想道德修养与法律基础》教材,都把对自己祖国的深厚感情作为一个核心要素,而祖国是一个政治性含义不强的文化和社会概念,这也就间接导致了传统大学生爱国主义教育侧重于情感向度的孕育。

然而,现实状况是,情感关系只是爱国主义的一个基础,完整意义上的爱国主义是一个以情感为基础、思想为核心,行为为归宿的有机体。没有认知或认知不足的认同难以形成真正的认同,认同之所以难以获取,正是因为双向互动的关系中隐藏着不确定性,这种不确定性源自认知不足。这种认知不足表现在概念混淆,即对不同概念的细微区分和概念结构认识表现出含混性,这种含混性的后果就是政治忠诚取代文化忠诚,或者文化忠诚掩盖政治忠诚,爱国的磅礴热情遮蔽报国的理性温情。由于这种情感处于两个相对的极端,当社会处于一个相对稳定和谐的状态时,这些问题表现为暂时的隐匿。当社会问题未能得到及时的解决时,像公平问题、贫富差距问题、政府决策问题等。由于这些忠诚、激情缺乏稳定性,在受到外界的刺激则会裂变或移情于其他,甚至对之施以对抗。大学生群体的非理性爱国行为往往与具体利益无关,更多的是侧重于情绪的抒发,这种情况下容易被别有用心的反动势力利用,结果"好心办了坏事"。既得利益群体要极力固化利益格局,未得利益者则希望打破利益固化的藩篱,爱国主义分裂为失利者与得利者相互攻讦的污名化词汇。比如网络上"爱国贼"与"卖国贼"之间言语上相互指责,情感上彼此排斥等诸如此类的消极情感体验,往往会成为大学生群体达到国家认同的心理障碍,国家认同呈现离心性运转,国家就会爆发总体性危机。

"人天生是情感动物",情感是推动社会变革的关键力量,"没有'人的感情',就从来没有也不可能有人对于真理的追求"①。改革开放以来,通过爱国主义教育唤起大学生爱国热情,并把大学生的爱国热情引导凝聚到社会主义现代化建设上来,为祖国繁荣昌盛而献身的爱国主义热潮在大学生群体中兴起与传承。党的十九大报告明确要求:"把社会主义核心价值观融入社会发展各方面,转化为人们的情感认同和行为习惯。"②但我们也应看到,社会主义现代化建设在各个方面都取得显著成就的同时,仍有部分大学生对社会主义祖国存有质疑批判、信心不足,有的甚至"精外"。正如前面所分析的,情感向度的孕育仅仅是从认知到行为中的一环,而并非全部,情感可以是感性,也可以是理性,情感可以瞬间而来,也可以倏忽而去。大学生对祖国具备浓烈的情感认同,却不能完满地上升到理性认同或者理性的爱国行为,究其原因可以发现,国情教育、历史教育、传统文化教育、革命传统教育、法制教育等,都尚停留在教育一般的维度上,大学生缺乏对政治的理性判断。大学生思想道德修养教材于爱国主义教育的定义,也大都是从爱祖

---

① 《列宁全集》(第 25 卷),人民出版社,1988 年,第 117 页。
② 习近平:《决胜全面建成小康社会 夺取新时代中国特色社会主义伟大胜利——在中国共产党第十九次全国代表大会上的报告》,人民出版社,2017 年,第 42 页。

国这一侧重于文化认同角度论述。公民教育的内容更多涉及的是政治忠诚教育,这使得大学生对国家的权利和义务缺少理性认识。

　　笔者曾就国家、祖国、政府和政权区别问题;爱国、爱祖国和爱国家之间的区别与联系;中国梦、中华民族伟大复兴、富强民族文明和谐美丽的社会主义现代化强国和"两个百年"奋斗目标之间关系,分别向湖北某高校马克思主义学院 5 名博士研究生,5 名硕士研究生提问,从学科身份的角度来看,他们的回答不能令人满意,更遑论本科生或非本专业的研究生能够科学认识这些耳熟能详且经常引用却没有正确理解的概念。当然,分析国家观教育侧重于情感孕育向度并非是要否定情感认同这一环节的重要性,事实上,这一环节是必须也是必要的,社会主义核心价值观由认知认同升华为自觉践履,离不开情感认同的这一关键环节。情感教育将贯穿于实现中华民族站起来、富起来、强起来伟大进程的始终。在这一过程中应坚持以解决大学生思想问题为切入点,以发挥榜样的示范激励作用为关键点,以提升大学生获得感为落脚点,不断增强大学生对社会主义祖国的情感认同,注重强化群体的积极情感体验,化解消极的情感体验,破除国家认同的心理障碍。

　　(三)理性的爱国行为的培育引导无力

　　爱国是人世间最深层、最持久的情感,爱国也是一个富有激情词汇。理性爱国是指大学生在表达爱国热情和诉求时,着眼于国家利益的大格局,通过适当的方式处理个人与国家之间的关系。大学生非理性爱国行为是指大学生抒发自己爱国情感时,把崇高的爱国情感下落为一种简单化的情绪宣泄,甚至是违法举动,这种情感抒发具有思想的狭隘性,语言的偏激性,行动的盲目性等特征。由于在认同教育中刻意突出情感认同,具有前提性的认知教育缺位,逻辑理性认同疏离,实践转化认同式微,导致非理性爱国行为肆意泛起。改革开放以来的很长一段时间内,我国关于爱国主义的定义都是取材于列宁对爱国主义的界定,在完美地继承了情感关系这一核心要素的基础上，又从道德、法律和政治方面对这种情感关系作了定位。一般而言，爱国之心人皆有之，在某种条件下甚至内蕴为人性或人格的标志，从这个意义看，爱国主义教育本质是为了激活人们固有的爱国主义情感。

然而，爱国并不等同于践行理性的爱国方式，不能将爱国情感与爱国行为等量齐观，爱国主义是一个整体的系统，它包括从满足爱国主义的需要中生发爱国主义情感，从非理性爱国主义情感转化为理性爱国主义思想，再从理性爱国主义行为升华为坚实的爱国主义精神和信念的一个完整链条，而不仅仅是一种基于利益判断基础上的投机性选择，或是一种基于文化归一基础上的盲目情感。这并不是说文化忠诚、政治忠诚不重要，传统国家观教育在提高爱国觉悟，提升对祖国的情感认同方面成绩突出，形势喜人。从《中国教育报》每年发布的高校学生思想政治状况调查来看，高校大学生精神面貌和思想状况继续保持积极、健康、向上的良好态势，表现出浓厚的爱国情怀、自觉的责任担当、崇高的奉献精神。与此同时，我们也要看到传统国家观教育中更多的是强调认同教育，强调孕育而忽视抒发和释放，造成认知不足，却"认同有余的假象"。树立正确的国家观认知是实现国家理性认同的前提，理性国家认同又是践行理性爱国行为关键，国家观教育是实现大学生对国家的认知、认同，引导公民践行理性爱国的重要路径。传统的国家教育应当更多地向理性爱国主义教育转变，例如插入更多的政治理性教育、理性认知教育、国家的一般理论教育等，让大学生真正认识到国家对个人的重要性和必要性。

大学生树立起对国家的理性忠诚感并不等于理性的爱国行为就可以随时呼之欲出。大学生的理性爱国行为呈现出抒发无力的情况诱因是多方面的，特别是以往的爱国主义教育重理论，轻实践，重言语，轻行为。因而既有教育自身的问题，也有复杂社会环境的影响，也受大学生群体自身的解构特点影响，既有物质上的，也有精神上的，既有内部的，也有外来的，既有现实的,也有虚拟的。现代社会中,特别是信息网络化作为一种"时代话语"已经深深地融入我们的生存与发展方式中。传播技术的进步,多媒体融合和多维交互的优势,网络已经成为现代社会文化生成和传播的重要阵地。同时,主体舆论失真,意识形体统合力下降,传统国家观教育功能弱化等,都是大学生国家观教育面临的现代性困境。实现中华民族伟大复兴,作为发展中的大国,我们还将面临社会转型带来的阵痛。社会转型导致社会分层显性化,贫富差距导致得利者与失利者对爱国主义的看法出现分歧。完全实现正确的国家观"内化于心,外化于行",其因素诸多、过程复杂,需要多方合作形成正向合力。

（四）国家观教育面临着学理支撑缺位

学理支撑是指大学生进行国家观教育的理论依据和学术支撑,科学的学理支撑是实现国家观教育规范化和标准化的重要保障。国家观教育面临着学理支撑缺位主要体现在两个方面,一方面是指理论工作者对中国化马克思主义国家观理论研究和创造活动不足,即理论研究明显落后于教育活动,导致难以用理论创新引领全面推进国家观教育实践。另一方面是指大学生国家观教育在教学中缺乏系统研究和固定的教育模式。严格来讲,"国家观"一词被明确提出是在2014年5月,习近平总书记的第二次中央新疆工作座谈会上的讲话中。与之形成鲜明对照的是,学术界对于国家观的概念、必要性以及可行性都还集中在"诠释"的层面,实证方面的论述十分缺乏。事实上,国家观教育存在于一切爱国主义教育之中,以往的国家观教育往往都泛化于爱国主义教育之中,而爱国主义教育通常又贯穿于各项思想政治教育之中,这就使得国家观教育进一步被隐性化和模糊化,隶属于爱国主义教育的国家观教育更无重要性可言。马克思主义关于国家的问题有精辟的论述,在大力推进爱国主义教育的过程中,却并未将其有效地转化为实际效能。国家观教育实践被纳入道德教育的体系中,大学生国家观教育的内容要么是散见于道德教育的教材中,缺乏系统性、规范性和连贯性。要么是将这一内容放在专业课的讲授当中,其结果是大部分非学科专业的大学生无法接触这方面的内容。在专业课讲授时,教师大都是从学理的角度分析国家的本质、形成、发展、消亡,政治学教材也较多的是从纯文本的角度,沿用思维逻辑的方式探讨政治的本质、规律等问题,从爱国主义教育的角度来看,大学生马克思主义国家观教育内容缺少与实际情况的结合,这在一定程度上导致"爱国之情"与"国家之本"疏离。

通过对中国知网近十年(2009 年 1 月—2018 年 12 月)"大学生国家观教育"相关文章精确查找的结果来看,题名涉及"大学生国家观教育"的共检索到 65 条结果,其中博士论文 0 篇,硕士论文 2 篇。用同样的方法检索"马克思主义国家观教育"获得 15 条结果。从发表时间上看,以"马克思主义国家观教育"为主题进行精确检索的 10 篇论文为例,发表于 2010 年的 2 篇,2011 年的 1 篇,2013 年的 5 篇,2014 年的 1 篇,2016 年的 1 篇。用同样的方法检索与大学生国家观教育密切相关的几种教育形式,分别为大学生爱国主义教育、大学生社会主义核心价值观教育、大学生思想政治教育,检索结果依次是 1415 篇、8157 篇、77835 篇。从以上数据来看,一方面,国家观教育研究总体处于增长态势。另一方面,这一数据也同样清楚地反映了,大学生国家观教育面临着学理支撑数量不足现状。

如图 3.1 所示,大学生爱国主义教育研究成果无论在总量上,还是在变动趋势上,都明显高于大学生国家观教育。大学生国家观教育和大学生社会主义核心价值观教育都是大学生思想政治教育的重要组成部分。在本书中,大学生社会主义核心价值观是大学生国家观教育的重要内容,对此,我们将进行横向对比。如图 3.2、图 3.3 所示,对照大学生国家观教育在大学生思想政治教育研究中的占比和大学生社会主义核心价值观教育在大学生思想政治教育研究中的占比,可以明显看到,大学生国家观教育几乎处于不存在的状态。事实上,通过进一步的分析发现,大学生国家观教育要么被窄化为爱国主义教育,要么被泛化到爱国主义教育之中。此外,对检索到的马克思主义国家观教育文本进一步分析发现,马克思主义国家观的探索大都停留在国家一般理论视域下,马克思主义关于国家观理论研究被辖制在"国家工具观"的狭小空间之中。随着经济全球化加速了国际政治经济秩序的重构进程,世界无产阶级队伍不断流动分化,国家概念也进一步被淡化,这也导致部分人认为马克思主义"国家工具观"已经不合时宜,已不再重要,转而倾向于"社会关系大局"的政治研究。

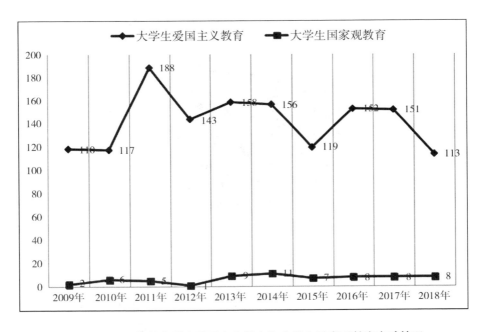

图3.1　不同年份大学生爱国主义教育和大学生国家观教育变动情况

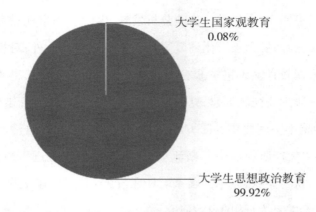

图 3.2　大学生国家观教育在大学生思想政治教育研究中的占比

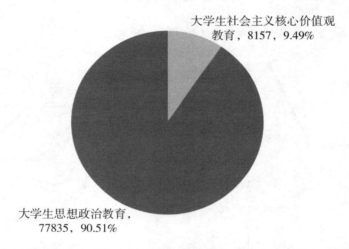

图 3.3　大学生社会主义核心价值观教育在大学生思想政治教育研究中的占比

　　综上所述,笔者认为,大学生国家观教育面学理支撑缺位,既有缺乏理论自觉,尚未形成一个独立的研究领域等原因,也受国内外环境变迁的影响。党的十九大报告明确指出,"中国特色社会主义进入新时代"①,新时代意味着中国特色社会主义站在新的历史方位上,这一阶段性特征决定了,我

---

　　① 习近平:《决胜全面建成小康社会 夺取新时代中国特色社会主义伟大胜利——在中国共产党第十九次全国代表大会上的报告》,人民出版社,2017 年,第 12 页。

国爱国主义教育新的使命和新的战略考量。爱国主义是一个具有多层次结构的道德规范。大学生国家观教育不是一般意义上的爱国主义教育,国家观教育是爱国主义教育的基本内容,也是弘扬爱国主义精神的重要路径,是大学生科学认识国家,正确处理个人与国家关系的保障。国家观如果流于"关于国家的基本观点和总的看法"的解释一般,与其他"观"相比,便不能体现出其特殊性。伟大的事业需要崇高的精神,崇高的精神需要在理论上说明,才能夯实理论基础和形成重要的理论自信。因此在后期的研究中,对国家观的概念、内涵以及使用语境的学理探讨,国家观的一般理论研究、分类研究和专题研究,大学生国家观教育推进路径等一系列问题,都将是重点。

第三章　大学生国家观教育的新境遇、新论述、新要求、新价值

从改革开放到党的十八大之前这个时间段，大学生国家观教育积累了丰富经验和取得了重要成就，为新时代大学生国家观教育提供了有益借鉴。进入新时代，一方面，意味着科学社会主义在 21 世纪的中国焕发出强大生机活力。另一方面，我们也面临着世情、国情、社情、党情、民情变化所带来的新挑战，特别是传统大学生国家观教育还面临着诸多问题。对此，以习近平同志为核心的党中央牢牢把握我国社会发展的阶段性特征这个根本着力点，科学判断当代中国弘扬爱国主义精神所面临的新境遇，把国家观教育作为新时代弘扬爱国主义精神的重要组成部分，并对新时代大学生国家观教育提出了新要求，具有深远的战略考量。

一、新时代大学生国家观教育发展的新境遇

进入新时代，站在新的历史方位上，大学生国家观教育迈入了一个新的阶段。综观改革开放以来大学生国家观教育的历史发展，国家观一词从被化约为爱国主义，到现在被明确提出，并在国家层面展开了一系列的集中论

述和出台相关文件来推进大学生国家观教育活动,标志着国家观教育进入了一个新的阶段。同时,大学生国家观教育也面临着发展的新境遇。

（一）高等教育改革发展对国家观教育提出新要求

从高等教育发展的角度来看,中国共产党高度重视高校意识形态阵地的建设,着力建设教育强国,办好人民满意的教育,在遵循党的宣传思想工作原则和教育规律基础上,积极推动中国特色社会主义高校"双一流"建设。党的十八大以来,习近平总书记就高校的办学方向、教师队伍、人才培养体系等,在不同的场合多次论述。党的十九大报告强调,高等教育要实现内涵式发展。特别是这一时期集中印发了《关于普通高校思想政治理论课建设体系创新计划》《关于进一步加强和改进新形势下高校宣传思想工作的意见》《高等学校思想政治理论课建设标准》《关于加强和改进新形势下高校思想政治工作的意见》《新时代高校思想政治理论课教学工作基本要求》《高等学校马克思主义学院建设标准（2017 年本）》等通知,以及最近召开的思想政治理论课教师座谈会等。无论是从机构建设,还是从学科建设、师资队伍建设和教学方法来看,高校思想政治工作进入了一个新阶段。这对于主要依托于思想政治理论课为主渠道的大学生国家观教育来说,具有积极意义。

高等教育的改革和发展在推进大学生国家观教育迈向新阶段的同时,也对大学生国家观教育提出了新要求。2010 年颁布的《国家中长期教育改革和发展规划纲要（2010—2020 年）》指出,在各级各类学校广泛开展民族团结教育,引导广大师生牢固树立马克思主义祖国观、民族观、宗教观,不断夯实各民族大团结的基础,增强中华民族自豪感和凝聚力。习近平总书记高度重视国家安全工作,2014 年 4 月 15 日中央国家安全委员会首次会议召开,他把国家安全提到前所未有的高度与分量,并首次提出了"总体国家安全观"概念,要求我国各项工作都要围绕这个理念开展。2014 年 5 月,习近平总书记在第二次中央新疆工作座谈会上的讲话中指出:"要在各族群众中牢固树立正确的祖国观、民族观,弘扬社会主义核心价值体系和社会主义核心价值观,增强各族群众对伟大祖国的认同、对中华民族的认同、对中华文化的认同、对中国特色社会主义道路的认同。"①2014 年 10 月,习近平总书记在文艺座谈会上指出:"我们当代文艺更要把爱国主义作为文艺创作的主旋律,引导人民树立和坚持正确的历史观、民族观、国家观、文化观,增强做中国人的骨气和底气。"②2016 年 11 月 30 日,习近平总书记在中国文联十大中国作协九大开幕式上的讲话中指出:"对中华民族的英雄,要心怀崇敬,浓墨重彩记录英雄、塑造英雄,让英雄在文艺作品中得到传扬,引导人民树立正确的历史观、民族观、国家观、文化观,绝不做亵渎祖先、亵渎经典、亵渎英雄的事情。"③

2017 年 4 月,中共中央国务院印发的《中长期青年发展规划(2016—2025 年)》中明确提出发展青年思想道德的举措之一就是要在青年中培育和践行社会主义核心价值观,帮助青年树立正确的国家观、民族观、历史观、文化观、宗教观等。2017 年 10 月,党的十九大报告明确提出:要"广泛开展理想信念教育,深化中国特色社会主义和中国梦宣传教育,弘扬民族精神和时代精神,加强爱国主义、集体主义、社会主义教育,引导人们树立正确的历史观、民族观、国家观、文化观"④。从国家观的提出到党的十八大以来对国家观的集中论述,习近平总书记在继承和发扬党和国家历届领导人有关国家观及其教育思想的基础上,结合当前国内外形势的总体特点,创造性地提出了富有中国特色的国家价值观念、工作机制和实践路径。大学生国家观教

① 《习近平在第二次中央新疆工作座谈会上发表重要讲话》,《人民日报》,2014 年 5 月 30 日。
② 《十八大以来重要文献选编》(中),中央文献出版社,2016 年,第 135 页。
③ 习近平:《在中国文联十大、作协九大开幕式上的讲话》,人民出版社,2016 年,第 12~13 页。
④ 习近平:《决胜全面建成小康社会 夺取新时代中国特色社会主义伟大胜利——在中国共产党第十九次全国代表大会上的报告》,人民出版社,2017 年,第 42~43 页。

育作为政治社会化的重要内容,必须坚持正确的政治方向,严格贯彻党的路线方针,同时,党和国家关于国家的思想理论也给大学生国家观教育提供了思想指南和政策支持。

（二）高校意识形态工作对国家观教育提出新挑战

高校是意识形态工作的前沿阵地,高校意识形态工作是党的意识形态工作的重要组成部分,高校意识形态工作成效事关党能否牢牢掌握意识形态工作领导权。中国古圣先贤就有"建国君民,教学为先"的训言教诲,凸显了教育在治国安民中的重要地位。教育作为一项对社会发展具有举足轻重意义的社会事业,现代国家都无一例外地借助国家的力量组织、发展、协调教育事业。国家意志作为主导性力量,往往用立法的方式确立教育制度,用行政的手段推行公立教育,使教育的国家责任成为一种必然。学校教育在优先获得更多优质教育资源的同时,必须承担起将统治阶级关于国家的立场和观点灌输到公民的意识之中,培养公民的国家观念、政治意识和完整的国家观念结构,并在此基础上调动公民对国家的热爱、忠诚和关切,让国家观成为联系公民、社会与国家的坚固纽带,成为人民团结、社会稳定、国家安宁的精神支柱。

习近平总书记在北京大学师生座谈会上的讲话中指出:"古今中外,每个国家都是按照自己政治要求培养人的,世界一流大学都是在服务自己国家中成长起来的。大学是立德树人、培养人才的地方,是青年人学习知识、增长才干、放飞梦想的地方。"①国家观教育不同于一般的教育,它有着较强的政治性、原则性、理论性,对教育形式的要求较高,大学生国家观教育首先是、也必须是接受理论教育。因此,学校教育作为一种形式化、制度化的教育,有固定的教育者、受教育者、教育场所以及比较规范的教育内容,相较于

---

① 习近平:《在北京大学师生座谈会上的讲话》,《人民日报》,2018 年 5 月 3 日。

其他非形式化的教育更具有先天优势。西方马克思主义的批判教育学派，以学校与文化再生产之间的关系考察为议题，指出"学校是经济和文化再生产的机构。学校并不存在于政治真空中，学校的结构受到国家权力的限制"①。学校作为上层建筑系统中的重要构件，受一定的生产力发展水平和政治经济制度所制约，又有自身独特的形式和发展历史，一旦生成后又可以对前者进行意义构建。学校本质上是意识形态国家机器，作为国家结构的一部分，将国家的价值理念传递给各个阶级，使其为国家服务，且通过提供想象性图景，使每一个个体都能于社会中找到并接受属于自己的位置，从而屈从于权威的意识形态场域。强调高校教育资源服务大学生国家观教育的重要性，并非是要突出"学校教育万能论"。在社会这个大系统中，学校教育仅仅是其中的一个子系统，学校德育是这个子系统中的一部分，而国家观教育属于学校道德教育一部分，学校教育的有限性必然会削弱学校对大学生国家观教育的支撑。

教育是国家发展的先决条件已经成为全球共识，从当今世界范围来看，我们仍将处于阶级社会，国家作为支配性工具，是阶级统治的政治形式，而学校则是这一工具的物质附属物。学校作为国家意识形态机构之一，承担着把国家理论作为一种一般理论传授给学生，使其了解国家，认同国家发展理念，形成对国家的热爱和忠诚，并增强其参与政治生活能力的责任。因此，一方面，我们要看到学校在服务大学生国家观教育时的优越性，另一方面，我们要发挥其他教育类型的作用，避免学校教育对其他教育类型的无情僭越，使其他教育类型沦为学校教育的附庸。理想的教育类型应该是建构全员、全方位、全程育人的内部整合和家庭－学校－社会教育共同体的外部

---

① Michael W. Apple, *Cultural and Economic ReProduction in Education—Essays on Class*, *Ideology and the State*, London, Boston& Henley：Routledge& KeganPaul, 1982,pp. 3 – 4.

协同，并形成"同心""同向""同行"和"同力"的生态关系。正如杜威所认为："道德的目的是各科教学共同的和首要的目的。"①教材不该和社会现实绝缘，把表现道德价值的社会标准添加到学校各科教材上，把学术价值与道德价值统一起来、心理学与社会学统一起来、个人本位与社会本位统一起来，是构成教育基础的伦理向度。

高校肩负着学习研究宣传马克思主义、培养中国特色社会主义事业建设者和接班人的重大任务。高校意识形态教育作为一种教育类型，具备专业化、现代化的教育场所，政治素质过硬、业务能力精湛的师资队伍，科学的育人体系，教育资源更为集中等优势。正是得益于此，我国的高校意识形态工作成绩喜人，高校广大师生保持积极进取、奋发有为的精神面貌。党的十八大以来，我国加强高校意识形态阵地建设，认真吸收各国先进办学治学经验，扎根中国大地办大学。以习近平新时代中国特色社会主义思想武装全校党员和广大师生员工，不断巩固马克思主义在意识形态领域的指导地位，牢牢把握高校意识形态工作领导权。

"备豫不虞，为国常道。"②高校意识形态领域主旋律更响亮，正能量更强劲，高校意识形态工作制度化、规范化增强，并不意味着我们可以一直停留在原来的舒适区。我们必须清醒地认识到，高校意识形态工作还面临更趋复杂的内外环境。随着经济全球化的推进，一切国家的生产和消费都变成世界性的，多元价值之间交流与碰撞，给境外敌对势力加大渗透和西化力度提供了可乘之机。高校历来是各种政治势力争夺意识形态领导权的重要场所，境内外势力相互勾结，制造思想混乱，误导舆论导向，妄图抢占高校意识形态阵地。民粹主义假借爱国主义崛起，民众被民粹主义所裹挟，深陷其中

---

① ［美］约翰·杜威：《民主主义与教育》，王承绪译，人民教育出版社，2001 年，第31 页。
② ［唐］吴兢：《贞观政要》，上海古籍出版社，2006 年，第102 页。

却又无力争辩。就目前来看,"高校意识形态工作的有效性、主动性仍需要大力提升。马克思主义在高校意识形态领域的指导地位,尤其是对哲学社会科学的引领作用需要大力加强"①。"高校师生思想的多样性活跃性与意识形态工作的统一性规范性要求确实难以协调,高校所承担的意识形态责任与自身资源、能力的非对称也十分突出。马克思主义被边缘化、空泛化、标签化,在一些学科中'失语'、教材中'失踪'、论坛上'失声'"②等问题,都尚未得到很好解决。此外,在实际工作中,高校意识形态工作还一定程度上存在"孤岛现象","洋八股"之风在一部分食洋不化的人群中仍有市场。由此可见,高校意识形态工作所面临形势更为复杂严峻,寓于高校意识形态工作中的大学生国家观教育面临着新挑战。

(三)大学生的发展特点对国家观教育提出新需求

国家在不同的发展阶段,有不一样的国家观教育目标。例如实现从受侵略到站起来的伟大飞跃,国家观教育的目标是弘扬爱国主义精神,建立广泛的爱国统一战线,实现国家独立、人民解放。实现从站起来到富起来的伟大飞跃,国家观教育的目标是增强人们坚持和发展中国特色社会主义伟大事业信心和决心,维护国家统一、民族团结等。新时代条件下,中华民族迎来了从富起来到强起来伟大飞跃的阶段,大学生是国家实现"富起来"到"强起来"的关键群体。因此,大学生国家观教育的目标旨在帮助大学生树立正确的国家观,自觉践行社会主义核心价观,巩固积极投身于中华民族伟大复兴实践和建设社会主义强国的思想基础。

从教育对象所处发展阶段以及自身的发展阶段来看,大学生既是追梦人又是圆梦人,其群体的独特性为实现中华民族伟大复兴提供人才和智力

---

①② 彭庆红、耿品:《高校意识形态阵地建设的根本原则和重要方针》,《思想教育研究》,2018年第7期。

支持。因此,我们讨论大学生国家观教育的可行性,旨在回答相较于其他群体为什么在大学生群体中是可行的,具有哪些优势。不同地区、不同专业、不同层次的对象,具有不同的水平及接受能力和学习特点。在我国,国家观教育的对象是全体公民,但相较于其他群体,对大学生进行国家观教育更具优势。具体表现为,个体的生理发展已接近完成,已具备了成年人的体格及种种生理功能,但心理成熟暂时落后于生理成熟。随着心理内部的需要结构发生变化,大学生的追求有其独特性,而他们的价值观念尚不稳定,时常处于波动、迷惘、抉择之中。也正是这种价值观念尚不稳定的情形,大学生国家观教育才有了更多形塑的空间。像小学生群体生理和心理都尚未发育完整,对其进行国家观教育,试图培育其理性国家认同的现实可能性微乎其微。因此,侧重于感性认同爱国主义教育更适宜中小学生。由于成年人群体心理已经甄于成熟,寄希望于树立成年人正确的国家观,新的价值观塑造则面临着价值空间窄化难题,此外,在时间与空间上也存在实践局限性。

我国大学生多数处于青年中期(18～24岁),这一年龄阶段,大学生认知能力基本成熟,思想观念趋向多元化,而且具备更强的学习能力。随着文化层次的提高和生活空间的扩大,他们的思维空间将进一步延伸,并在此阶段智力发展达到高峰,其智力层次呈现出较多的社会性和理论色彩。在国家观教育视域下探讨大学生自身的优越性,在某种程度上就是在探求爱国主义教育与国家观教育之间的关系。在价值旨趣上,爱国主义教育与国家观教育殊途同归,但二者也有诸多差异。从哲学意义上看,在实践过程中爱国主义教育侧重方法论追求,缺少对本体论的追问和形而上的思考。对国家本质是什么,发展现状是什么,以及其根本性质又是什么等相关问题的认识,是进一步热爱国家,增强国家认同的前提。从实践过程角度看,爱国主义教育是以情感的培养为基础,以国家观的确立为核心,以行为的履行为表现。国家观教育是实现公民对国家的认知、认同,引导公民践行理性爱国。

总的来说国家观教育内涵与外延更为丰富,空间领域更为宽广,内外因素更为复杂。大学生一般思维敏捷,接受能力强,通过专业训练、系统学习,抽象逻辑思维能力得到充分的发展,分析问题解决问题的能力增强。因此,相对于其他对象,大学生群体自身特征更契合于国家观教育的致思趋向与经世路线,必然使其成为国家观教育最为恰适的对象。

二、新时代大学生国家观教育发展的新论述

新时代既是新起点、新征程,又面临着新课题、新使命。党的十八大以来,习近平总书记关于国家及其相关问题的重要论述是对马克思主义国家观的继承与发展,准确定位当代中国发展新的历史方位,客观、真实、系统地阐释了中国的国家观。特别是针对世情党情国情的新变化,习近平总书记以"伟大梦想"为主线,向世人展示了立体、全面、真实的中国,并紧紧围绕这条主线,提出了新时代国家观教育的诸多重要观点,构成了新时代大学生国家观教育的核心内容。

（一）国家观教育对象的重点是广大青少年

党的十八大以来,以习近平同志为核心的党中央高度重视青少年的成长和工作。习近平总书记也多次走进青年中间,和青年交流谈心,给青年回信,为青年鼓劲,并发表了一系列关于青年的重要论述和讲话。习近平总书记站在实现中华民族伟大复兴的战略高度,高屋建瓴地指出:"当代青年是同新时代共同前进的一代,广大青年既拥有广阔发展空间,也承载着伟大时代使命。"①青年一代代表着国家的希望和民族的未来,可谓是青年兴则国家兴,青年强则国家强。2013 年 12 月,习近平总书记在给华中农业大学"本禹

---

① 习近平:《在北京大学师生座谈会上的讲话》,人民出版社,2018 年,第 11 页。

志愿服务队"回信中强调:"历史和现实都告诉我们,青年一代有理想、有担当,国家就有前途,民族就有希望,实现中华民族伟大复兴就有源源不断的强大力量。"①2014年5月4日,习近平总书记在考察北京大学时指出:"青年的价值取向决定了未来整个社会的价值取向。"②2015年12月,习近平总书记在中共中央政治局第二十九次集体学习时强调:"在广大青少年中开展深入、持久、生动的爱国主义宣传教育,让爱国主义精神在广大青少年心中牢牢扎根;让广大青少年培养爱国之情、砥砺强国之志、实践报国之行,让爱国主义精神代代相传、发扬光大。"③2018年5月,习近平总书记在北京大学师生座谈会上的讲话中指出:"中国梦是历史的、现实的,也是未来的,是我们这一代的,更是青年一代的。中华民族伟大复兴的中国梦终将在一代代青年的接力奋斗中变为现实。"④2019年3月,习近平总书记在学校思想政治理论课教师座谈会上强调:"青少年是祖国的未来、民族的希望。青少年阶段是人生的'拔节孕穗期',最需要精心引导和栽培。""用新时代中国特色社会主义思想铸魂育人,必须办好思想政治理论课。引导学生增强中国特色社会主义道路自信、理论自信、制度自信、文化自信,厚植爱国主义情怀,把爱国情、强国志、报国行自觉融入坚持和发展中国特色社会主义事业、建设社会主义现代化强国、实现中华民族伟大复兴的奋斗之中。"⑤总之,青年与祖国和民族的前途命运息息相关,青年问题也始终作为党和国家工作大局中的重点。

中国梦,是中国青年运动的时代主题,实现中国梦,赢得青年至关重要。

---

① 《开学季,习近平勉励青年学子》,http://www.chinanews.com/gn/2018/08-30/8614549.shtml。
② 《习近平谈治国理政》,外文出版社,2014年,第172页。
③ 习近平:《大力弘扬伟大爱国主义精神 为实现中国梦提供精神支柱》,《人民日报》,2015年12月31日。
④ 习近平:《在北京大学师生座谈会上的讲话》,人民出版社,2018年,第14页。
⑤ 《习近平主持召开学校思想政治理论课教师座谈会》,http://www.dangjian.cn/djw2016sy/djw2016sytt/201903/t20190319_5042871.shtml。

从延绵不断的历史长河来看,中国梦属于每一位中华儿女,作为实现中华民族伟大复兴中国梦的参与者,如何看待、理解、处理个人发展同国家发展之间的关系,直接影响个人在实现伟大中国梦的进程中扮演怎样的角色、发挥怎样的作用。因此,把爱国主义教育作为永恒的主题,在广大青少年中开展深入、持久、生动的爱国主义宣传教育,使爱国主义精神代代相传,帮助青少年扣好第一粒扣子,为实现中国梦提供精神支柱。国家观教育作为爱国主义教育中的重要内容,在爱国主义宣传教育地位和作用日益凸显,特别是马克思主义国家观所蕴含的逻辑魅力,正不断引导人们树立正确的国家观。

(二)国家观教育是自觉践行爱国主义的基础

习近平总书记指出:"爱国,不能停留在口号上,而是要把自己的理想同祖国的前途、把自己的人生同民族的命运紧密联系在一起,扎根人民,奉献国家。"[①]爱国既需要情感的基础,也需要理性的认识,更需要用实际的行动践行爱国主义。只有把国家的安全、荣誉和利益放在高于一切的地位,始终做到爱国的深厚情感、理性认识和实际行动相一致,与祖国同呼吸、共命运,才是真正的爱国者。党的十九大报告强调:"加强爱国主义、集体主义、社会主义教育,引导人们树立正确的历史观、民族观、国家观、文化观。"爱国主义、集体主义和社会主义教育在本质上一致的,也就是说,引导人们树立正确的国家观,需要进行爱国主义教育。但在以往的爱国主义教育中,我们更多地强调培养人们对自己祖国的深厚感情,践行理性爱国行为仅停留在呼吁的层面上,针对出现的非理性爱国行为,表现为"事后"的舆论谴责、道德批判和法律制裁上。习近平总书记指出:"深厚的情感必须以深刻的认识做基础。"[②]也就是说,知国懂国是爱国报国的基础。事实上,我们更多缺乏的

---

① 习近平:《在北京大学师生座谈会上的讲话》,人民出版社,2018年,第11~12页。
② 习近平:《知之深爱之切》,河北人民出版社,2015年,第1页。

是对爱国理性的认识,特别是一些政治学常识教育,对一些重要概念做细微的区分,像祖国、国家、政权和政府之间概念的区分,以及马克思主义国家观一般理论教育,党的路线方针政策教育,社会主义核心价值观教育等。

爱国不是简单的情感表达,而是一种理性的行为,要讲原则、守法律,以合理合法的方式来进行。近些年,《国家安全法》《反间谍法》《反恐怖主义法》《网络安全法》等一批有关国家安全的专门法律陆续颁布实施,为提高人们的国家安全意识提供了条件保障。把满腔的爱国热情转化为理性的报国行为,离不开法制教育,"法制教育"也是爱国主义教育的重要内容。一名合格的爱国者一定是爱国思想、情感和行为的统一。国家观教育不仅是让人们正确地认识个人与国家的关系,还体现在良好的运用法律规范处理个人与国家的关系,充分体现了爱国情感思想的合理性与合法性。质言之,进行马克思主义国家观教育,就是把情感爱国主义与政治爱国主义有机地统一起来,只有建立在深刻认识自己国家的基础上,爱国才不会仅仅停留在口号上,而是在全国范围开启"撸起袖子加油干"的爱国主义生动实践新局面。

(三)必须要坚持爱国主义和社会主义相统一

习近平总书记在主持中共中央政治局第二十九次集体学习时强调:"弘扬爱国主义精神,必须坚持爱国主义和社会主义相统一。我国爱国主义始终围绕着实现民族富强、人民幸福而发展,最终汇流于中国特色社会主义。"①"实现伟大梦想,必须进行伟大斗争。"②中国特色社会主义事业的骄人成绩,就是在不断斗争中取得的。"中国共产党领导中国人民从革命到建设再到改革开放所取得的一切成就,可以说都是在斗争中取得的。"③我们常

---

① 习近平:《大力弘扬伟大爱国主义精神 为实现中国梦提供精神支柱》,《人民日报》,2015 年 12 月 31 日。
② 习近平:《决胜全面建成小康社会 夺取新时代中国特色社会主义伟大胜利——在中国共产党第十九次全国代表大会上的报告》,人民出版社,2017 年,第 15 页。
③ 王伟光:《不断夺取新时代伟大斗争新胜利》,《通辽日报》,2019 年 1 月 4 日。

说,只有社会主义才能救中国,只有中国特色社会主义才能发展中国,中国特色社会主义道路是历史的结论、人民的选择。社会主义在中国不是一句口号,而是集中代表着、体现着、实现着国家民族和人民的根本利益。爱国主义与爱社会主义是统一的,我们在进行国家观教育时,这个道理要经常讲,反复讲。从当前的国情来看,我国正处于改革的深水区,社会的转型带来了局部阵痛。这种阵痛也给社会中一部分人带来了强烈的不适感,表现出理想信念不坚定、思想滑坡、价值失范等,甚至出现两个极端,要么手执针砭时弊的旗帜抨击国家和政府,"国外的空气又香又甜""国外的月亮又大又圆",关于西方的一切照单全收。要么表现为狭隘的民族主义,盲目排外,动辄打着"爱国"的口号抵制"洋货",甚至打砸抢烧。事实上,没有人愿意回到结绳记事、茹毛饮血的原始时期,也没有人愿意生活在战火纷飞、生灵涂炭的战争年代。

从党情变化来看,党的十八大以来,共产党人以非凡的政治勇气和顽强的斗争精神,大力推进党风廉政建设和反腐斗争,通过不断净化和不断革新,党内政治生态展现出新气象,并向人民交出了满意的答卷。一言以蔽之,"社会是在矛盾运动中前进的,有矛盾就会有斗争"[1],而新时代"坚持和发展中国特色社会主义是一项长期而艰巨的历史任务,必须准备进行具有许多新的历史特点的伟大斗争"[2]。面对波诡云谲的国际局势和复杂敏感的周边环境,我国国家安全和社会安定也面临着更多威胁和挑战,特别是各种威胁和挑战联动效应所孵化出的风险。党的十九大报告强调:"国家安全是安邦定国的重要基石……加强国家安全教育,增强全党全国人民国家安全

---

① 习近平:《决胜全面建成小康社会 夺取新时代中国特色社会主义伟大胜利——在中国共产党第十九次全国代表大会上的报告》,人民出版社,2017年,第15页。

② 习近平:《在庆祝中国共产党成立95周年大会上的讲话》,人民出版社,2016年,第7页。

意识,推动全社会形成维护国家安全的强大合力。"①至此,总体国家安全观教育成为新时代坚持和发展中国特色社会主义的基本方略之一。

伟大的斗争就是伟大的实践,这个实践就是破除千难万险的实际举措与具体行动。伟大的斗争需要伟大的精神来激励,又需要强大的思想武器推进行动,更需要一个先进的核心来领导。那些具有强大凝聚力和向心力的伟大精神本质上就是爱国主义精神,这一精神贯穿于中华民族站起来、富起来到强起来的始终,从而始终保持共产党领导和团结人民敢于斗争的风骨、气节、操守、胆魄。精神只有从理论上加以说明,才能形成高度的理论自觉和自信,成为指导新时代赢得伟大斗争的强大思想武器。"中国共产党是爱国主义精神最坚定的弘扬者和实践者",是践行爱国主义的最高典范,是领导和团结全国各族人民进行伟大的斗争、实现伟大梦想的坚强核心。习近平总书记在主持中央政治局第二十九次集体学习时强调:"大力弘扬伟大的爱国主义精神,为实现中国梦提供精神支柱。"②因此,弘扬爱国主义精神,要坚持用习近平新时代中国特色社会主义思想武装头脑,以提升对国家的认同感、归属感、荣誉感、尊严感。通过国家观教育,讲清楚习近平总书记关于马克思主义国家观的科学内涵,讲清楚新时代爱国主义本质上是爱党和爱社会主义的统一,讲清楚新时代爱国主义的鲜明主题是中国梦,讲清楚国家观教育的目的是为实现"两个一百年"奋斗目标提供精神动力,讲清楚马克思主义国家观既立足民族又面向世界。总之,引导人民树立正确的国家观,旨在增强"四个意识",树立"四个自信",做到"两个维护",巩固实现伟大梦想的共同思想道德基础。

---

　　① 习近平:《决胜全面建成小康社会 夺取新时代中国特色社会主义伟大胜利——在中国共产党第十九次全国代表大会上的报告》,人民出版社,2017 年,第 49~50 页。
　　② 习近平:《大力弘扬伟大爱国主义精神 为实现中国梦提供精神支柱》,《人民日报》,2015 年12 月 31 日。

（四）国家观教育为实现中国梦提供精神支柱

2012 年 11 月,习近平总书记带领新一届中央政治局常委集体参观《复兴之路》的展览时深情阐述了中国梦,形象地展现了近代以来先进的仁人志士为民族复兴奋斗的昨天、今天和明天,第一次明确提出、阐发了中华民族伟大复兴的中国梦。此后,随着中国梦内涵和外延不断丰富完善,中国梦已经成为一个成熟的概念。中国梦一词常应用于诸种不同的场合,有时被用作一个口号或标语,或者被解释为和平梦、青春梦、世界梦等。在一定意义上,中国梦就是"国家梦",它既是中国这个国家的"梦",又是世界其他国家的"梦",国家观教育则成为连接中国梦与世界梦的纽带。"中国特色社会主义凝结着实现中华民族伟大复兴这个近代以来中华民族最根本的梦想,也体现着近代以来人类对社会主义的美好憧憬和不懈探索。"①我们从没有如此地接近中国梦,我们比历史上任何一个时期都接近实现中华民族伟大复兴的目标,目标愈是接近就越需要精神动力支撑。习近平总书记指出:"实现中华民族伟大复兴的中国梦,是当代中国爱国主义的鲜明主题。"②这表明,新时代的爱国主义目标就是实现中华民族伟大复兴的中国梦,爱国主义也将以强大的正能量托起我们的伟大梦想,我们弘扬爱国主义精神就是要激发全国各族人民实现中国梦的坚强意志,提振精气神。

弘扬爱国主义精神,要引导人们树立正确的国家观、历史观、文化观、民族观。1840 年鸦片战争以后,中华民族遭受外族入侵与内部危机,中国人民蒙受苦难与屈辱。由此开始的民族屈辱的历史同时是民族复兴的历史,历史赋予中国梦以"振兴中华""恢复中华"两个基本任务,希冀实现国家独立和民族解放。历史的吊诡之处在于,一方面,在客观上中华民族开始走下坡

---

① 段治文:《爱国主义与中国梦——新时期爱国、爱党、爱社会主义三者统一的内在逻辑》,《浙江日报》,2017 年 7 月 31 日。

② 《习近平关于全面建成小康社会论述摘编》,中央文献出版社,2016 年,第 123 页。

路,沦为被欺凌的对象。另一方面,在主观上,中华民族开始走上坡路,中国梦萌生,民族复兴的观念呼之欲出。综观过往,近代以来多年的斗争史告诉我们,国家赢弱强盛与个人生存发展息息相关,越出国越爱国道出了无数海外中华儿女的心声,国家在国际上有地位,公民在国外才会有尊严。一个民族的复兴需要强大的物质力量,也需要强大的精神力量,中国梦一经被人民掌握就会转化为物质力量。"中国梦的本质是国家富强、民族振兴、人民幸福。"①因此,对大学生进行马克思主义国家观教育,就是要大学生深刻认识到,"国家好、民族好、大家才会好"②,个人梦与国家梦本质上是一致的。同时,引导大学生从中国梦的高度来认识自己所在的领域、所从事的领域,将个人的学习生活自觉地融入实现中国梦的范畴中,在为人民利益不懈奋斗中书写人生华章,在个人利益同国家利益发生冲突时自觉维护国家利益。

伟大的事业呼唤伟大的精神,爱国主义精神就是伟大而崇高的精神,实现中国梦必须弘扬中国精神。爱国主义是实现中华民族伟大复兴中国梦的精神支柱,实现中华民族伟大复兴这一光荣而艰巨的伟业,需要继续高举爱国主义伟大旗帜。综观历史,一个国家和民族的发展进步与该国爱国主义精神息息相关,爱国主义精神不推进一个民族的进步,与一个国家没有爱国主义精神一样令人胆战心惊。然而,缺乏正确国家观认知和完整的国家意识的爱国主义是不完整的,新时代继承和弘扬爱国主义精神,必须进行国家观教育。正确的国家观是增进国家认同和爱国情感的思想基础,二者在逻辑上具有内在的一致性。

(五)国家观教育是构建人类命运共同体的条件

在马克思主义经典作家的笔下,社会主义的爱国主义是在国际主义指

---

① 《习近平谈治国理政》,外文出版社,2014 年,第 56 页。
② 同上,第 64 页。

导下的爱国主义,即我们的爱国主义是爱国主义与国际主义的统一。人类命运共同体本质上属于马克思主义爱国主义的范畴,它是习近平新时代中国特色社会主义思想的重要组成部分,是以习近平同志为核心的党中央站在新的历史起点上,对马克思主义国际主义的新注解。人类命运共同体作为一种国际观视角下国家观,蕴含着应然意义上国家发展的理念,它赋予马克思主义国家观民族属性和时代特色。2011 年《中国的和平发展》白皮书提出,要以"命运共同体"的新视角,寻求人类共同利益和共同价值的新内涵。人类命运共同体理念一经提出就赢得了广泛聚焦,虽然各方的解读不同,但我们还是可以梳理出其基本内涵。人类命运共同体是一种具有中国特色的马克思主义国际主义价值理念,它包括新型权力观、新型义利观、新型文明观、新型交往观、新型发展观和全球治理观。这一和谐世界观包括五个维度,即政治多极、经济均衡、文化多样、安全互信、环境可续,核心理念是和平发展、合作共赢,构建方式是对话而不对抗,结伴而不结盟,构建原则是共商、共建、共享、共赢。实践归宿旨在应对人类共同挑战,维护世界和平,促进共同发展。质言之,"人类命运共同体"的提出,是以习近平同志为核心的党中央,以巨大的世界担当、深沉的民族情怀和自信的胸襟,通过广阔的国际视野和全球性致思取向,开创全球治理新局面,并赋予社会主义爱国主义新的国际视野和世界意义。

20 世纪中后期是全球化急速发展的时代,自由贸易大行其道,政治呈现多极化趋势,信息技术飞速发展。面对强权政治、霸权主义、冷战思维、零和博弈、金融危机、恐怖主义、难民危机等一系列的问题,人们不禁自问,我们的世界怎么了?我们该怎么办?经济全球化时代,民族国家的地位和作用不断被削弱、淡化,如何在"追求自身利益时兼顾他方合理关切,在谋求自身发展中促进多方共同发展"①? 以上问题成为世界各民族国家所面临的新的时代命题。对此,习近平总书记强调:"一个国家要发展繁荣,必须把握和顺应世界发展大势,反之必然会被历史抛弃。什么是当今世界的潮流? 答案只有一个,那就是和平、发展、合作、共赢。"②人类命运共同体理念是对爱国主义理论进一步深化的最新探索,赋予了爱国主义以国际视野与世界意义。习近平总书记指出:"弘扬爱国主义精神,必须坚持立足民族又面向世界。"③

　　如果说中国梦是当代爱国主义的时代主题,那么人类命运共同体则进一步充实了这一主题。如果说社会主义核心价值观是爱国主义的价值理想,那么人类命运共同体则使这一价值理想更加丰满。如果说中华优秀爱国传统是爱国主义的情感支柱,那么人类命运共同体则为培育理性爱国行为奠定了文化基础。爱国主义是实现社会主义现代化过程中不可或缺的内在精神动力,是实现伟大复兴中国梦,更是实现世界和平的力量之源。同时,弘扬爱国主义精神,必须坚持立足民族又面向世界,不忘本来,吸收外来,才能把握未来。在实现中华民族伟大复兴的历史进军中,必须深刻认识到,中国的命运与世界的命运紧密相关,我们要把弘扬爱国主义精神与扩大对外开放结合进来,尊重各国的历史特点、文化传统,尊重各国人民选择的发展道路。"开放带来进步,封闭导致落后",在马克思主义国家观教育的过程中要"善于从不同文明中寻求智慧、汲取营养,增强中华文明生机活力"④。总之,人类命运共同体理念为人类文明发展提供了科学的方法论启示,国家观教育则为人们掌握这一科学的方法论提供了前提条件。

---

①　《习近平谈治国理政》,外文出版社,2014 年,第 331 页。
②　同上,第 266 页。
③④　习近平:《大力弘扬伟大爱国主义精神 为实现中国梦提供精神支柱》,《人民日报》,2015年 12 月 31 日。

三、新时代大学生国家观教育发展的新要求

大学生树立正确的国家观是一项复杂的系统工程,新时代大学生国家观教育回应时代课题,需要多方正向合力才能交出完美的答卷。党的十八大以来,习近平总书记用一系列的新思想、新观点、新论断,给我们展示了一个全面、立体、真实的中国,并在这一过程中形成了丰富的国家观教育思想。在国家观教育思想中,习近平总书记始终以中国特色社会主义进入新时代这个新的历史发展方位为根本基点,用客观、新颖、多维的眼光,对新时代大学生国家观教育提出了新的要求,与之前的教育要求相比,新要求具体体现在,要充分利用四史教育、优秀传统文化教育、家庭教育、榜样教育、艺术形式和新媒体教育,这些新要求也为新时代大学生国家观教育提供了有益的思想借鉴和行动指南。

(一)加强党史、国史、改革开放史、社会主义发展史教育

在国家观教育思想中,马克思主义历史观是习近平总书记始终强调、学习和研究的。他善于从历史中汲取治国理政的智慧,主张用历史讲好中国故事,从历史深处点亮爱国之心。2013 年 12 月 26 日,习近平总书记在纪念毛泽东同志诞辰 120 周年座谈会上的讲话中强调:"历史就是历史,历史不能任意选择,一个民族的历史是一个民族安身立命的基础。"①中国历史是中国人民、中华民族坚持不懈的创业史和发展史。中国共产党的历史是中国近现代以来历史中最为可歌可泣的篇章,中国共产党的历史可谓是矗立着一座座爱国主义的丰碑的历史,因而学习中国近现代史要特别注意学习中国共产党的历史。历史雄辩地证明,中国共产党是爱国主义精神最坚定的

---

① 《十八大以来重要文献选编》(上),中央文献出版社,2014 年,第 694 页。

弘扬者和实践者。中国共产党用 28 年的时间,结束了近代以来中国内忧外患、积贫积弱的悲惨命运,建立了新中国,实现了民族独立和人民解放的历史使命,可以说,"没有中国共产党就没有新中国"①。为此中国共产党人前赴后继,戎马沙场,付出了巨大牺牲,很多人身陷牢狱,英勇就义,像李大钊、赵一曼、方志敏等同志,就是其中的光辉典范。

新中国成立后用 29 年时间为改变国家贫穷落后面貌,实现国家繁荣富强和人民共同富裕的历史使命,进行了社会主义建设的艰辛探索,这期间涌现出许多光辉典范、英雄楷模,像我们熟悉的"永不生锈的螺丝钉"雷锋、"人民的好公仆"焦裕禄等共产党员,他们用自己的实际行动谱写了一曲曲全心全意为人民服务的凯歌,他们的奉献精神就是革命年代流血牺牲精神的延续和发展。改革开放以来又用 30 年的时间,开辟了实现繁荣富强和人民共同富裕的中国特色社会主义道路。在此期间涌现出了像罗阳那样的当代雷锋、时代楷模,这些优秀的共产党员无疑都是我们民族的脊梁。"只有坚持爱国和爱党、爱社会主义相统一,爱国主义才是鲜活的、真实的,这是当代爱国主义精神最重要的体现。"②历史是最好的营养剂、教科书,回到历史就是要深入挖掘历史上的爱国主义精神,传承中华民族的爱国主义传统。因此,新时代大学生国家观教育,要用好"历史"这一最具有说服力、最鲜活的教材,增强大学生对社会主义中国的基本认知,引导大学生深刻认识到个人的前途和祖国的命运、党的命运、社会主义的命运密不可分,真正把爱国、爱党与爱社会主义统一起来。

(二)利用好中华民族优秀传统文化

中华优秀传统文化是中华民族的精神命脉和核心。"把继承和弘扬中

---

① 《十七大以来重要文献选编》(中),中央文献出版社,2011 年,第 141 页。
② 习近平:《大力弘扬伟大爱国主义精神 为实现中国梦提供精神支柱》,《人民日报》,2015 年 12 月 31 日。

华优秀传统文化同培育和践行社会主义核心价值观统一起来,引导人们树立和坚持正确的历史观、民族观、国家观、文化观,不断增强中华民族归属感、认同感、尊严感、荣誉感。"①美国社会学家希尔斯在《论传统》一书中指出,传统之所以为传统必须具备三个条件:代代相传的事物、相传事物的同一性以及传统的持续性。中华传统文化中蕴含着丰富国家观教育思想,中华优秀传统文化为爱国主义提供了丰厚的滋养。习近平总书记指出:"中国传统文化博大精深,学习和掌握其中的各种思想精华,对树立正确的世界观、人生观、价值观很有益处……我们都应该继承和发扬。"②

　　爱国是一个富有激情的词汇,爱国也是"人世间最深层、最持久的情感,是一个人立德之源、立功之本"③,是最崇高的道德行为准则,是文明人首要的美德。"弘扬爱国主义精神,必须尊重和传承中华民族历史和文化,对祖国悠久历史、深厚文化的理解和接受,是人们爱国主义情感培育和发展的重要条件。"④中国的爱国主义优秀传统的形成和发展,是关涉我国爱国主义教育的历史依据和现实基础。中华民族之所以历经磨难却生生不息,就在于她所具有的优秀传统精神和文化品格,尤其是传统文化中强烈的对国家民族命运的忧患意识和责任担当。如"天下兴亡、匹夫有责"的使命与责任,"富贵不能淫,贫贱不能移,威武不能屈"的壮志豪情,"只有精忠能报国,更无乐土可为家"的革命乐观精神等,是我们实现民族伟大复兴的强大精神动力和文化基因。

　　"求木之长者,必固其根本",固本强基,才能行稳致远,中国特色社会主义的道路、理论和制度也正是以中华优秀爱国传统为根基,中华民族的爱国

　　①④　习近平:《大力弘扬伟大爱国主义精神 为实现中国梦提供精神支柱》,《人民日报》,2015年12月31日。
　　②　《习近平谈治国理政》,外文出版社,2014年,第405页。
　　③　习近平:《在北京大学师生座谈会上的讲话》,人民出版社,2018年,第11页。

优秀传统自始至终贯穿于中华民族从站起来、富起来到强起来的历史进程中。中国传统文化强调人的社会责任,倡导为国家民族利益牺牲的民族精神。中国传统价值观的突出特点是,强调责任担当,义务先于权利,群体优于个人,和谐高于冲突。因此,中华民族优秀传统便成为爱国主义的精神命脉和活水源头,像李白的"中夜四五叹,常为大国忧",范仲淹的"先天下之忧而忧,后天下之乐而乐",陆游的"王师北定中原日,家祭无忘告乃翁""位卑未敢忘忧国,事定犹须待阖棺""夜阑卧听风吹雨,铁马冰河入梦来",文天祥的"唯有以死报国,我一无所求",徐锡麟的"只解沙场为国死,何须马革裹尸还",林则徐的"苟利国家生死以,岂因祸福避趋之"等。他们都以全部热情为祖国放歌抒怀,这些浓厚的爱国情结熔铸了我们中华民族共同的历史记忆和精神家园。同时,这些具有深刻感召力和亲和力的血脉基因,也构成了大学生树立正确国家观的内生力量。因此,我们要善于从中华民族优秀传统文化中挖掘和提炼与国家观教育相关的内容,促进优秀传统文化在与国家观教育的互动互融中彰显时代魅力,在新时代大学生国家观教育中实现"古为今用"。

(三)重视家庭的国家观教育功能

家是最小的国,国是千万家。"历史和现实告诉我们,家庭的前途命运同国家和民族的前途命运紧密相连。"①从家出发,由家及国,在新时代书写家国情怀,是国家观教育思想中的重要底色。家庭是社会的细胞,治国先齐家,家和万事兴。习近平总书记高度重视家庭的社会功能,强调家庭教育的不可替代作用,他强调"无论时代发生多大的变化,无论生活格局发生多大变化,我们都要重视家庭建设,注重家庭、注重家教、注重家风"②,这一战略

---

① 《习近平谈治国理政》(第二卷),外文出版社,2017年,第354页。
② 《习近平关于全面建成小康社会论述摘编》,中央文献出版社,2016年,第121页。

眼光契合当代中国改革发展的时代要求和社会现实。2016 年 12 月,习近平总书记在会见全国文明家庭代表时强调:"我们要重视家庭文明建设,努力使千千万万个家庭成为国家发展、民族进步、社会和谐的重要基点,成为人们梦想启航的地方。"①正所谓"天下之本在家",中华民族自古以来就重视家庭、重视亲情,中华民族在历史变迁中淬炼而成的家庭美德,早已融入中华儿女的血脉。特别是儒家学派常常把修身齐家治国平天下观念连在一起,以一种国之本在家的主张而成为家族起源说,即国家是家族扩大化的结果。"在家为孝,在国为忠"的政治伦理思想,一直是儒家国家观中的一项重要议题,被视为"天之经也,地之意也"。

家和万事兴,家齐国安宁。在新时代书写家国情怀,矗立家国情怀的精神灯塔,要从家庭、家教和家风三个方面入手。习近平总书记在 2015 年春节团拜会上的讲话中指出:"我们都要重视家庭建设,注重家庭、注重家教、注重家风。"②家庭是社会的基本细胞,是人生的第一所学校,家庭和睦决定社会安定,家庭文明促进社会祥和。因此,"不论时代发生多大变化,不论生活格局发生多大变化,我们都要重视家庭建设"③。我们要认识到,家庭建设的好了,国家才能好,民族才能好。我们常说"子不教,父之过",旨在强调父母是孩子的第一任老师,家庭是孩子的第一个课堂,家庭在教育中具有天然的亲和力。尽管家庭教育内容丰富,但其中最重要的是如何做人的教育,要引导他们有做人的气节和骨气。有什么样的家庭教育,就有什么样的孩子。因此,习近平总书记强调:"广大家庭都要重言传、重身教,教知识、育品德","帮助孩子扣好人生的第一粒扣子,迈好人生的第一个台阶"。④ 家风是家庭或家族世代相传的风尚、生活作风和为后人们树立的价值准则,集中体现了

---

① 《习近平谈治国理政》(第二卷),外文出版社,2017 年,第 353 页。
②③ 《习近平关于全面建成小康社会论述摘编》,中央文献出版社,2016 年,第 121 页。
④ 《习近平谈治国理政》(第二卷),外文出版社,2017 年,第 355 页。

一个家族鲜明的道德风貌和审美风范。家风高尚则社会文明，"家风是社会风气的重要组成部分。家庭不只是人们身体的住处，更是人们心灵的归宿"①，并以一种无形的力量，潜移默化地影响着家庭成员们的心灵。

没有规矩，不成方圆，国风之本在家风。党的十八大以来，以习近平同志为核心的党中央为家风建设定下了"明规矩"，让家风成为家国关系最好的注脚。《中国共产党廉洁自律准则》第八条明确要求，党员领导干部要"廉洁齐家，自觉带头树立良好家风"。《关于新形势下党内政治生活的若干准则》要求，领导干部特别是高级干部必须注重家庭、家教、家风，教育管理好亲属和身边工作人员。《中国共产党党内监督条例》第十四条规定，中央政治局委员要带头树立良好家风。质言之，家国情怀说的是小家，着眼的却是大家，小家紧系大家，把实现家庭梦融入国家民族梦之中，是国家观教育思想中自始至终强调的重点，"由家及国"的教育思想，开辟了新时代大学生国家观教育新境界。

（四）大力弘扬英雄精神的史诗风范

英雄榜样是我们看得见的哲理，爱国主义精神在英雄身上熠熠生辉，走好新时代的长征路离不开红色基因，英雄精神激励着我们续写未竟的事业。正因为如此，英雄在习近平总书记心中重于千钧，也唯有英雄令人心生敬畏，常思之念之，甚至感动落泪。通过英雄的感召力弘扬爱国主义精神，增强做中国人的骨气和底气，是国家观教育思想中的重要组成部分。党的十八大以来，以习近平同志为核心的党中央高度重视英模人物的表彰工作，习近平总书记在不同的场合多次强调要学习先进典型心中大我、至诚报国的爱国情怀，在全社会汇集起见贤思齐、崇尚英雄和德行天下的社会氛围。英雄是一个民族最闪亮的坐标，铭记英雄精神是一个民族永葆战斗力的精神

---

① 《习近平谈治国理政》（第二卷），外文出版社，2017年，第355页。

力量。"中华民族是崇尚英雄,成就英雄,英雄辈出的民族。"①英雄精神就是我们的民族精神,和平年代同样需要英雄精神,这一精神之钙是我们实现中华民族伟大复兴的磅礴力量。

榜样的力量是无穷的,伟大的时代呼唤伟大的精神,崇高事业需要榜样引领,在全面深化改革的关键时刻,我们更需要榜样树立社会典范,引领社会风尚,形成"场效应",传递正能量。2013 年 3 月,习近平总书记在参加十二届全国人大一次会议辽宁代表团审议时提道,"要充分发挥各方面英模人物的榜样作用,大力激发社会正能量,为实现中国梦提供强大的精神动力"②。"雷锋、郭明义、罗阳等身上具有的信念能量、大爱的胸怀、忘我的精神、进取的锐气,是我们民族精神最好的写照,是我们民族的脊梁。"③2013年 4 月,习近平总书记在全国劳动模范代表座谈会讲话中,强调了个人梦与中国梦的关系,要求我国工人阶级一定要在坚持中国道路、弘扬中国精神、凝聚中国力量上发挥模范带头作用,万众一心、众志成城,为实现中华民族伟大复兴的中国梦而不懈奋斗。2013 年 8 月,习近平总书记在全国宣传思想工作会议上指出,要改进典型宣传,发挥典型的示范效应,充分发挥正面宣传鼓舞人、激励人的作用。2014 年 3 月,习近平总书记在调研指导兰考县党的群众路线实践活动时强调:"党员、干部要把焦裕禄精神作为一面镜子,从里到外、从上到下反反复复照一照自己。"④先进典型就像一面镜子,在学习先进典型的过程中,可以发现自己的不足,积极向榜样学习,在互动中解

---

① 《习近平春节前夕赴江西看望慰问广大干部群众》,http://politics. people. com. cn/n1/2016/0204/c1024 - 28109316. html。

② 《习近平关于实现中华民族伟大复兴的中国梦论述摘编》,http://www. 12371. cn/special/xjpzyls/zgmls/4/。

③ 《习近平李克强俞正声分别参加全国两会一些团组审议讨论》,《人民日报》,2013 年 3 月7 日。

④ 李斌:《大力学习弘扬焦裕禄精神:习近平总书记在河南兰考调研指导党的群众路线教育实践活动纪实》,《人民日报》,2014 年 3 月 19 日。

决问题,在攻坚克难中提振信心。

2015 年 6 月,习近平总书记在优秀县委书记表彰会上提出,深入宣传优秀党员干部的感人事迹和崇高精神,推动形成先进、崇尚先进、争当先进的浓厚氛围,"让更多党员干部学有榜样、赶有目标,更好为人民服务,更好干事创业"①。2015 年 9 月,习近平总书记在颁发中国人民抗日战争胜利 70 周年纪念章仪式上讲话中指出:"天地英雄气,千秋尚凛然,一个有希望的民族不能没有英雄,一个有前途的国家不能没有先锋。"②2017 年 5 月 25 日,习近平总书记对黄大年同志先进事迹作出重要指示强调,我们要以黄大年同志为榜样,学习他心有大我、至诚报国的爱国情怀。2018 年 5 月,习近平总书记在两院院士大会上,用"繁霜尽是心头血,洒向千峰秋叶丹"来赞美一代代科学家深厚的爱国主义情怀。2014 年 8 月 31 日,十二届全国人大常委会第十次会议经表决,以法律形式将 9 月 30 日设立为中国烈士纪念日。2018 年 4 月 27 日,第十三届全国人民代表大会常务委员会第二次会议通过《中华人民共和国英雄烈士保护法》。2019 年 1 月 28 日,"中共中央办公厅印发《关于做好国家勋章和国家荣誉称号提名评选工作的通知》。《通知》指出,今年是中华人民共和国成立 70 周年,首次开展国家勋章和国家荣誉称号评选颁授,隆重表彰一批为中华人民共和国建设和发展做出杰出贡献的功勋模范人物"③。综上所述,穿过历史的云烟和现实的光影纪念英雄,不忘先烈意志,携手砥砺前行,既"彰显崇尚英雄的国家态度,又召唤着更多人把个人奋斗汇入时代洪流"④。

---

① 习近平:《在会见全国优秀县委书记时的讲话》,《人民日报》,2015 年 6 月 30 日。

② 习近平:《习近平在纪念中国人民抗日战争暨世界反法西斯战争胜利 70 周年系列活动上的讲话》,人民出版社,2015 年,第 19 页。

③ 《中办印发关于做好国家勋章和国家荣誉称号提名评选工作的通知》,《中国青年报》,2019 年 01 月 29 日。

④ 李斌:《矗立家国情怀的精神灯塔》,http://www.dzwww.com/dzwpl/mspl/201902/t20190215_18396415.htm。

向先锋学习，向英雄看齐，首先要清楚学什么、怎么学。孔子曰："三人行，必有我师焉"①，"见贤思齐焉，见不贤而内自省也"②，强调的是一种虚心请教、善于学习的态度。学习知识是一种学问，学习他人是一种美德。在《要善于学典型》中，习近平总书记指出："向别人学习的多寡、深浅、得失，取决于个人的学习态度和学习角度。这一点，向普通人学习如是，向先进典型学习亦如是。""向先进典型学习，可学者多矣！最关键的是要学精神、学品质、学方法"③，为新时期学习先进典型人物提供了方向遵循。"学精神"是本质。学习先进典型，不仅学习表层言行，更要学习深层精神，领会先进典型身上的精神实质。"学品质"是关键。"才为德之资，德为才之帅"，在处理育才的关系时，德应该放到首位，学习典型就是学习其突出品质。习近平总书记重视对先进人物品质的学习，在不同的场合号召全社会特别是领导干部，认真学习兰辉对党忠诚，克己奉公的品质，认真学习牛玉儒廉洁奉公、公正无私的品质，学习王彦生坚持原则、公道正派的品质等。"学品质"是提高人们道德素质和品德修养的重要途径，发挥先进典型的示范引领作用，才能春风化雨，润物无声，促使人们形成优良品质。"学方法"是保障。习近平总书记重视学习先进人物的工作方法，倡导学习郑九万，心里装着群众，凡事想着群众，工作依靠群众的方法。在学习李林森事迹报告会上提出，要"学习李林森同志坚持党组织原则、公道正派的职业操守，讲政治、顾大局、守纪律，坚持按制度办事"④。学习先进典型正确科学的方法，在一点一滴中完善自己，在小事小节上修炼自己，有助于提升我们的工作实效，保持先进、赶超先进。历史是人民书写的，英雄是人民的优秀代表，他们身上充满血性和果

---

① 《论语》，上海古籍出版社，2010年，第74页。
② 同上，第36页。
③ 习近平：《之江新语》，浙江人民出版社，2007年，第218页。
④ 习近平：《学习李林森同志先进事迹和崇高精神》，《人民日报》，2011年9月28日。

敢,心中写满赤诚和担当,他们身上大无畏的浩然正气是推动社会进步的精神动力。习近平总书记始终把英雄楷模精神作为激励我们前行的强大力量,强调要学习他们身上大爱的情怀、忘我的精神、进取的锐气,这也为新时代大学生国家观教育提供了基本遵循。

（五）充分运用艺术形式和新媒体

"我们的任务是过河,但是没有桥或没有船就不能过。不解决桥或船的问题,过河就是一句空话。"①这说明方式方法在解决问题中的重要性。同样,国家观教育也离不开一定的途径和方法,它是主客体之间沟通不可或缺的中介要素。新时代,习近平总书记就如何充分运用艺术形式和新媒体有诸多重要论述,对大学生国家观教育工作的开展具有重要的方法论意义。

党的十八大以来,习近平总书记始终站在民族复兴、国家富强和人民幸福的高度,强调以文艺培养中华民族自尊心和自豪感。在文艺座谈会上,他指出,"中国精神是社会主义文艺的灵魂"②。"文艺是时代前进的号角,最能代表一个时代的风貌,最能引领一个时代的风气。"③"举精神之旗、立精神支柱、建精神家园,都离不开文艺。"④在中共中央政治局第二十九次集体学习时强调,要充分"运用艺术形式和新媒体,以理服人、以文化人、以情感人,生动传播爱国主义精神,唱响爱国主义主旋律,让爱国主义成为每一个中国人的坚定信念和精神依靠"⑤。在中国文联十大、中国作协九大开幕式上的讲话中明确提道:"文运同国运相牵,文脉同国脉相连。"⑥在党的十九大报告中强调,"在创作方向上应坚持'四个讴歌',文艺工作者应当不断推出讴歌党、

---

① 《毛泽东选集》(第一卷),人民出版社,1991年,第139页。
② 习近平:《在文艺工作座谈会上的讲话》,人民出版社,2015年,第21页。
③ 同上,第5页。
④ 同上,第6页。
⑤ 习近平:《大力弘扬伟大爱国主义精神　为实现中国梦提供精神支柱》,《人民日报》,2015年12月31日。
⑥ 习近平:《在中国文联十大、中国作协九大开幕式上的讲话》,人民出版社,2016年,第5页。

讴歌祖国、讴歌人民、讴歌英雄的精品力作"[①]。在艺术生产上要努力达到"思想精深、艺术精湛、制作精良"[②]的高标准。由此可见,习近平总书记把文艺看作党和人民的重要事业、重要战线。

新媒体是以数字技术为基础的新型媒体形式,它包括所有数字化的传统媒体、网络媒体、移动端媒体、数字电视、数字报纸杂志等。新媒体作为一种以网络为载体进行信息传播的媒介,折射出当代多元言论空间的现实图景。随着传播方式和媒体格局的跨越式发展,和受众心理及习惯的变化,一个"万物皆媒"的网络新媒体时代渐行渐近,新媒体已经成为不可忽视的进行国家观教育的重要阵地。习近平总书记亲密接触新媒体,2016 年 6 月,到《人民日报》社、新华社、中央电视台 3 家中央新闻单位调研。"2019 年 1 月,习近平总书记带领中共中央政治局同志来到《人民日报》新媒体大厦,就全媒体时代和媒体融合发展举行第十二次集体学习。这表明,以习近平同志为核心的党中央高度重视传统媒体和新媒体的融合入发展问题,强调要利用新技术新应用创新媒体传播方式。"[③]早在 2013 年 8 月 19 日,习近平总书记在全国宣传思想工作会议上就曾强调:"特别是要适应社会信息化持续推进的新情况,加快传统媒体和新兴媒体融合发展,充分运用新技术新应用创新媒体传播方式,占领信息传播制高点。"[④]并指出,我们必须重视一个事实,即"很多人特别是年轻人基本不看主流媒体,大部分信息都从网上获取"[⑤]。2016 年 2 月,习近平在新闻舆论工作座谈会上强调,要"主动借助新媒体传播优势。要加强国际传播能力建设,着力打造具有较强国际影响的外宣旗舰媒体"[⑥]。总之,新媒体正成为助推主流价值观传播的新力量,互联网信息

---

①② 习近平:《决胜全面建成小康社会 夺取新时代中国特色社会主义伟大胜利——在中国共产党第十九次全国代表大会上的报告》,人民出版社,2017 年,第 43 页。

③ 李浩然:《勇立潮头,推进全媒体时代"融合＋"》,《人民日报》,2019 年 1 月 28 日。

④⑤ 《习近平关于全面建成小康社会论述摘编》,中央文献出版社,2016 年,第 106 页。

⑥ 《习近平谈治国理政》(第二卷),外文出版社,2017 年,第 333 页。

新技术发展进一步加快了媒体融合的速度。当今世界,谁掌握了新媒体,谁就拥有了最大的话语权。

四、新时代大学生国家观教育发展的新价值

大学生是推进伟大事业的中坚力量,国家是实现中华民族伟大复兴最坚强的依托,和平稳定的国际环境和友好的周边环境是实现中国梦的重要保障。伟大的事业需要伟大的精神,实现中国梦必须弘扬中国精神,即以爱国主义为核心的民族精神和以改革创新为核心的时代精神。马克思主义国家观教育是继承和弘扬爱国主义精神的重要内容,大学生国家观教育为实现中华民族伟大复兴的中国梦提供精神支柱。大学生国家观教育,一方面可以提高大学生对社会主义国家全面发展的认识,有助于维护国家统一、民族团结和社会和谐,有助于把大学生培养成为德才兼备、又红又专的社会主义合格建设者,从而为建设社会主义现代化强国提供前提保障和人才支撑。另一方面,又有助于大学生健康成长成才,促进大学生自觉践行理性爱国行为,在牢固树立"四个意识"的基础上,正确认识和处理我国社会发展过程中所遇到的问题,适应世界新形势变化。此外,大学生国家观教育还有助于培养大学生立足民族又面向世界的爱国主义精神,避免狭隘的民族主义爱国主义思想。

（一）有利于培养担当民族复兴大任的时代新人

大学生作为这个时代的同行者,既是追梦者,也是圆梦人。求木之长者,必固其根本,固本强基,才能行稳致远。大学生国家观教育有助于大学生更好地夯实自我,不忘本来,面向未来,应对外来,勇于承担起时代赋予的历史重任。

1. 有助于大学生继承与弘扬中华优秀传统文化

大学生国家观教育有助于大学生正确认识民族的过去和现在,国家的历史和未来,促进对中华优秀传统文化的继承和弘扬。中华民族五千年优秀的灿烂文明是中华民族共同创造的结果,实现中华民族爱国优秀传统照进现实,又是大学生树立正确国家认同观前提条件。"5000 多年来,中华民族之所以能够经受住无数难以想象的风险和考验,始终保持旺盛生命力,生生不息,薪火相传,同中华民族有深厚持久的爱国主义传统是密不可分的。"①因此讲清楚爱国主义优秀传统的形成、发展和地位,特别是中国共产党的爱国主义优秀传统,也就阐释好了国家观教育内容的历史依据和现实基础。

传统作为历史之中的精神实体,是历史生命的精神所在,从这个角度看,传统观是一种精神文化观。一个民族历史的精神所在是传统,传统精神是一个民族精神的深层依据和历史表达,传统精神的主线是对国家民族命运的自觉意识、忧患意识和担当意识。因此,大学生认真学习中国爱国主义优秀传统,才能不忘来路,不改初心,增强爱国精神的坚定性和自觉性。"现在"并不是一个孤立的时间点,而是一个不断由过去走向现在又面向未来的过程,因而又被称作当下的历史。在古今往来的人类历史长河中,爱国主义精神自始至终贯穿民族国家的整个历程,发挥着凝魂聚神和价值引领的功能,这一点"历史总是惊人的相似"。

《辞海》中"传统"一词解释为,"历史沿传下来的思想、文化、道德、风俗、艺术、制度以及行为方式等"②。可以看出,这种意义上的传统概念与人类学上的大文化概念一致,是人类所创造的一切非自然存在物。有学者认

---

① 习近平:《大力弘扬伟大爱国主义精神 为实现中国梦提供精神支柱》,《人民日报》,2015 年 12 月 31 日。

② 《辞海》,上海辞书出版社,2009 年,第 321 页。

为,传统既是一个历史与现代相对应的时间概念,即指过去时代,也是一个民族与外来相对应的概念,即指本民族。也有学者将周秦与辛亥革命之间的那段时期称为"传统",无独有偶,中华文化传统也就被机械地等同于中国古代文化。本书中,传统被界定为一个民族生存发展的精神所系。事实上,传统既存在于中国古代文化,也存在于中华民族近现代文化之中,是一种"活文化",它无所存在,又无所不在,道在器中,器又不离道。爱国主义优秀传统是一个民族生存发展的精神根基,是不死的民族之魂,它产生于民族的历代生活,成长于民族的反复实践,凸显为支配民族行为的集体意识和集体无意识。

　　爱国主义优秀传统有广义与狭义之分,广义上的爱国主义优秀传统是指中华民族历史进程中的爱国传统和世界文明中的爱国传统,这一爱国传统是人类文明进程中物质和精神力量所达到的程度、方式和成果。狭义上的爱国主义优秀传统是指中国共产党人、人民军队、一切先进知识分子和人民群众,在革命、建设和改革中为谋求民族独立、人民解放和国家富强,所形成的爱国精神和优良传统。"弘扬爱国主义精神,必须尊重和传承民族历史和文化,对祖国悠久历史、深厚文化的理解和接受,是人们爱国主义情感培育和发展的重要条件。"[1]中国的爱国主义优秀传统的形成和发展,是大学生国家观教育的历史依据和现实基础。中华民族之所以历经磨难却生生不息,就在于她所具有的优秀传统精神和文化品格,如"苟利国家,不求富贵"的使命与责任,"富贵不能淫,贫贱不能移,威武不能屈"的壮志豪情,"只有精忠能报国,更无乐土可为家"的革命乐观精神等,是我们实现民族伟大复兴的强大精神动力和文化基因。中国特色社会主义的道路、理论和制度正

---

[1]　习近平:《大力弘扬伟大爱国主义精神 为实现中国梦提供精神支柱》,《人民日报》,2015年12月31日。

是以爱国传统为根基，中华民族的爱国优秀传统自始至终贯穿于中华民族在探索站起来、富起来到强起来的历史进程中。因此，在一定程度上，爱国主义教育的内容就是爱国传统的教育。当代中国的爱国主义精神不仅应具备当代生活的底蕴，还要着眼未来发展，更要拥有传统文化的血脉。中华优秀传统文化中蕴涵着丰富的爱国主义资源，爱国主义优秀传统作为中华民族传统文化中彰显爱国情怀的文化，具有鲜明的时代特色和博大的文化内涵。中华优秀传统文化是我国新时期爱国主义的精神沃土和基因，具有永不褪色的文化价值和民族底色。

中华爱国主义优秀传统是爱国主义的精神命脉和活水源头，像李白的"中夜四五叹，常为大国忧"，杜甫的"国破山河在，城春草木深"，陆游的"王师北定中原日，家祭无忘告乃翁""位卑未敢忘忧国，事定犹须待阖棺"，曹植的"捐躯赴国难，视死忽如归"，文天祥的"人生自古谁无死，留取丹心照汗青"，戴叔伦的"愿得此身长报国，何须生入玉门关"等，都以全部热情为祖国放歌抒怀。中国传统价值观的突出特点是强调责任担当，义务先于权利，群体优于个人，和谐高于冲突。用中华优秀爱国传统滋养新时代大学生马克思主义国家观，要结合时代要求，始终以三个"是否有利于"为检验标准，推陈出新，古为今用。旗帜鲜明地反对复古论、虚无论两种论调，让中华优秀爱国传统"老树发新枝"，展现时代风貌，书写蓝图华章。同时，对待世界人类文明成果要坚持以我为主，为我所用，既要反对全盘否定，又要杜绝照单全收。毛泽东在《中国共产党在民族战争的地位》中指出："爱国主义的具体内容，看在什么样的历史条件之下来决定。有日本侵略者和希特勒的'爱国主义'有我们的爱国主义，对于日本侵略者和希特勒的所谓'爱国主义'，共产党员是必须坚决地反对的。"①这一观点深刻说明了爱国主义是一个历史

---

① 《毛泽东选集》(第四卷)，人民出版社，1991年，第520页。

概念,同样,爱国主义传统在不同的历史发展时期、不同的民族与阶级之中具有不同的表现样态。因此,在全球化背景下,传统文化与当代文化相互交融,外来文化与本土文化相互交锋,在继承弘扬中华民族优秀爱国主义传统的过程中,大学生应注意区分传统文化蕴含的阶级性和民族性、先进性和糟粕性,充分认识爱国与爱国主义之间共性与个性的不同,准确把握文化爱国主义与政治爱国主义的区别,注意区分不同意识形态语境下对爱国主义的理解。

大学生国家观教育有助于大学生对中华优秀传统文化的继承和弘扬,中华优秀传统文化又反向推动着大学生马克思主义国家观的认知和认同。"树立"是在"传统"基础上的创新和发展,大学生正确国家观的牢固树立,离不开对历史的把握和优秀传统文化的滋养。习近平总书记非常重视传统文化的教育问题,他指出:"对中国人民和中华民族的优秀文化和光荣历史,要加大正面宣传力度,通过学校教育、理论研究、历史研究、影视作品、文学作品等多种方式,加强爱国主义、集体主义、社会主义教育,引导我国人民树立和坚持正确的历史观、民族观、国家观、文化观、增强做中国人的骨气和底气。"[1]崇高的事业需要精神的激励和价值的引领,实现中国梦,必须大力弘扬爱国主义精神,增强国家认同。继承和弘扬爱国主义精神,又离不开对爱国主义优秀传统的挖掘与激发。通过国家观教育,可以帮助大学生锤炼历史眼光,让自己的眼光穿透历史,折射现实,看到未来。中华民族的爱国主义优秀传统,是马克思主义爱国主义教育的根基与灵魂。其中,中国共产党在近现代革命、建设和改革历程中所形成的爱国主义优秀传统是马克思主义爱国主义教育中最生动鲜活的部分。因此,中华儿女要了解中华民族复兴的斗争史,传承红色符号,继承红色基因,自觉增强民族自豪感和文化自

---

① 《习近平谈治国理政》,外文出版社,2014年,第162页。

信心,这也是大学生国家观教育价值旨趣。习近平总书记强调:"弘扬爱国主义精神,必须尊重和传承中华民族历史和文化。对祖国悠久历史、深厚文化的理解和接受,是人们爱国主义情感培育和发展的重要条件。引导人民树立和坚持正确的历史观、民族观、国家观、文化观,不断增强中华民族的归属感、认同感、尊严感、荣誉感。"①事实上,今天中国公民的自信和尊严,都源自背后强大的国家,源于一代代爱国者们的艰辛付出,我们除了铭记,更应该传承。走向历史的深处,能使大学生深刻理解中国特色社会主义这个宝贵成果来之不易,充分认识到中国特色社会主义的历史必然性,进而积极投身于中国特色社会主义事业的伟大进程,这也是一个民族存续应有的不可割裂性和延续性。

2. 有助于为大学生健康成长奠定坚实的基础

大学生国家观教育与大学生成长成才的需要具有内在统一性,大学生成长成才离不开国家观教育,是否具备有关国家的正确世界观是评价大学生成长成才的重要标准。国家好,民族好,个人才会好。大学生实现自身成长成才必须把个人发展的需要与国家发展的需要统一起来,具备国家发展所需要的能力和素质,成为德智体美劳全面发展的人才,这样才能实现自身价值,才能在对象化的实践中有效满足自己的现实需要。《国家中长期教育改革和发展规划纲要(2010—2020年)》也在战略主题中要求,教育改革发展的"核心是解决好培养什么人、怎样培养人的重大问题,重点是面向全体学生、促进学生全面发展,着力提高学生服务国家服务人民的社会责任感、用于探索的创新精神和善于解决问题的实践能力"②。

---

① 习近平:《大力弘扬伟大爱国主义精神 为实现中国梦提供精神支柱》,《人民日报》,2015年12月31日。
② 《国家中长期教育改革和发展规划纲要》(2010—2020),http://old. moe. gov. cn/publicfiles/business/htmlfiles/moe/info_list/201407/xxgk_171904. html。

当代大学生是同新时代共同前进的一代,既拥有广阔的发展空间,也承载着伟大的使命。大学生想要实现自身的发展,就应当主动地将个人梦融入国家梦,用中国梦激扬青春梦,促进个人梦想与中国梦相融合。每一位大学生都应该成为社会主义建设者和接班人,要扎根祖国、忠于人民,要立鸿鹄之志、做奋斗者,要知行合一、做实干家,要求真学问、练真本领。对于充满生机与活力的大学生,只有将个人的理想追求融入国家民族的事业,才能在中华民族复兴的历史进程中获得更为广阔的舞台,实现人生的真正价值。现阶段,国家也正在以实际行动助力大学生成长成才,为大学生的人生出彩搭建舞台,大学生应在中国梦的实践中放飞青春梦。习近平总书记多次勉励大学生,要志存高远,脚踏实地,把人生路一步步走稳走实,善于在平凡的岗位创造不平凡的业绩。青春是用来奋斗的,同人民一起奋斗,青春才能靓丽,同人民一起前进,青春才能昂扬,同人民一起梦想,青春才能无悔。每一位大学生都要成为社会主义建设者和接班人,不辱使命,不负众望。与时代主题同心同向,主动作为,勇做时代的弄潮儿,就能在实现中国梦的伟大实践中放飞青春梦想,书写人生的精彩篇章。

大学生是社会变革的先锋,是社会主义现代化建设的主力军和骨干。一方面,他们正处于人生发展的高峰时期,思想活跃、感觉敏锐,富有幻想和想象,能敏锐地感知到社会的变迁和时代的发展。加强对大学生的国家观教育,充分利用大学生的优势和长处,发挥他们在国家政治生活、社会生活中引领社会风气、维护国家稳定和民族团结的重要作用。另一方面,我们也要认识到,当今的社会是一个知识信息瞬息万变和科技高速发展的时代,未来的建设者不仅要有丰富的科技文化知识,更要具有高尚的道德情操和远大的理想。大学生健康成长需要树立正确的国家认同观。国家观教育能够让大学生深刻认识到个人同祖国的依存关系,个人的理想只有同国家民族的前途命运统一起来才能够实现,进而引导大学生将国家和民族的利益放在首位,多做有益于国家统一和民族团结的事情。

3. 有助于引导大学生自觉践行理性爱国行为

爱国就是人们对自己祖国的热爱之情。爱国主义是人们对祖国的忠诚和热爱,并报效祖国的一种集情感、思想和行为于一体的社会意识形态。一方面,在社会主义市场经济浪潮的冲击之下,多元价值不断冲击着大学生原有的思想认知和价值判断。另一方面,从大学生自身发展来看,大学生的爱国主义情感正处于形成变化发展的过程,大学生能敏锐和强烈地感受到现实社会的发展和矛盾,但缺乏爱国主义的理性体验和牢固确立。如果这些问题处理不好,容易使大学生思想矛盾加剧,影响身心健康,甚至影响正确的世界观、人生观、价值观的确立。意识始终是被意识到了的存在,思想观念是理性思维的结果,国家观念是对国家存在的能动反映。

从国家观存在形态上来看,可以大致概括为以下四类:具备国家观念但排斥并诋毁国家;具备国家观念但不认同国家发展理念;认同国家但不能很好地践行爱国行为;具备正确国家观念并能很好践行。第一种类型本质上是无政府主义,个人主义是无政府主义的哲学基础,无政府主义是个人主义引申出来的理论形态之一。列宁认为,"无政府主义是改头换面的资产阶级个人主义。个人主义是无政府主义整个世界观的基础"①。李达指出,"共产主义也好,团体主义也好,都不能成为无政府主义。能够成为无政府主义的,只有个人主义"②。无政府主义对个人主义小我的依归上,只能流于空想。近几年"精外"分子事件甚嚣尘上,但让人惊愕的是这一现象频频见诸于大学生群体中,例如沸沸扬扬的"洁洁良"事件。这些"精外"分子是挟洋自重,还是真的仇视贬低中华民族而视他国为"理想国",少数大学生"精外"

---

① 《列宁选集》(第 1 卷),人民出版社,2012 年,第 288 页。
② 《李达文集》(第 1 卷),人民出版社,1980 年,第 90 页。

是真的蔑视、亵渎自己的祖国，还是"无心插柳"却被别有用心的人士拿来做流量的嫁衣，对此姑且先不下定论。在信息全球化互通互达的时代，通过细枝末节的表象和自媒体舆论的发酵，我们很难断定该大学生确实就是一个完全否定民族历史民族虚无主义者，也无法将其等同为"汉奸"，因为从文化爱国主义的角度来看，绝大对数人都是爱国的（即便他不是一个政治爱国主义者），都会对故土家园深深的热爱，民族创制的文化魂牵梦绕。2018 年 10 月，杭州师范大学某大学生在其微博控诉消防不救狗，甚至用激烈言辞贬斥消防救援人员为无能的庸吏，讥讽消防浪费纳税人的钱，毫无作为，尸位素餐。事实上，与其谴责该大学生是一只网络巨婴，毋宁说其缺乏正确的国家观念，这种行为恰恰可以划归到第二种类型形态。

从外部环境来看，多元价值的出现是社会进步的结果。同时，利益主体的多样化，利益需求的多元化，多元思潮复杂化，社会信息化，加剧了多元价值之间相互激荡与碰撞。中国的和平崛起引发了某些国家的恐慌，他们通过收买当地分裂势力，扶植代理人，策动政变的方式，试图在他们眼中的"危险国家"制造动荡。例如近期发生的台湾间谍案事件，且此次事件中的大学生均为高学历硕博研究生，大都是政治、经济等文科专业或者涉及国防科工机密专业的学生。从国内环境来看，改革进入攻坚期，深层次的社会矛盾逐渐凸显。"相对剥夺感"的产生，个人理想与国家利益之间"暂时性错位"，导致公民对国家的热爱和忠诚出现罅隙。在国内外环境共同交织下，此时更加需要怀有强烈国家认同感的群体挺身而出，亟需正处于热血正当年的大学生群体积极捍卫国家利益，维护国家形象。然而，在自媒体的推波助澜下，各种营销式爱国层出不穷。例如某网红女主播为博取大众眼球，赢取流量，竟公然篡改国歌曲谱，以嬉皮笑脸的方式表现国歌内容。从近几年的一些报道来看，部分大学生在国家间出现争端时，倾向于过激地表达爱国情感，将爱国等同于抵制，将游行变成"打、砸、烧"，有的甚至假借爱国的口号，伺机发泄个人情绪,最后把爱国情结引入歧途。特别是那些喜欢高喊爱国主义的"网络愤青",他们手执"爱国无罪""爱国有理"的大旗,用狭隘的眼光看待爱国主义。谩骂成为他们的表达方式,暴力是他们青睐的手段,甚至对恐怖分子给予肯定和褒奖,这无疑损害了我国的国际形象,也伤害了社会公众的民族和历史感情。当"爱国"成为这个时代的"政治正确",爱国与"排外""抵制"画等号时,爱国也就变成了"伪爱国"。在一个国家中,如果人人以爱国主义者自居,站在道德的制高点上,打着爱国的旗号为所欲为,爱国主义成为人们相互指责的污名化词汇,那么"'爱国贼'比卖国贼更可怕",因为其行为也不过是基于利益基础上的投机选择。

综上所述,新时代的爱国主义教育需要拿出自己应然的姿态。今日之中国正日益走进世界舞台的中央,我们在感叹今天的伟大成就时,不应该将一切的美好幸福视为理所当然,我们要做的不仅仅是铭记,更为重要的是传承和践行。对于大学生而言,青春不只有眼前的潇洒与自我的放飞,更应该心系家国边关,在奋斗中释放青春激情、追逐青春理想。总体而言,我国大学生的爱国情况呈现积极向上的态势,他们关注时事、关心国家,具有较强的爱国情感,拥有浓烈的民族自尊心和自信心,具备报效祖国的热忱之心。我们一方面要引导大学生理性爱国,使之既"出力"又"讨好",一方面也要警惕祥和之下潜在的暗流涌动之势。在信息化和全球化日益深化而造成排他、狭隘、极端的民族主义重新崛起的今天,我们有必要深刻认识、重新思考传统国家观教育。传统的国家观教育偏重于情感培养,灌输给大学生的是爱国是与生俱来,不证自明的情感。新时代大学生国家观教育应帮助大学生树立正确的国家观,培育大学生对国家的理性忠诚感,增强区分现象与本质能力,使其在合理合法的范围内表达爱国情感。

4. 有助于大学生适应国内外形势的变化

当前,世界形势持续发生深刻而复杂的变化,大国关系呈现出许多新情况,地缘政治出现许多新变数,世界经济面临许多新问题,世界和平与发展遭遇许多新挑战。从国内来看,当前的中国正处于全面建成小康社会的关键时期,伴随着经济的快速增长,利益分化和社会的急剧变迁,一些较为深层次的矛盾逐渐凸显出来。这些国内外新形势新变化无不挑动着人们的"爱国神经"。在经济全球化趋势的影响下,国与国之间的界限正变得模糊起来,在一定程度上削弱着大学生的爱国主义情感。另一方面,经济全球化引起各国之间的利益摩擦,又强化着大学生的爱国情感,例如中美贸易摩擦、中兴事件等,一定程度激发了大学生的民族自尊心和责任心。这种由于经济全球化引发的安全焦虑,为爱国主义提供了新的土壤。随着中国特色社会主义进入新时代,社会主义中国正由过去的悲情"配角",日益成为世界舞台的中央的"主角",不断为人类的和平发展贡献中国智慧,提供中国方案。因此,引导大学生适应新的"公民角色",提升大学生的民族自尊心和自信心显得尤为重要。如果大学生的爱国情感还停留在忽冷忽热的朴素情感之上,爱国激情将会演变为冲动和偏激的行动,爱国热情就会变成激进、冒险的代名词。

在全球化环境下,价值渗透更为复杂隐蔽。例如某些国外势力与民族分裂势力内外勾结,以民族问题为借口,以鼓吹"民族自决权"为幌子,进行有组织、有计划、有预谋的反动活动,其本质就是反对和颠覆中国共产党领导下的人民民主专政,妄图分裂祖国。随着全球经济、政治和文化的一体化进程加快,物质生产和精神生产成为世界性行为,饱含民族特色的价值观已经跳出地域和语言的辖制呈现跨越性,不同民族间的价值渗透更具隐蔽性、渗透性。工业文化成为西方国家在全球传播价值观和建立文化霸权的主要武器,像好莱坞电影大多承载着向世界传递美国梦和美国精神的使命,除了宣扬个人主义,也在向世界传递一种美国领导全球的国家价值观。因此,在全球化和社会全面转型的背景下培养人才,关键是要增强大学生这一中坚力量对国家的认同感、归属感和使命感,增强大学生的公民意识和主权意识,强化大学生的风险意识和底线思维。习近平总书记指出:"面对波谲云诡的国际形势、复杂敏感的周边环境、艰巨繁重的改革发展稳定任务,我们必须始终保持高度警惕,既要高度警惕'黑天鹅'事件,也要防范'灰犀牛'事件;既要有防范风险的先手,也要有应对和化解风险挑战的高招;既要打好防范和抵御风险的有准备之战,也要打好化险为夷、转危为机的战略主动战。"①综观中华民族伟大复兴的发展历程,正是依托于强大的国家力量,中国才取得了举世瞩目的世界奇迹。因此,我们要高度重视对青年一代的国家观教育工作,完善国家观教育工作体系,不断创新传统国家观教育工作内容和形式。通过对大学生国家观的培养和研究,帮助广大青年形成正确的世界观、人生观、价值观,并将"三观"融入对待国家的态度上,认清经济全球化不等于政治、文化一体化,从而坚定对中国特色社会主义道路、理论、制度、文化的自信,时刻准备着进行具有新的历史特征的伟大斗争。

(二)有利于建设中国特色社会主义现代化强国

社会主义现代化强国,承载着近代以来中国人民实现中华民族伟大复兴的夙愿和梦想,夺取中国特色社会主义事业伟大胜利的目标和任务。大学生国家观教育为完成这一任务,实现这一目标提供了精神动力、社会条件、人才基础和道德支撑。

1. 有助于为实现中华民族伟大复兴提供支撑力

"我们比历史上任何时期都更接近实现中华民族伟大复兴的目标,比历史上任何时期都更有信心、更有能力实现这个目标。行百里者半九十。距离实现中华民族伟大复兴的目标越近,我们越不能懈怠。"②"支撑力"归根结

---

① 习近平在省部级主要领导干部坚持底线思维着力防范化解重大风险专题研讨班开班式上发表重要讲话,http://news. youth. cn/sz/201901/t20190121_11850693. htm。

② 《习近平谈治国理政》,外文出版社,2014 年,第 50 页。

底还是来自于人这个主体，又表现在实现中国梦的伟大实践中。中国梦的实现离不开广大青年为之奋斗，青年一代在实现中华民族伟大复兴奋斗中书写精彩人生，是当代中国青年运动的时代主题。青年是实现中国梦的主力军，大学生确立马克思主义国家观，是实现中国梦的题中应有之义。大学生树立正确国家观是实现伟大复兴中国梦的内在要求，"实现伟大中国梦的凝聚力和向心力同青年的国家认同和爱国情感是同向的、一致的，而正确的国家观的内容同中国梦的内在逻辑是一致的"①，具备正确国家观的大学生与实现伟大复兴中国梦的主体力量具有同一性。中国梦是历史的、现实的，也是未来的；是国家的、民族的，也是每一个人的。中国梦归根到底是人民的梦，必须紧紧依靠人民来实现，必须不断为人民服务。中国梦是为人民擘画的蓝图，它清楚展现了人民追求美好生活的愿景。行百里者半九十，建设中国特色社会主义不是一帆风顺、轻轻松松、敲锣打鼓就能实现的，实现中华民族伟大复兴的道路布满荆棘。

　　人才是衡量一个国家综合国力的重要指标，"青年兴则国家兴，青年强则国家强。青年一代有理想、有本领、有担当，国家就有前途，民族就有希望"②。从"两个一百年"奋斗目标的实现时间节点上看，中国梦属于青年一代，青年能够在一生当中亲身参与并见证"两个一百年"宏伟目标的实现，可谓是实现中国梦，青年正当时。从延绵不断的历史长河中看，中国梦属于每一位中华儿女，作为实现中华民族伟大复兴中国梦的参与者，如何看待、理解和处理个人发展同国家发展之间的关系，直接影响个人在实现伟大中国梦的进程中扮演怎样的角色、发挥怎样的作用。当前我国正处于深化改革开放的攻坚克难阶段和实现中华民族伟大复兴中国梦的蓄力冲刺阶段。实

---

　　①　郭灏：《论正确的国家观及其在青年中的树立》，《北京教育（德育）》，2017 年第 Z1 期。

　　②　习近平：《决胜全面建成小康社会 夺取新时代中国特色社会主义伟大胜利——在中国共产党第十九次全国代表大会上的报告》，人民出版社，2017 年，第 70 页。

现富强民主文明和谐美丽的社会主义现代化国家既需要关键群体,又需要丰厚精神滋养和清晰价值导向。因此,新时代的国家观教育应超越培养爱国情感的较低层次,提升到培育理性国家观这一层面,着力使大学生将爱国情感与理性反思结合起来,用切实的行动促进祖国发展,勇于担当时代赋予的历史重任。总之,实现中华民族的伟大复兴的中国梦,广大学子恰逢其时,也重任在肩,广大学子"既是追梦者,也是圆梦人。追梦需要理想和激情,圆梦需要奋斗和奉献。广大学子应以青春之我、奋斗之我,为中华民族复兴铺路架桥、为祖国建设添砖加瓦"[①]。

中华民族伟大复兴目标的实现,有赖于把个人梦统一于社会主义现代化建设的伟大进程中,离不开个人最大限度地发挥自己的聪明才智,发扬自己的主人翁担当精神。伟大复兴中国梦的落脚点在人民幸福,表明中国梦就是每一个中国人的梦,中国梦的实现就是要让更多的人享受国家发展的红利,享有人生出彩的机会。这样一来,中国梦使国家和个人的未来发展前景更加紧密相连,凝聚了最广泛的共识,形成了共同的价值目标,成为个人价值追求与社会整体价值趋向的"最大公约数",使国家发展与个人发展的内在逻辑关联性增强。必要性是指达到一定目标所需要的条件、因素,也就是说没有这些条件及因素,我们就无法实现既定目标。按照一般到个别的逻辑演绎序列,我们可以做出这样的逻辑假设,当前我国社会主义现代化建设的奋斗目标是实现伟大复兴的中国梦,大学生具备正确的国家观实现这一目标所需要的条件和因素。正确的国家观就是马克思主义国家观,树立正确国家观的目的是让大学生能够树立坚实的爱国精神,并以自身的行动促进国家的发展和进步。由此得出大学生国家观教育的必要性,大学生国家观教育就是培育大学生正确国家观所需要的条件、因素。继党的十五大

---

① 习近平:《在北京大学师生座谈会上的讲话》,《人民日报》,2018 年 5 月 3 日.

报告首次提出"两个一百年"奋斗目标后,党的十八大报告再次重申,在中国共产党成立一百年时全面建成小康社会,在新中国成立一百年时建成富强民主文明和谐美丽的社会主义现代化国家。

综观过往,从新文化运动、新中国成立到改革开放的今天,每到重大历史关头,先进知识分子们都能感国运之变化、立时代之潮头、发时代之先声,为亿万人民、伟大祖国鼓与呼。现如今,大学生作为先进知识分子的代表,是国家实现由富到强的关键群体。实现伟大复兴的中国梦大学生群体不可或缺,大有可为,大有作为,从这个意义上看,大学生群体就是实现中华民族伟大复兴所必需的要素。今天,我们比历史上任何时期都更接近中华民族伟大复兴的目标,比历史上任何时期都更有信心、有能力实现这个目标,而实现这个目标离不开只争朝夕的奋斗者和脚踏实地的奋斗者,中华民族伟大复兴的中国梦才能在奋力接棒中实现。实现中华民族伟大复兴是一个长期而艰巨的伟大事业,所需要的条件和因素也极其苛刻严格,正确的国家观的内容同中国梦的内在逻辑是一致的,大学生树立正确国家观能为实现中国梦凝心聚力。一言以蔽之,实现伟大中国梦需要具备正确国家观的大学生,大学生具备正确国家观是实现中国梦必要条件,大学生国家观教育则为实现中华民族伟大复兴提供了强大的支撑力。

2. 有利于维护国家统一、民族团结和社会稳定

国家统一、民族团结及社会稳定是一个国家教育的根本问题,即教育的根本职能就是要维护国家统一、民族团结和社会稳定,这也是国家观教育的目的所在。综观人类教育发展的历史,教育职能的划分可谓千千万,其最直接的职能就是政治职能。国家问题又是政治的中心问题,因而国家观教育是一门严肃的政治教育,不同性质的国家有着不同的国家观教育。国家问题是政治学中与现实生活密切相关的基本问题,西方许多政治理论家们几乎都把政治学理解为国家学,只不过他们眼中的国家是超阶级、非历史的。

因此在某种意义上,整个政治学的中心议题就是关乎国家本质、发展规律及其发展归属的追问。中国古圣先贤就有"欲化民成俗,其必由学乎"的训言教诲,凸显了教育在治国安民中的重要地位。

当今,教育已经成为对社会发展具有举足轻重意义的社会事业,世界各国无疑都将教育置于国家发展的战略高度。随着教育功能的扩大,现代国家无一例外地都在借助国家的力量组织、发展、协调教育事业,在这个过程中,国家意志无疑是主导性力量。为进一步普及和发展教育,许多国家往往用立法的方式确立教育制度,用行政的手段推行公立教育,使教育的国家责任成为一种必然。这种责任是什么呢?就是教育必须承担起将统治阶级关于国家的立场和观点灌输到公民意识之中,培养公民的国家观念和政治意识的责任。在此基础上调动公民对国家的热爱、忠诚和关切,让国家观成为联系公民、社会与国家的坚固纽带,成为人民团结、社会稳定、国家安宁的精神支柱。国家观教育就是教育的直接职能。从唯物史观来看,国家与教育都属于上层建筑部分,国家是由社会内部产生的,是平衡社会利益与权力的产物,当国家弱化其作为镇压性国家机器的作用时,教育无疑在维护社会秩序中起到了重要的作用,特别是在帮助国家传播主流意识形态、培养各类可靠人才、推动经济繁荣、提高全民族的科学文化水平、构建和谐社会等方面具有明显作用。有什么样的国家观教育就有什么样的国家观,有什么样的政治体制就有什么样的教育结构。教育问题的分析中隐藏着不同的国家观,这种观点又决定着我们对教育问题的分析和理解。事实上,对国家与教育关系认识的不同,在很大程度上取决于对国家理解的差异性上,即不同的国家观对教育有着不同的看法。教育在对人的培养、文化传承中形塑着人对国家的观点,教育作为国家柔性治理的重要手段对国家观的形成更具有先在性,而国家则又是理解教育制度的根本核心。教育的国家责任推动着国家观教育不断深化改革,增强大学生的公民意识,增强着年青一代对国家的认同感、归属感和使命感。同时，大学生思想观念和价值趋向的转变，也反向促进着他们自觉维护国家统一、民族团结、社会和谐，二者相辅相成，不可或缺。

国家问题是教育的本原性问题之一，国家观教育是教育的根本性问题。"古今中外，关于教育和办学，思想流派繁多，理论观点各异，但无一例外的是都主张在教育上必须培养社会发展所需要的人才，即培养社会发展，知识积累，文化传承，国家存续，制度运行所需要的人。"[①]马克思主义是我们立党立国的根本指导思想，马克思主义国家理论是大学生国家观教育的鲜亮底色。对大学生进行国家观教育，旨在维护国家统一和民族团结，增强中华民族的向心力和凝聚力。我国是统一的多民族国家，各民族之间只有团结一致，中华民族才能发展壮大，生生不息。对大学生进行马克思主义国家观教育，例如民族政策教育和基本政治制度教育，使大学生认识到中华民族五千多年灿烂的文明史是中华各民族共同创造的结果，各民族一律平等，各民族共同团结进步和共同繁荣发展，是各项事业取得胜利的保证。此外，大学生国家观的教育还可以进一步提高他们对民族分裂主义危害性的认识，深刻认识到各民族血肉相连，是一种你中有我、我中有你的相互依存关系，自觉维护社会稳定，与分裂势力作斗争。从当今世界范围来看，我们仍将处于阶级社会，国家作为支配性工具，是阶级统治的政治形式，而学校则是这一工具的物质附属物，是国家意识形态机构，承担着把国家理论作为一种一般理论传授给学生的任务。因此，高校大学生国家观教育，旨在使大学生群体了解国家，认同国家发展理念，形成对国家的热爱和忠诚，并提高其参与政治生活的能力，使其自觉抵制各种非马克思主义、反马克思主义、去马克思主义国家观点，自觉地与分裂势力作斗争。大学生国家观教育具有根本意义

---

① 习近平：《习近平在北京大学师生座谈会上的讲话》，《人民日报》，2018 年 5 月 3 日。

上的必要性,这是一场严肃的政治斗争。通过对大学生进行马克思主义国家观教育,能够提高大学生对维护国家统一重要性的认识,引导大学生自觉地与分裂势力作斗争,维护民族团结和社会稳定,为进一步坚持和发展中国有特色社会主义事业,创造一个稳定和谐的政治环境。

3. 有助于培养社会主义事业可靠接班人和合格建设者

"培养什么人,如何培养人",是高校教育需要解决的根本问题。国家观教育属于道德教育的范畴,本质上是一种公德教育。人无德不立,国无德不兴。习近平总书记关于教育方面的重要论述是习近平新时代中国特色社会主义思想的有机组成部分,突出强调立德树人是教育的根本任务,是高校思想政治教育的中心环节。习近平总书记在党的十九大报告中指出:"建设教育强国是中华民族伟大复兴的基础工程,必须把教育事业放在优先位置,深化教育改革,加快教育现代化,办好人民满意的教育。要全面贯彻党的教育方针,落实立德树人根本任务,发展素质教育,推进教育公平,培养德智体美全面发展的社会主义建设者和接班人。"[1]这一新时代下的教育理念,既具有中华文明的深厚根源,又展现时代的进步精神。坚持把立德树人作为中心环节,推进高校思想政治工作创新发展,努力实现全员育人、全程育人、全方位育人,继续开创我国高等教育的新局面,是党和国家培养人才的核心理念。

立德树人是一个完整的概念,立德是树人的一种方式,立德才能树人,树人是立德的目标,树什么样的人也就需要立什么样的德,立德与树人在理论上紧密相连,在实践中密不可分。大学生国家观教育与高校立德树人的内在契合性就在于,立德就是要立社会主义之德而不是其他,其本质特征是以为人民服务为核心、集体主义为原则的道德,引导大学生明大德、守公德、

---

① 习近平:《决胜全面建成小康社会 夺取新时代中国特色社会主义伟大胜利——在中国共产党第十九次全国代表大会上的报告》,人民出版社,2017年,第45页。

严私德,树立以国家民族的利益为重的道德意识。在新时代条件下,马克思主义国家观教育旨在使大学生在正确地认识社会主义国家本质、基本特征,及其制度优越性的基础上,树立起坚实的爱国主义精神,自觉巩固国家政权的稳定,捍卫国家安全、利益和主权完整,维护和塑造国家形象。这种正确国家观是一种以民族国家利益为重的道德意识,已经跳出了以私人、家庭乃至相邻为中心的道德关系,不属于私德范畴。教育的使命是教育的价值取向,使命的教育是教育的责任担当。在当今中国,高校立德树人的重要使命,就是引导学生自觉把个人理想追求融入党和人民、国家和民族的事业之中,树立与这个时代同心同向的理想信念,把理想抱负熔铸在脚踏实地的奋斗中,用身、用心、用情担当这个时代赋予的历史责任。由此可见,同为公德教育的高校立德树人与大学生国家观教育性质具有一致性,目标具有统一性。在实践中具体表现为,高校立德树人为培养的德智体美全面发展的社会主义事业可靠接班人与合格建设者积累"人文力",大学生国家观教育为培养德才兼备、又红又专的栋梁之材提供"协同力"。

4. 有助于进一步培育和践行社会主义核心价值观

社会主义核心价值观既是中国特色社会主义伟大实践在精神层面上的结晶,也是中华文明长期滋养的结果。培育和践行社会主义核心价值观为全面深化改革提供精神动力,引导着人们坚定不移地走中国特色社会主义道路。国家观本质上也是价值观,社会主义国家观的价值核心也就是社会主义核心价值观。在一定意义上,马克思主义国家观教育就是弘扬和培育社会主义核心价值观。社会主义核心价值观的概念本身就注明了它蕴含着社会主义国家的性质,是马克思主义国家观的题中之义。"我国爱国主义始终围绕着实现民族富强、人民幸福而发展,最终汇流于中国特色社会主义。

祖国的命运和党的命运、社会主义的命运是密不可分的。"①

从社会主义核心价值观的逻辑层次来看，"建设什么样的国家、建设什么样的社会、培育什么样的公民"②，分别对应着爱国的理想目标，即把祖国建设成富强、民主、文明、和谐的国家；爱国的价值取向，即建设自由、平等、公正、法治的社会；爱国的价值准则，即把爱国、敬业、诚信、友善设定为个人价值追求的目标和价值评价标准。从价值内容来看，社会主义核心价值观融合了个人、社会和国家三位一体的道德准则。这里的个人指的是社会主义现代化建设的劳动者，社会指的是中国特色社会主义社会，国家指的是社会主义中国，其基本逻辑主线就是社会主义劳动者在中国特色社会主义的实践活动中，正确处理个人与国家的关系，在维护国家利益的过程中实现个人利益，做到"利于国者爱之，害于国者恶之"。三个层面的价值追求，共同挚画出一幅中国特色社会主义隽美画卷，体现了中国特色社会主义在精神和价值层面的本质规定性与现实的目标追求。从教育主体的角度来看，大学生国家观教育的主体同培育和践行社会主义核心价值观的主体具有一致性。

中国共产党是社会主义核心价值观的最坚定信仰者和最积极传播者，是践行社会主义核心价值观的最高典范。党的十六届六中全会第一次明确提出社会主义核心价值体系这个重大命题和战略任务，党的十七届六中全会强调，社会主义核心价值体系是"兴国之魂"，建设社会主义核心价值体系是推动文化大发展大繁荣的根本任务。党的十八大提出"三个倡导"的社会主义核心价值观，即"倡导富强、民主、文明、和谐，倡导自由、平等、公正、法

---

① 习近平：《大力弘扬伟大爱国主义精神 为实现中国梦提供精神支柱》，《人民日报》，2015年12月31日。

② 《习近平关于全面建成小康社会论述摘编》，中央文献出版社，2016年，第115页。

治,倡导爱国、敬业、诚信、友善"①,作为对社会主义核心价值体系的最新概括。党的十九大报告指出,培育和践行社会主义核心价值观,要以培养担当民族复兴大任的时代新人为着眼点。社会主义核心价值观的内涵与外延不断丰富发展,表明党对社会主义初级阶段基本国情的认识不断深化,对社会主义现代化建设的认知更加全面,理论更加成熟,实践更加理性,这三个层次的核心价值观集中体现了当代中国爱国主义在价值目标上的统一。由此可见,通过国家观教育培养大学生对中国共产党的忠诚和热爱,也就是引导青年学生"做社会主义核心价值观的坚定信仰者、积极传播者、模范践行者"②。从国家观教育与社会主义核心价值教育之间的关系来看,二者相辅相成,相互促进。国家观教育可以使学生"深刻认识到,我们伟大祖国自古以来就是一个统一多民族的国家,各民族共同缔造了伟大祖国,各族人民共同捍卫了祖国的统一"③。这一"价值共识"内化为大学生团结奋斗的思想基础的过程,实际上也是培育和弘扬社会主义核心价值观的过程。

　　社会主义核心价值观通过不同层次的话语构建,成为新时代中国特色社会主义的价值引领。"在社会主义核心价值观中,最深层、最根本、最永恒的是爱国主义。"④马克思主义国家观的核心是爱国主义,进而言之,马克思主义国家观教育的根本目的就在于培养大学生马克思主义爱国主义观。爱国主义是一个常讲常新的话题,在当代中国,国家观教育是新时代爱国主义教育的新要求。大学生国家观教育旨在通过对中国特色社会主义道路的认同、对中国特色社会主义理论体系的认同、中国特色社会主义制度的认同,以及对中国共产党的认同,实现大学生对社会主义国家的忠诚、热爱,并转

① 《十八大以来重要文献选编》(中),中央文献出版社,2016年,第3页。
② 《习近平谈治国理政》(第二卷),外文出版社,2017年,第377页。
③ 董立人:《践行"四个认同"促进民族和谐团结》,《江苏省社会主义学院学报》,2010年第6期。
④ 《习近平关于全面建成小康社会论述摘编》,中央文献出版社,2016年,第120页。

化为自觉的报国之行。在我国,培育大学生爱国主义精神就是要帮助大学生牢固树立并自觉践行社会主义核心价值观,大学生在生活中积极践行社会主义核心价值观是弘扬爱国主义精神的具体表现。

（三）有助于推动构建人类命运共同体

随着全球化程度的进一步加深,"地球村"越来越小,"构建人类命运共同体"的呼吁已经得到来自世界的回响,"共商、共建、共享、共赢"这一极具包容性的人类国际交往价值观已变成全球共识。大学生马克思主义国家观教育旨在培养大学生立足民族又面向世界的爱国主义精神,对于推动构建人类命运共同体具有积极意义。

1. 有助于培育立足民族又面向世界的爱国主义精神

党的十八大以来,习近平总书记始终把弘扬爱国主义精神,与实现中国梦、世界梦统一起来,在全面汇聚实现中国梦的力量同时,又不断开辟着21世纪马克思主义国家观教育的新视野和新境界,具有广阔的国际视野和全球性思维。构建人类命运共同体既是一种价值哲学,又是一项外交策略,既是一种世界情怀,又是一种处世之道,其本质属于马克思主义爱国主义的国际原则范畴。大学生国家观教育,有助于培养大学生立足民族又面向世界的爱国主义精神,在维护本民族利益的同时,尊重各国人民选择的发展道路,进一步推动着人类命运共同体的构建。

随着人类个体和社会群体间的交流、交融与交易呈现出你中有我、我中有你的新特点,"中国方案"是,构建人类命运共同体,实现共赢共享。2011年《中国的和平发展》白皮书提出,要以"命运共同体"的新视角,寻求人类共同利益和共同价值的新内涵。2012年10月,"人类命运共同体"思想在党的十八大报告中公开提出。2013年3月,习近平主席在莫斯科国际关系学院发表演讲中,第一次向世界传递了他对人类文明走向的基本判断,"人类生活在同一个地球村里,生活在历史和现实交汇的同一个时空里,越来越成为你中有我、我中有你的命运共同体"①。2014 年 12 月,国际社会联盟举办的"人类命运共同体研究项目暨人类幸福保障工程成员命运共同体发展项目"启动,这一项目的启动为未来人类解决发展中的复杂难题提供可操作的兼顾人类各方利益的理论保障与实践方法。会议指出,人类命运共同体的核心思想是"人类在追求自身利益时兼顾他方合理关切,在谋求自身发展中促进人类共同发展。人类只有一个地球,共处一个世界,应以人类命运共同体意识促进国家间、民族间、地区间、企业间、家庭间、个人间的和谐互助、共生共利共荣,以人类文明幸福发展的可持续为使命,建立起社会利益互惠机制。人类命运共同体是人们在共同条件下结成的最具同心力的集体,也是人类获得文明幸福及可持续发展的保障"②。2017 年 2 月,"构建人类命运共同体"理念写入联合国决议。

2017 年 10 月,习近平总书记在党的十九大报告中提出,坚持和平发展道路,推动构建人类命运共同体,并在宪法修正中把"人类命运共同体"写入党章,成为习近平新时代中国特色社会主义思想的重要内容。2018 年 2 月,党中央在修改部分宪法内容时,增加"推动构建人类命运共同体"这一内容。2018 年 3 月,宪法修正案将原宪法序言第十二自然段中"发展同各国的外交关系和经济、文化的交流"修改为"发展同各国的外交关系和经济、文化交流,推动构建人类命运共同体"。2018 年 12 月,人类命运共同体入选《咬文嚼字》编辑部公布的 2018 年十大流行语。五年以来,中国始终以实际行动为构建人类命运共同体贡献中国力量,注入中国智慧。从"一带一路"倡议到"亚投行"创建,世界的角落都能听到中国方案的声音,留下中国善举的脚印,为解决当今世界难题、消弭全球各种乱象提供了中国钥匙。由此可见,

---

① 《习近平谈治国理政》,外文出版社,2014 年,第 272 页。
② 《人类命运共同体研究与发展开启了人类文明幸福发展的新时代》,http://renwu.youth.cn/qnsh/201412/t20141224_6331188.htm。

人类命运共同体的提出、倡导与推动,向世界表明了中国共产党始终做世界和平的推动者、全球发展的建设者、国际秩序的维护者、人类利益的关切者。

国际主义是超越国家界限的一种思想体系,其根本目的就是通过合作的方式反对共同的敌人,实现彼此的利益。国际主义本质上是一种意识形态,不同阶级和阶层的国际主义有不同的价值立场,无产阶级国际主义之外的那些形形色色的"国际主义共同体",在本质上都表现为排他性的零和关系。无产阶级国际主义属于马克思主义理论体系的重要组成部分,是国际共产主义运动实践中关于处理民族问题、无产阶级政党、社会主义国家和国际问题所要遵循的基本原则。为建立最广泛的国际统一战线,在全世界实现共产主义,马克思、恩格斯早在《共产党宣言》中就喊出"全世界无产者,联合起来!"①的口号。列宁进一步强调国家关系的阶级性,他坚信西方资本主义国家社会主义革命的产生,重申了"全世界的无产者和被压迫民族联合起来"的口号。列宁批判了小资产阶级民族主义爱国主义偏见,明确指出了无产阶级国际主义的具体原则,他认为:"无产阶级的国际主义,第一,要求一个国家的无产阶级斗争的利益服从全世界范围的无产阶级斗争的利益;第二,要求正在战胜资产阶级的民族,有能力有决心为推翻国际资本而承担最大的民族牺牲。"②斯大林强调,要进一步加强无产阶级国际主义的实践,"十月革命胜利以后,我们进入了第三个战略时期即革命的第三个阶段。这个阶段的目的是在世界范围内战胜资产阶级"③。

毛泽东把无产阶级领导的新民主主义革命理解为国家无产阶级革命的重要组成部分。他在《新民主主义论》中指出:"任何殖民地半殖民地国家,如果发生了反对帝国主义,即反对国际资产阶级、反对国际资本主义的革

---

① 《马克思恩格斯选集》(第一卷),人民出版社,2012年,第435页。
② 《列宁选集》(第四卷),人民出版社,2012年,第219~220页。
③ 《斯大林选集》(上),人民出版社,1979年,第23页。

命,它就不再是属于旧的世界资产阶级民主主义革命的范畴,而属于新的范畴了,……即无产阶级社会主义世界革命的一部分了。"①新中国成立以后,毛泽东继续坚持无产阶级国际主义原则,提出"一边倒"即倒向社会主义一边的外交政策。在社会主义建设的实践中,以毛泽东同志为主要代表的中国共产党人提出和平共处五项原则:"互相尊重主权和领土完整、互不侵犯、互不干涉内政、平等互利、和平共处的原则。"②邓小平在英国培格曼出版公司的《邓小平文集》序言中写道,我荣幸地以中华民族一员的资格,而成为世界的公民。他写道,毛泽东曾说过这样的话:"国际主义者的共产党员,是否可以同时又是一个爱国主义者呢? 我们认为不但是可以的,而且是应该的。"③总的来看,无产阶级国际主义是以追求无产阶级自身解放以及人类解放为最终目的,且更多表现为一种革命的国际主义。全球化势力对人类社会影响日益加深,全球化意识崛起,随着无产阶级队伍不断流动分化,阶级概念趋向模糊。每一个国家正逐渐成为"利益攸关者"和"命运攸关者",牵一发而动全身的格局正在凸显。因此,在传统利益格局的基础上,寻求利益交汇点,是共同应对国际挑战、推动人类社会整体进步的关键,也是人类获得文明幸福及可持续发展的保障。针对这种"命运与共"的客观现实,"人类命运共同体"应运而生,它是介于无产阶级革命国际主义与自由人联合体之间的过渡理念,旨在同各国人民一道,共同推进人类进步的正义事业。"在我们追寻理想社会的路途中,'人类命运共同体'的倡导和行动,正以另一种思维为'自由人联合体'创造契机。"④

---

① 《毛泽东选集》(第二卷),人民出版社,1991 年,第 668 页。
② 《建国以来重要文献选编》(第 17 册),中央文献出版社,1997 年,第 538 页。
③ 《毛泽东选集》(第二卷),人民出版社,1991 年,第 520 页。
④ 卢德友:《"人类命运共同体":马克思主义时代性关照下理想社会的现实探索》,《求实》,2014 年第 8 期。

2. 有助于人类社会向理想目标推进

"人类命运共同体"具有超越国家界限的包容性,国际主义联合的主体、方式,甚至是性质都发生了流衍,那么是否意味着人类命运共同体是一种超意识形态的思想理念呢? 答案无疑是否定的。从思想来源看,它源于国际共产主义运动实践。从思想本质上看,它属于马克思主义国际主义观。从理论形态看,它是中国特色社会主义理论体系的重要理论成果,是习近平新时代中国特色社会主义思想的重要组成部分。从方法论角度来看,它是党的十八大以来我国外交思想的核心,指导我国国际重大外交行动。从国际传播的角度来看,它是推进国际传播能力建设,创新对外传播方式的中国话语体系。

随着"人类命运共同体"认同国际化,"人类命运共同体"与爱国主义之间存在的内在张力逐渐显露。一方面是本土文化的内涵与自我更新能力逐渐模糊与丧失,另一方面是推进本土文化的创新与发展。那么构建人类命运共同体与爱国主义之间是否存在不可调和的矛盾呢? 答案是否定的。在我国,爱国主义本质上是爱社会主义国家,爱国主义教育本质是为实现共产主义社会提供不竭的精神动力。马克思、恩格斯提出的国际主义原则实际上包含了两层含义,其中最深层的内涵就是自由人联合体,即真正的人类命运共同体,也就是说,革命的国际主义是实现真正共同体工具,真正共同体是革命的国际主义的目标。人类命运共同体既不同于革命的国际主义"联合共同体",也不是马恩笔下共产主义性质的真正共同体,而是一个由前者向后者转变且兼具二者共同特征的"过渡性共同体"。这样的共同体既坚持工具理性,又追求价值理性,契合当前中国特色社会主义发展道路。中国共产党在领导和团结各族人民实现社会主义现代化的进程中,始终以一种博大的胸怀和包容的姿态,帮助诸多发展中国家搭乘中国发展的快车,共享发展机遇,彰显出一个大国应有责任担当。

那么人类命运共同体是否意味着在中国牺牲自己,成就他国? 答案是否定的。习近平总书记指出:"我们要坚持走和平发展道路,但决不能放弃我们的正当权益,决不能牺牲国家核心利益。"①人类命运共同体蕴含着立足本国、放眼世界的战略要义,体现着新型的义利观,并非只言义不言利。一方面可以通过参与全球治理形成的倒逼机制,推动中国国内改革,从中获得更多的和平发展机遇,为进一步深化改革营造良好的国际环境。另一方面中国的和平发展对世界的发展又形成了有力的正能量,并以自身的发展促进世界和平。此外,国家之间在相互依存中通过国际机制建设应对国际危机,推动国际社会朝着更加制度化和规范化的方向前进,但资本主义社会所固有的矛盾并没有消除,且正逐步丧失其存在的历史必然性,终将走向"历史的终结"。社会主义制度的优越性将在参与全球治理的进程中进一步凸显,"两个必然"科学预言并未失效,历史演变归根结底取决于人民群众的实践活动。

综上所述,极具包容性并凝结人类最大共识的"人类命运共同体"是时代发展的产物,它的价值目标契合人类发展规律,旨在世界发展多样化模式中寻找平衡点、最大公约数,以共商、共建、共享、共赢的原则,让人类共享美好未来;它优于单边主义、孤立主义和地区性国际主义,甚至革命的国际主义;它为人类未来发展走向提供了全新的思考视角,为推动世界和平发展贡献了一个可行方案。与此同时,我们不能漠视"人类命运共同体"的意识形态属性,世界范围内的阶级对抗、阶级意识依旧长期存在,人类步入共产主义社会离不开对这一命题的回答。无论全球化进程如何淡化阶级属性、模糊阶级界限,刻意的淡化、模糊阶级对抗都是不理智的举动。当然,这并不是主张回到冷战时期阶级对抗的僵化模式,更不是意欲回到以"阶级斗争为

---

① 《习近平谈治国理政》,外文出版社,2014 年,第 29 页。

纲"的那个狂热年代。因此,新时代的爱国主义一方面要突破传统爱国主义的狭隘性视野和格局,积极适应历史发展的新变化;另一方面要清醒地认识到我们还远没到共产主义国际主义阶段,必须把本民族的利益放在重要位置,切实维护好本民族利益。总之,人类命运共同体作为实现向自由人联合体的过渡,旨在同世界各国人民一道,共同推进人类迈向理想社会。

第四章 大学生国家观教育的目标、原则和内容

　　国家观教育的实践要求，是指在教育者意欲传递给教育对象关于国家的思想观点时所要遵循的目标要求、原则要求和内容要求。我国大学生国家观教育本质是马克思主义国家观教育，必须遵循马克思主义关于国家本质的有关论述，但同时，它又不仅仅局限在马克思笔下那个"国家机器"的本体观，而是有着更宏大广阔的格局。在当代中国，大学生国家观教育被赋予民族特色和时代使命，有着更为丰富的内涵。

一、大学生国家观教育的目标

　　大学生国家观教育的目标是大学生国家观教育过程的起点和归宿，是实施教育活动的依据，也是检验教育效果的标准。大学生国家观教育集中体现了国家、社会和教育者对大学生在国家观念方面的期望，它在整个国家观教育过程中起着导向、激励、调控的作用。国家观教育目标是一个动态有机系统，它贯穿于所指向过程的始终，是制定教育计划、选择教育内容和方法的前提。目标的确立以党的路线方针政策、大学生思想实际、国家观教育

现状为基本依据,呈现出历史的、发展的、复杂的特征。

(一)增进对国家的认知和认同

增进对国家的认知和认同是大学生国家观教育的近期目标。近期目标是指在较短的时间内能够实现的目标,它反映了我国弘扬爱国主义精神的现实紧迫性,是当前大学生国家观教育所要达到的预期效果,具有一定的现实性、具体性和可操作性。近期目标也称为战术目标,近期目标是中期和长目标实现的基础,关涉到后两个目标实现。从国家观教育的现状来看,大学生国家观教育被化约到爱国主义教育之中,而我国大学生爱国主义教育长期以来局限在列宁对爱国主义的定义中,即着重于对祖国深厚情感的培养。于是,在进行爱国主义教育时,多局限在利用感性材料介绍和说明,来激发大学生的爱国热情,导致大学生对国家整体概念的认识缺位,由此又引发理性践行爱国行为无力。从国家观形成内在机制来看,大学生树立正确的国家观认知是一个反复实践的复杂过程,但相较于国家观认同和理性爱国行为的自觉践行,它又是一个较容易完成的目标。大学生国家观认知与认同是践行理性爱国行为的基础,没有认知则没有认同,没有对国家的认同,更谈不上践行爱国行为。就认同阶段本身来看,大学生对社会主义国家的认同又包括了认知认同、情感认同、理性认同、行为认同四个阶段,特别是实现大学生对国家的情感认同,这个过程是非常缓慢的,需要多个要素形成共同合力。此外,理性认同是比情感认同更高层次的认同,这一阶段的大学生能够正确认识自己肩负的历史使命和社会责任,具有忠诚于国家,并把个人利益与国家利益统一起来的国家利益观,把个人的发展同祖国的发展统一起来的责任观。

从大学生国家观教育目标来看,相较于后两个目标,实现大学生对社会主义国家的认知和认同具有可操作性。大学生国家观的认知与认同属于"内化"的范畴,这种由外而内的"内化教育"也是教育的根本路径。关于内化教育的模式,中西方教育界进行了积极的探索,积累了丰富的经验,取得了巨大的成果。例如杜威民主主义与教育中"从做中学""学校即社会""教育无目的"等思想,提高了教育的实效性。我国思想政治教育主体经历了单主体、双主体、多主体和交互性主体的历史逻辑发展。教育方式大致经历了从最初的夜校、补习学校到后来的课堂、报刊、会议,再到现在的电视、电影、网络等新型媒体,最后形成多元互动的教育模式。此外,随着思想政治教育范式现代性转换,研究者们也深刻认识到承担思想政治教育功能,并不为思想政治教育所独有,而是需要哲学社会科学在功能上相互配合、补充和促进,多领域、跨学科之间的相互借鉴,这也是思想政治教育学科不断发展完善的内在要求。特别是在我国,国家观教育内蕴在思想政治教育实践中,思想政治教育的发展完善无形中增强了国家观教育的实效性,也为大学生国家观教育清晰化提供了经验条件。

总之,无论教育如何变迁,人类教育所达成的共识就是提升"内化"的实效性,这也是世界范围内教育都在关注和讨论的话题。因此,从"内化"的角度来看,大学生国家观认知和认同可以作为国家观教育的近期目标,尽管这一内化教育也是一项艰巨的任务,而"外化"更多的是呈现出不确定性和操作的局限性。

(二)自觉践行理性的爱国行为

自觉践行理性的爱国行为是大学生国家观教育的中期目标。中期目标是指需要相对较长时间的努力才能实现的目标,它是连接短期目标和长期目标的桥梁。没有爱国主义教育也就不会自发产生爱国主义情感,如果说爱国情感是凝聚前进动力的源泉,那么自觉践行理性爱国行为的中期目标就是大学生国家认知和认同教育的落脚点和归宿。同时,自觉践行理性爱国行为的中期目标又是大学生树立坚实的爱国主义精神的中间环节。成绩拿高分,不叫有知识;茶余饭后的高谈阔论也不叫有知识,真正的知识是能够帮助行为主体作出实际决策。同样,爱国不是简单表达对祖国的热爱之情,爱国在任何时期、任何条件下都是具体的,只有将爱国情感转化为实际爱国行动才有意义。正所谓知国爱国才能报国,况且在报国的行为当中又存在理性与非理性之分、积极与消极之分,更遑论实现自觉践行理性的爱国行为。因此,从认知、认同到行为是一个经过长时间努力才能实现的目标。

从理性爱国行为形成逻辑来看,理性爱国行为的养成不是一朝一夕、一蹴而就就能完成的任务,而是需要相对较长的时间才能实现。自觉践行理性的爱国行为是大学生国家观教育的落脚点和归宿。从现实状况来看,大学生理性爱国行为抒发无力,尤其在面对国家现象和问题时,大学生群体一方面表现为"爱国情感有余"而"爱国行为不足"的"口水式爱国主义",在实际参与的行为上存在偏差。另一方面表现为"庸俗爱国主义",把爱国主义工具化,例如动辄就打出"用国货就是爱国"口号。这种经济式爱国主义是反经济全球化的表现,是一种缺乏国际主义的视野和人类命运情怀的民族主义,其本质是马克思主义所批判的资产阶级狭隘视野的民族主义。从大学生群体特征来看,他们作为最有活力与朝气的群体,具备拳拳爱国心、满腔爱国情,具有可观的可塑性与前瞻性。但同时他们在爱国认知上存在模糊性,在爱国情感上体现情绪化,在报国行为上呈现片面性,容易被社会环境所左右,被反华敌对势力所利用。总之,从情感上来看,爱国不需要理由,但从行为上讲,报国需要理性。大学生走好理性报国之路,是一项需要多方合力才能完成的任务,具有长期性和艰巨性,大学生国家观教育就是帮助大学生理性认识爱国主义的实践活动,而实现理性报国之行为,是大学生国家观教育的一个中期目标。

尽管外化为行为表现是大学生国家观教育的最终目的,相较于爱国主义精神,它还不是一个最终目标。在不同的社会发展阶段,对于理性爱国行为的要求不同,也就是说理性爱国行为要反映某一社会发展阶段的特点,呈现出阶段性和过渡性的特点,而爱国主义精神则更像悠悠民族之魂,具有普遍性和持久性。

(三)提升爱国主义的精神境界

提升爱国主义的精神境界是大学生国家观教育的长期目标。长期目标是指需要相当长的时间才能实现的目标,也可以称为战略目标。它贯穿于大学生国家观教育的全过程,是大学生国家观教育所要达到的最终预期效果。大学生国家观教育的长期目标就是要树立马克思主义爱国主义精神和信念。《科学社会主义百科全书》把爱国主义解释为:"源于人民对哺育自己成长的家乡、民族和祖国的深厚情感,逐渐升华形成的一种维护祖国利益的行为准则和坚强信念。"[1]习近平总书记在中共中央政治局第二十九次集体学习时强调:"弘扬爱国主义精神,必须把爱国主义教育作为永恒主题,让爱国主义成为每一个中国人的坚定信念和精神依靠。让爱国主义精神在广大青少年心中牢牢扎根,……让爱国主义精神代代相传、发扬光大。"[2]在我国,马克思主义爱国主义精神处于一个更高的层次,具体表现在以下几个方面。

从系统论角度看,爱国主义精神是由诸要素按一定方式构成的有机体。爱国精神的实现既需要内部诸要素的整合,又离不开与外部条件系统的互动,将其固化为情感认同,转化为思维方式,外化为行为模式,凝聚成稳定的精神存在是一个长期的过程,而非"毕其功于一役"就能完成的任务。从内涵来看,它是一个情感、思想和行为的统一体。内涵就是爱国主义精神这一概念的内容,它包括对祖国的深厚情感、对国家理性的认同以及自觉的践行,这三个不同的层面相互联系、相互渗透,不可分割。从概念来看,它具有高度的抽象性。马克思主义爱国主义精神具有普遍性和继承性的特征。民

---

① 《科学社会主义百科全书》,知识出版社,1993 年,第 197 页。
② 习近平:《大力弘扬伟大爱国主义精神　为实现中国梦提供精神支柱》,《人民日报》,2015 年 12 月 31 日。

族精神是一个多内容、多层次的文化系统,爱国主义精神是民族精神的核心,是民族精神中鲜明清晰的主线,爱国主义精神这条主线是中华民族凝聚力和向心力的精神源泉。从范围上看,树立起坚实的马克思主义爱国主义精神是对于中华民族整体而言,而大学生群体是这个群体中的重要对象,大学生树立坚实的马克思主义爱国主义精神,是我国全体公民树立坚实的马克思主义爱国主义精神的重要组成部分,二者是整体与部分的关系。从性质来看,马克思主义爱国主义精神剔除了爱国精神中的消极成分,抽象出最优秀和最有价值的精髓。社会主义爱国主义精神以中华优秀传统文化中的爱国主义精神为滋养,同时,它对中华民族传统文化中的狭隘部分进行了扬弃,继承了其合理的成分。例如"先天下之忧而忧,后天下之乐而乐""国家兴亡,匹夫有责""苟利国家生死以,岂因祸福避趋之"中所蕴含的责任意识、担当意识和报国之志,都是新时代我们所要倡导的爱国主义精神。从马克思主义爱国主义精神的产生来看,它是一种新型的、进步的、正义的、崇高的爱国主义精神。马克思主义爱国主义精神不是本身就有的,它是马克思主义科学的世界观与方法论同中国具体革命实践相结合的产物,具有必然性和正义性的特征。爱国主义是一个历史范畴,反映了它所存在的那个历史时期的进步的思想观点和行为模式。传统的爱国主义精神已经不能救中华民族于危难之中,外部移植过来的爱国思想也无法成为引领民族团结的一面旗帜,马克思主义爱国主义精神应运而生,并且在这种崇高精神的鼓舞下实现了近代以来中国历史最伟大的变革。

历史雄辩地表明,历史上的爱国主义者在经过艰难曲折的探索之后,最终都选择社会主义道路,并在这条道路的指引下,逐步培育起马克思主义爱国主义精神,中国共产党则是践行这种精神的最高典范。正义性是指马克思主义爱国主义精神代表了人类共同的利益,它的最终目标是共产主义爱国主义精神,是各民族不分彼此大联合和大融合的精神支撑。在进入共产主义社会之前的社会主义阶段的爱国精神,既忠实地维护本民族的利益,同时又坚持国际主义原则,强调世界各民族平等,是将民族主义与国际主义统一起来的爱国主义精神。

二、大学生国家观教育的原则

"原则不是研究的出发点,而是它的最终结果。"①教育原则是从教育活动中抽象出来的,符合教育规律的具体表现。国家观教育原则是国家观教育规律的基本反映,是高校大学生爱国主义教育实践经验的概括和总结,它为大学生国家观教育实践提供理论指导。一般而言,教育原则可以分别从哲学的角度、方法论的角度和价值论的角度进行表述,通常这三种基本原则常常是交叉在一起的,不存在没有价值导向的教育,缺少哲学思考的教育难以为继,不遵循教育规律的教育必将走向失败。大学生国家观教育原则是教育者在从事国家观教育活动时所必须遵循的基本准则和依据,它服务于特定的教育目的,是指导国家观教育活动,保证国家观教育的方向性质的保障。质言之,大学生国家观教育原则是开展教育活动必须遵循的规律性原则,是处理这一教育过程中一些基本矛盾和关系的准则,笔者将从以下四个方面阐述国家观教育原则。

（一）政治性与社会性相结合的原则

国家观作为一种政治教育,政治性与社会性原则是由国家的两个基本职能,即政治职能和社会管理职能决定的。也就是说,在对大学生进行国家观教育的过程中,既要讲清楚国家阶级压迫的工具职能,又要讲清楚国家调节社会的管理职能,既要激发大学生对国家的热爱和忠诚,又要引导大学生

---

① 《马克思恩格斯选集》(第三卷),人民出版社,2012 年,第 410 页。

积极投身于社会主义现代化建设之中,既要摆明国家观教育立场和方向,又要回归国家观教育价值旨归。毛泽东指出:"没有正确的政治观点,就等于没有灵魂。"①列宁在《国家论》中指出,国家问题是"全部政治的基本问题,根本问题"②。马克思主义认为,政治是阶级社会的产物,是建立在一定经济基础之上的上层建筑,其核心是国家政权。政治性又被称为方向性、阶级性或意识形态性。在阶级社会中,政治教育是一种方向性的教育,其目的在于培养公民的政治意识、政治素养和政治能力等,以维护统治阶级政治合法性和稳定性。

我国大学生国家观教育是一种政治教育,是一种帮助受教育者树立马克思主义国家观的教育活动,它以马克思主义国家学说和中国特色社会主义思想体系为指导思想,帮助人们正确地认识社会主义国家的基本特征和性质,这也是国家观教育的目标。这种教育应该服务于人民民主专政的国家政权,服从于中国共产党关于国家的指导思想和路线方针政策,并为党的路线方针政策宣传落实发挥积极作用。由此可见,马克思国家观教育直接体现无产阶级专政的政治要求,服务于无产阶级国家政权,从这个角度看,国家观教育有很强的政治性。所谓的根本原则就是指在大学生国家观教育的过程中,教育者所必须掌握和遵循的,体现国家观教育的根本属性和特征的、内在的中心准则。我国的国家观教育是社会主义国家观教育,不是其他什么国家理论的教育,这一点在任何时候都不能动摇,国家观教育的目标、原则、内容必须体现我国社会的性质,离开了政治性原则的国家观教育,其社会职能的价值难以实现。因此,必须重视和强化以力量信念为落脚点的马克思主义国家观教育,大学生把马克思主义国家观升华为坚定理想信念,

---

① 《毛泽东文集》(第七卷),人民出版社,1999年,第226页。
② 《列宁选集》(第四卷),人民出版社,2012年,第25页。

也就坚持了正确的政治方向,也就有了铁的纪律。

社会性原则是由国家的管理职能决定的,任何政治职能的实现都是以社会职能的实施为前提。离开了社会性原则,政治性原则就会成为空中楼阁。马克思主义经典作家认为,"无产阶级革命专政"是从资本主义社会到共产主义社会的过渡阶段,这个过渡阶段是一个具有不同发展的历史时期,过渡时期中的国家仍有政治职能,还是政治国家。过渡阶段国家正在消亡,列宁称这个时期的国家为"半国家",其显著特点是政治职能正在缩小减弱,社会职能正在扩大增强。当前,我国正处于社会主义初级阶段,还不是列宁笔下的社会主义社会,但国家的政治职能正在缩小,例如在处理群体事件时,坚持依法办事、减少使用暴力,尽可能预防和妥善处理,以防止事态扩大。大学生国家观教育过程中,既要遵循国家职能嬗变规律,特别是大学生因爱国问题导致的群体性事件,要妥善处理这种内部矛盾,避免因处理不当导致矛盾激化,又要结合具体实际阐释好国家职能变迁,让大学生切实感受到物质生活的改善、民主生活的进步、精神生活的丰富,从而进一步坚定共产主义信仰。坚持社会性原则,一方面要发挥国家组织、管理和协调职能在大学生国家观教育过程中的作用,办好人民满意的教育。党和国家应该对大学生国家观教育协调、统筹规划,加大教育投入,合理配置教育资源,让每个人都有平等机会通过教育改变自身命运、成就人生梦想。另一方面大学生国家观教育要满足建设社会主义现代化建设的需要,培育担当民族复兴大任的时代新人。它必须坚持与时俱进,积极适应时代发展的需要,以解决大学生思想问题为切入点,以提高大学生获得感为着力点,引导大学生在实现伟大复兴中国梦的进军中放飞青春梦,为祖国繁荣富强添砖加瓦、铺路架桥。

(二)继承性与创新性相结合的原则

继承性与创新性相结合的原则,是马克思主义国家观教育的核心原则。

在我国,大学生国家观教育准确的说是中国化马克思主义国家观教育,马克思主义国家学说与中国教育实际相结合的产物,中华传统文化就是中华民族最根本的、最独特的实际。"我们有 5000 多年源远流长的文明历史,是世界古代文明中唯一没有中断而延续至今的。"①身为中华儿女应了解中华民族历史,秉承中华文化基因。"中华优秀传统文化是中华民族的突出优势,是我们最深厚的文化软实力"②,也是马克思主义国家观教育的理论渊源。继承性是指大学生国家观教育要继承中华优秀传统文化中关于国家治理的思想和国家观教育的思想。政治与伦理相融合是中国传统社会的重要特征,在特定的历史条件下发挥了维护社会稳定、国家康泰的作用。例如"家国同构""家国一体""由家及国"思想,抛却封建社会"家天下"时代局限性,这一思想在当今仍具有方法论意义。在儒家的国家观念体系中,治家被看成国家治乱的基础,"欲治其国,先齐其家",修身齐家才能治国平天下。家是最小国,国是千万家,爱国才能保家,爱家才能强国。

习近平总书记在会见全国文明家庭代表时强调:"国家好,民族好,家庭才能好","历史和现实告诉我们,家庭的前途命运同国家和民族的前途命运紧密相连"。③ 把实现民族梦融入家庭梦之中,才能心往一处想,劲往一处使。习近平总书记在 2018 年春节团拜会上的讲话中指出:"千家万户都好,国家才能好,民族才能好。"中华民族自古以来就重视家庭、重视亲情教育,这些包含爱国意识的伦理议题,和这种由内及外,从家到国的外推式教育路径,都是我们进行国家观教育应该吸收继承的。再比如"知行合一""天人合一""天下大同"中蕴含的"共同体"意识,为我们探讨人类命运共同体提供

---

① 习近平:《在庆祝香港回归祖国二十周年大会暨香港特别行政区第五届政府就职典礼上的讲话》,人民出版社,2017 年,第 14 页。
② 《习近平谈治国理政》,外文出版社,2014 年,第 155 页。
③ 《习近平谈治国理政》(第二卷),外文出版社,2017 年,第 354 页。

了宝贵经验,其涵容性与开放性也为当今国际解决"文明冲突"提供了思路。由此可见,中华传统文化这座富矿中蕴藏着丰富的国家理论资源,它标界了国家发展的精神线索,并构成整个民族延续发展的内在动力,我们要充分利用好这一深厚的文化软实力,以更好地凝聚起实现中华民族伟大复兴中国梦的磅礴力量。

中华传统文化是大学生国家观教育的文化基因和胎记,必须尊重和传承中华民族历史和文化,用时代精神激活中华优秀传统文化的生命力。同时,我们也要注意剔除那些有违时代精神的糟粕思想,例如"忠君爱国""朕即天下"等封建思想,把政治共同体异化为一家一姓之私有,成为封建君王谋求私利的囊中之物。因此,创新性是指对中华传统文化中关于国家的理论学说和国家观教育的思想创造性继承与转化,用中华民族优秀传统国家观思想滋养马克思主义国家观,用马克思主义国家学说引领中华传统国家观思想,夯实根与魂的支撑,提振时代新人的精气神。他山之石可以攻玉。坚持立足民族又面向世界,是新时代弘扬爱国主义精神的题中应有之义。大学生国家观教育实现创新,既要立足于本国,又要面向世界,吸收人类文明成果中关于国家理论的优秀学说,借鉴西方国家关于国家观教育的科学方法,才能不断赋予大学生国家观教育新的生机与活力。

(三)理论性与实践性相结合的原则

理论性与实践性相结合的原则,是马克思主义国家观教育的基本原则。所谓的基本原则就是指在大学生国家观教育的过程中,需要教育者掌握和遵循的,能够体现国家观教育基本属性和特征,具有一般意义和普遍意义的基本准则。国家观教育首先是一种理论教育,目的在于引导大学生树立正确的国家观。所谓的理论原则是指,马克思主义国家理论作为严密、系统的理论体系,它不可能在大学生群体中自发形成,而是要从外部灌输进去,这里的理论"灌输"侧重于价值论的角度,而非指在方法层面的运用。只有通过经常性的理论灌输,才能形成一种心理定式,并逐步转化为情感认同,内化为逻辑认同,最终外化为理性行为。正确的国家观思想,一旦被大学生掌握,就会转化为处理个人与国家关系的物质力量,例如当个人利益与国家利益发生冲突时,自觉选择维护国家利益。因此,必须毫不动摇地坚持理论灌输。

其次,要加强理论引导。理论灌输目的是使先进理论成为大学生认识、分析、解决问题的行动指南,从大学生最关心的国家问题入手,针对时下热点难点进行教育,提高明辨是非的能力,引导大学生运用马克思主义国家观立场、观点、方法,去认识、分析和处理各种国家问题,使他们在波诡云谲的国际环境中保持头脑清醒,在中华民族伟大复兴的关键时期坚定共产主义理想信念。

最后,要推动理论创新。毛泽东认为:"马克思这些老祖宗的书,必须读,他们的基本原理必须遵守,这是第一。但是,任何国家的共产党,任何国家的思想界,都要创造新的理论,写出新的著作,产生自己的理论家,来为当前的政治服务,单靠老祖宗是不行的。"[1]推动理论创新是马克思主义的本质要求,理论只有彻底才能说服人,所谓的彻底就是要抓住事物的根本,抓住事物根本的理论才具有科学性,要抓住事物的根本就要不断创新。问题是矛盾的具体表现,问题是创新的起点,创新始于问题,问题倒逼创新,在国家理论创新的过程中要始终坚持问题导向。在中国特色社会主义事业的伟大实践中,坚持因时而进,改革创新宣传思想工作,扎实推进国家观理论新飞跃,不断推进国家观教育实践创新,为新时代大学生国家观教育打开新局面,明确主攻方向。

实践原则是指,国家观教育的理论来源于实践,又在中国特色社会主义

---

① 《毛泽东文集》(第八卷),人民出版社,1999 年,第 109 页。

的实践检验中实现理论的再次飞跃,把中国化马克思主义国家观理论逻辑与中国特色社会主义实践的历史逻辑统一起来,并针对实践过程中出现的问题不断进行理论修正和调适。学以致用不仅是我国古代道德教育的优良传统,更是中国共产党思想政治教育的优良传统和政治优势。我们通常把理论联系实际作为马克思主义的基本原则,这无疑是正确的,但仅从哲学层面一般表达会导致这一基本原则模糊化,甚至与客观现实相脱节。例如别的思想体系中就不包括这一原则了吗?其他形式的主流意识形态教育就不包括这一原则了吗?所以,问题的关键在于,用什么理论联系什么实际的问题,否则这种理论再好也没有意义。马克思主义国家理论所要联系的实际是中国特色社会主义事业,所要关切的是人民群众的根本利益。因此,大学生马克思主义国家理论灌输要与国家发展现状相结合,解决政治现实问题,让大学生在实践中切实感受到理论价值,从而增强理论的自觉性和自信心。正确的国家观不是一经习得就束之高阁的艺术品,树立正确的国家观目的是帮助学生正确认识社会主义国家,妥善处理个人与国家的关系,为维护国家稳定、促进国家发展而努力奋斗。新时代大学生国家观教育要矢志不渝地坚持实践推进、理论创新与理论武装相统一,用新理念、新思想、新战略谱写大学生国家观教育实践新篇章。

（四）统一性与灵活性相结合的原则

统一性与灵活性相结合的原则,是马克思主义国家观教育的具体原则。所谓的具体原则就是指根据不同的教育目标、教育对象和教育环境的具体情况,以及教育环节的特点而提出的教育原则,旨在使国家观教育更加具有针对性和实效性。国家观教育本身就是一个按照一定的方式连接起来的具有稳定倾向的统一体。这种统一性首先表现在,坚持和加强党对大学生国家观教育的统一领导。建设教育强国,办好人民满意的教育离不开党的统一领导和统一部署。"教育是国家和民族发展最根本的事业"①,要加强党对教育工作的全面领导,用党的理论武装头脑,加强党的基层组织建设,明确政府发展和管理教育的责任。邓小平指出:"教育事业,决不只是教育部门的事,各级党委要认真地作为大事来抓。"②

其次是多种形式的教育相统一。国家观教育是提升大学生国家认同,弘扬爱国主义精神的重要组成部分。当前,提高大学生思想道德水平和文明素养,增强"四个自信",巩固实现中国梦而努力奋斗的思想基础,需要把国家观、历史观、文化观、民族观、宗教观教育统一起来,形成强大的正向合力,才能在新时代条件下继承和发扬爱国主义传统。

再次是用法治精神抓整体落实。教育作为一项国家事务理应由法律规定,国家观教育是全面贯彻党的教育方针的迫切需要,是培养担当民族复兴大任时代新人的需要,其权威性应该受到法律的保障。在大学生国家观教育过程中,针对现实出现的问题,加强立法,做到有法可依、有法必依、执法必严、违法必究。这并非是要在全社会制造一种法制恐慌,而是指国家观教育活动必须在宪法、法律、法令、法规和社会道德规范允许的范围内开展。因此要加强教育立法、修法进程,形成全国性统一的法律、法规。法制是指国家的法律与制度的统一,是复杂国家机器的重要组成部分。法制意味着法律的实施,在法制实施的过程中要于法有据,用法治精神推动各项工作落实。国家观教育是社会主义国家教育的重要组成部分,决定了它应坚持社会主义办学方向,与社会主义教育方向相统一。

最后,评价标准要统一,坚持一把尺子量到底,"按图索骥"才能最大限度地减少人为的偏差。评估标准是衡量大学生国家观教育过程和效果的客

---

① 《改革创新推动教育事业发展——论学习贯彻胡锦涛总书记在全国教育工作会议上的重要讲话》,《西藏教育》,2010 年 10 期。

② 《邓小平文选》(第二卷),人民出版社,1994 年,第 95 页。

观价值尺度,事关评估的成败,因此要加强对大学生国家观教育成果评价标准体系的研究,统一标准。

国家观教育的实施有一定目的,但不一定完全有计划、有组织。在一定条件下,国家观教育具有随机性,需要灵活地进行。例如在民族观教育的过程中,设置多民族国家认同危机的焦点议题,把对民族认同危机解读延伸到国家认同上来,分析二者的互动关系,以及影响民族认同的变量,提升大学生对国家认知、认同。大学生国家观教育是公民教育的重要组成部分,具有教育的普遍性底色,需要综合运用其他学科的相关知识,整合各主导场域的教育资源,需要结合教育的条件实际和大学生群体的思想实际。因此,教育者在教育活动中要根据各种因素的差异和变化,弹性、灵活、富有变通性地组织活动,争取教育效果最大化。例如在进行马克思主义国家观教育的过程中,由于理论的抽象性和乏味性,会使大学生失去兴趣,此时,就需要教育者因地制宜、因时制宜、因材施教,适时地增加趣味性语言,或者结合时下热点抛出问题,激发学生兴趣,使其产生疑问。总之,坚持灵活性原则也是国家观教育回归教育规律,增强大学生国家观教育获得感的保证。

三、大学生国家观教育的内容

国家观教育的内容是指在国家观教育活动中,教育者所意欲传递给教育对象的有关国家的思想观点。目标决定内容,内容指向目标,教育内容就是教育目标的具体化。大学生国家观教育的内容旨在回答"教什么"这一问题。大学生国家观教育的内容本质上就是马克思主义国家观教育的内容,马克思主义国家观教育的内容既包括马克思主义经典作家关于国家的理论学说,又包括后来者立足于本国实际对马克思主义关于国家理论的继承、创新、发展。大学生国家观教育的目标是让大学生科学地认识国家,树立正确的国家观,增强"四个自信",正确的国家观就是担当民族复兴大任的时代新人所应具备的国家观。因此,它不仅仅是关于国家是什么的基本观点和总的看法,还应该是关于个人与国家关系和国家间关系的看法和观点,这种关系包括情感关系、道德关系、利益关系、权利与义务关系、发展关系、国际关系等。因此,在新时代条件下,大学生国家观教育的内容主要包括,关于国家的一般理论教育,中国特色社会主义国家认同教育。这一内容的序列安排符合国家源于政治性工具渐次归于无用而终于消亡的逻辑顺序,也符合从普遍到特殊的认识规律。

(一)马克思主义关于国家的一般理论

马克思主义国家观是无产阶级政党处理国家问题的世界观,也是无产阶级政党的价值追求和价值标准。一般意义上,马克思主义国家观可分为广义和狭义两种界定,广义上的马克思主义国家观是马克思、恩格斯关于国家的观点和立场,还包括后来者对这种学说的继承和发展。狭义上的马克思主义国家观只概括为马克思、恩格斯关于国家的学说,包括国家的起源、本质、职能、更替、消亡等。基于研究实际的需要,本书从广义上探讨马克思主义国家观。对大学生进行关于国家的一般理论教育,就是让大学生形成对国家起源、本质、发展、消亡的整体认知。一般理论教育是大学生国家观教育的前提性基础,也是大学生的国家观教育逻辑起点,只有科学的认知才能正确理解、增进国家认同,大学生只有立足于唯物史观,才能更好地知其然,知其所以然。

综观过往形形色色的国家观,有些国家观学说并没有真正揭示国家的本质,反而进一步引起了人们对国家认识上的混乱。关于国家的起源,先秦儒家认为,家国是同构的,国是小家,家是大国,国家不过是家庭或其他组织形式的扩展。事实上,儒家的家国同构思想没有注意到私人领域与公共领域的差异性,将家庭伦理中的孝扩展到社会和政治领域,将忠孝作为君臣间的规范,把国仅仅理解为家的扩大化。

古希腊、罗马时期关于国家的学说内容丰富,尤其在国家的起源、本质和政体等方面,对后来国家理论的发展产生了深远影响。柏拉图认为,国家是社会的分工的产物,国家的产生是人类生活需要的结果。但他把国家和社会混淆在一起,用社会的起源代替国家的起源。"人天生是政治动物"是亚里士多德率先抛出的一个著名命题,他认为只有过城邦的生活,人的本性才能够实现。亚里士多德认为,国家是许多家族及村落的联合体,本质上是为了达到完美的自治的生活而组织的,是一个人们过上体面生活的社会共同体。在柏拉图、亚里士多德的时期,国家的产生是基于人的本性自然而然产生的,既不是从来就有的,也不是神秘外力的产物,更不是主观意志下的结成社会契约,而是在人类发展过程中,作为政治动物的人的本性的需要产生了国家,也就是说国家处于一个自然潜在的状态,这一观点也长期为人们所认同。在国家的起源本质的论述上,自由主义者把国家看成人性的需要,社会契约的结果。他们认为国家不过是个人为了本身利益而组织起来的一种模式,国家起源于社会契约,是人民协议的产物。即人们为了使自己生活得更好,个体通过让渡权力组成国家,国家存在的目的是及时保护公民的权利。在康德笔下,国家是抽象的绝对命令的结果,是理性、先验的产物,国家必须以先验的理性原则为基础。国家建立在自由、平等、独立的三个理性原则之上,作为国家的公民也就实现了意志的自由,康德的国家理论并没有停留于此,国家不仅被设想为享有自主性的意志共同体,也被设想为具有实践理性的法权共同体。在他看来,国家的本质就是"一个国家就是一群人在法权法则之下的联合"①。但在黑格尔看来,家庭和市民社会是国家产生的两个条件,家庭和市民社会是国家产生的客观要求。黑格尔明确区分了市民

---

① ［德］康德:《道德形而上学》,张荣、李秋零译,中国人民大学出版社,2007 年。第 323 页。

社会与政治国家的不同,并指出契约论的根本缺陷就在于混淆了国家与社会的区别,自由主义者寄希望于契约建立起来的共同体不是真正意义上的政治国家,而是维护同行特殊利益的自治性团体,仍然属于市民社会的范畴。尽管如此,黑格尔认为国家是决定家庭和市民社会的力量,"国家是绝对观念的现实,国家是自在在为的理性的东西"①。

在保守自由主义看来,"最坏形式的当代蒙昧主义,大凡认为一切有效的制度都产生于深思熟虑的设计的人,大凡认为任何不是出自有意识设计的东西都无助于人的目的的人,几乎必然是自由之敌"②。诺齐克认为,国家的产生源于人权保护的需要,国家在本质上是"支配性保护联合体"。20世纪60年代,作为一个与自由主义对举中产生的思想流派,社群主义强调人的社会性质的重要性,他们宣称"一个社会不只是经由契约联系在一起的个人间的结合,它毋宁是一个人们因共享一些相同的习俗和信念而结合在一起的社群"③。因此,从这个意义上看,国家本质上就是社群发展到一定阶段的产物。在国家主义观念中,国家在发展归属上表现为本体论,国家与法的变革、修正意味着人类理性的演进,也是解决一切社会问题的关键。国家是人类社会生活关系的最高、最完满的形式,因而它也是必然的、永恒的、绝对的合理而不会消亡的东西,市民社会中的个体必须作为国家公民才能够得到理性的普遍昭示,获得自由。自由主义坚持国家必须是"身处公民事物之外"的工具。尽管国家是人类为了谋求和谐与安宁,得到真正的自由,不得不结缔契约组成的,尽管合意授权的国家在发展过程中表现出阶级剥削的獠牙,但他们反对通过任何暴力与革命"打碎国家机器",主张通过和平改革的方式对国家不断修正完善,国家机器呈现出永恒性特征。由此可见,各种

① [德]黑格尔:《法哲学原理》,范扬等译,商务印书馆,1961年,第253页。
② [英]哈耶克:《由秩序原理》,邓正来译,生活·读书·新知三联书店,1997年,第156页。
③ 万俊人:《美国当代社会伦理学的新发展》,《道德与文明》,1995年第4期。

非马克思主义国家观,都是从超阶级、非历史的视角来阐释的,并把国家视为自在自为的永恒社会现象。

马克思主义国家观始终坚持以生产力发展演进来揭示国家这一社会现象。国家是一个历史的、经济的范畴,产生于社会内部的矛盾运动,从根源上来说是生产力发展到一定阶段的产物,从而跳出唯心主义人性论的思维怪圈。国家是经济上占统治地位的阶级进行阶级统治的工具,国家的更替通常是通过社会革命来实现的。在阶级社会的历史更替过程中,分别出现了奴隶制国家、封建制国家、资本主义国家和社会主义国家。阶级的地位及对国家政权的掌握情况,决定了国家的性质,即国体。从国家性质上可以把国家划分为剥削阶级国家和非剥削阶级国家,奴隶制国家、封建制国家和资本主义国家属于剥削阶级国家,本质上是剥削阶级的专政。社会主义国家属于非剥削阶级国家,它是多数劳动者对少数剥削者的专政,是新型民主和新型专政的国家。资本主义国家是剥削阶级国家最高和最后的形式,社会主义国家是国家发展的最后一个阶段。马克思主义之前的一切国家观中,都无一例外地强调国家政权应该由本国公民掌握,即主权在民,这些不同类型的国家,政治形式上虽已经由古代君主专制发展演进为现代民主共和国,但在其共同本质上都是剥削阶级占统治地位的国家,依然是少数剥削者对大多数劳动人民的专政,都无疑而甚明地呈现出剥削压迫性。"无产阶级国家在完成自己的历史任务以后,因丧失作用而自行消亡。国家消亡是共产主义特征之一。"①

国家由暴力机关变成管理机关是一个漫长的过程,这一政治活动是以无产阶级革命消灭资产阶级国家为关键和枢纽,因为"资产阶级国家不是自行消亡的,而是由无产阶级在革命中来消灭的。在这个革命以后,自行消亡

---

① 《科学社会主义百科全书》,知识出版社,1993 年,第 195 页。

的是无产阶级的国家或半国家"①。在全面考察国家的历史演变规律后,列宁从管理的角度预测国家的消亡,当大多成员学会自己管理国家,学会自理时,民主就愈完全,管理愈成为多余的东西。那时公共管理的基本准则从必须遵守上升到习惯于遵守,国家消亡也就成为必然。诚如马克思所说,"阶级斗争必然导致无产阶级专政"②,这句话所包含的另一层含义是,无产阶级专政不是永恒的社会现象,它将趋于自行消亡,人类最终将进入无阶级社会。"那时,国家政权对社会关系的干预在各个领域中将先后成为多余的事情而自行停止下来。那时,对人的统治将由对物的管理和对生产过程的领导所代替。国家不是'被废除'的,它是自行消亡的。"③在国家的最终发展归属问题,中国共产党自成立以来就树立了马克思主义国家观,科学掌握了社会主义国家的发展规律,在他们眼里,国家作为政治性工具渐次归于无用而终于消亡。当全部生产资料集中在联合起来的个人的手中的时候,公众的权力就失去政治性质,社会愈发展,它就愈成为一种多余的东西。易言之,阶级差别将随着生产力的高度发达,社会的高度民主而消失,国家消亡也就成为一种必然。

(二)中国特色社会主义国家认同教育

大学生马克思主义国家观是爱国之心、爱国之识、爱国之志、爱国之行的有机统一。马克思主义国家观教育既包括对国家的认知教育,又包括对国家的认同教育,旨在培养大学生对国家的认同、热爱、忠诚。中国特色社会主义国家认同教育,本质上就是中国特色社会主义认同教育。大学生国家认同是大学生国家观教育的中心环节,这一环节事关国家观教育是否富有成效,也关涉着爱国实践能否贯彻落实。大学生国家观教育旨在培育大

---

① 《列宁全集》(第31卷),人民出版社,1985年,第16页。
② 《马克思恩格斯选集》(第四卷),人民出版社,2012年,第426页。
③ 《马克思恩格斯选集》(第三卷),人民出版社,2012年,第812页。

学生对国家的肯定性体认,没有对国家的认同则认知无效,没有对国家的忠诚与热爱则践行落于空疏。爱国与爱国主义有着本质的区别,爱国作为一种在自然基础上产生的朴素情感,并无高低对错之分,任何国家、民族、个体都存在着爱国的思想情感,具有普遍性、抽象性。而爱国主义则是历史的、具体的,具有"进步"与"反动"之别,不同的历史时期,不同的社会条件,不同的国家、民族、个体对爱国存在着不同的理解,有的爱国主义是狭隘的、自私的,有的爱国主义是积极进步的,只有把爱国主义置于人类社会历史的发展长河,才能理解爱国主义的内涵和特征。爱国主义是一个历久弥新的伦理课题,也是一个常写常新的时代主题,爱国需要激情,更需要温情,爱国不需要理由,但爱国需要理性,爱国主义情感需要理性升华。

在我国,爱国主义是社会主义和人民民主的爱国主义,坚持爱国、爱党和爱社会主义相统一才是当代中国爱国主义精神最重要的体现。大学生国家观教育是新时代爱国主义教育的崭新表达,大学生国家观教育的目的是确立大学生马克思主义爱国主义观。大学生马克思主义国家观教育能增强国家认同。因此,中国特色社会主义国家观教育的逻辑理路是,以社会主义核心价值观为国家观教育的灵魂,以中国特色社会主义道路、理论、制度和政党为核心内容,以实现中华民族伟大复兴的中国梦为最生动的体现,以在中国特色社会主义法治规约中表达爱国情感为保障。

1. 社会主义核心价值观是大学生国家观教育的灵魂

缺少灵魂,国家观教育将行无依归。当代中国,正确的国家观核心内容就是社会主义核心价值观。国家观是关于国家问题在价值领域内的话语表达,国家观不仅仅是关于对国家看法及情感的观点,还应该是关于国家价值的观点。国家观是一种价值观,本质也属于价值的范畴,是对价值客体的主观反映。把社会主义核心价值观作为大学生国家观教育的重要内容,旨在培育大学生正确的爱国价值观。价值是客体之于主体的意义,价值观是价值的表达,是关于主客体价值关系总的看法和基本观点。因此,从这个意义上看,国家观蕴含着人与国家之间的价值关系,国家作为价值客体之于主体人的意义表征为国家价值,国家观就是关于这种价值的认识。任何社会都需要价值观,一个社会要存续下去离不开一定的规范和准则,国家作为社会发展到一定阶段的产物,同样需要道德与法律作为社会秩序的调节器。

国家是最大最高的社会,阶级社会中国家问题是政治的根本问题,解决国家问题离不开正确的国家观。同样,有什么样的国家观,就有什么样的国家观点和国家态度、立场,国家观不同,人们对于同一国家问题的看法和态度往往有很大的分歧。"核心价值观,承载着一个民族、一个国家的精神追求,体现着一个社会评判是非曲直的价值标准"[1],是引领社会进步的最大共识,具有根本性和决定性。习近平总书记指出:"人类社会发展的历史表明,对一个民族、一个国家来说,最持久、最深层的力量是全社会共同认可的核心价值观。核心价值观,承载着一个民族、一个国家的精神追求,体现着一个社会评判是非曲直的价值标准。"[2]核心价值观既是民族的又是国家的,当今世界,没有哪个民族能独立于国家而生存,文化意义上的族群核心价值观与政治意义上的国家核心价值观相互勾连,甚至会出现同质性构建。因此,从意义系统上看,国家观也就是某一国家的社会价值观,正确的国家观就是该社会的核心价值观,即"没有社会核心价值观也就从来不会有正确的国家观"。

正确的价值观又是什么呢?"正确"一词指是符合事实、规律、道理或某种公认的标准,正确的国家观便是指对国家的总的观点和看法是符合事实、规律、某种公认的标准,或者说要符合事实、规律地去"观"国家及其相关问

---

① 《十八大以来重要文献选编》(中),中央文献出版社,2016 年,第 2 页。
② 《习近平谈治国理政》,外文出版社,2014 年,第 168 页。

题。事实上,核心问题就是根本问题,只有把握住核心才能够正确的认识,具体表现为掌握国家的基本观点,认识符合某种公认标准的国家的性质,增进自身对国家的认同和热爱,并以切实的行动促进国家发展和进步,把个人的奋斗同国家的发展统一起来。社会核心价值观源于实践,又指导实践。社会主义核心价值观是指社会主义国家在马克思主义理论的指导下,在中华优秀传统文化的丰厚滋养中,在社会主义实践过程中形成并发展起来的,与社会主义政治、经济、文化和社会制度相适应的,起主导作用的价值观念,是社会主义的价值表达,是中华民族世代延续的精神内核。利益诉求决定价值趋向,社会主义核心价值观反映着社会主义国家根本利益诉求,因此,社会主义核心价值观就是社会主义民族国家利益的价值表达。在这里,正确的国家观、社会主义核心价值观、马克思主义爱国主义观三者具有内在一致性,贯穿于社会生活的方方面面,指导着人们的实践活动,并最终汇入中国特色社会主义发展过程中。

社会主义核心价值观是社会主义文化的核心,支配着党领导团结各族人民对社会主义道路、社会主义制度、社会主义理论体系的选择和构建。对"富强、民主、文明、和谐"这一国家层面的社会主义核心价值观的认同,就是对祖国的认同和对中国共产党执政的认同。对自由、平等、公正、法治这一社会层面的社会主义核心价值观的认同,就是对中国特色社会主义道路和中国特色社会主义理论的认同。对爱国、敬业、诚信、友善这一个人层面的社会主义核心价值观的认同,就是对中华民族和中华文化的认同。落后就要挨打,贫穷就要挨饿,富强才能兴邦,国家富强是每一位爱国者的愿望。只有国家富强了,人民才会幸福,没有爱国者不希望自己的祖国繁荣强盛,如果有的话,一定是"伪爱国者"。

在我国,富强的最终目的是共同富裕。尽管现代意义上的民主是一个舶来品,是西学东渐的产物,但民主不为西方特有,社会主义国家也有民主。

"工人革命的第一步就是使无产阶级上升为统治阶级,争得民主。"①社会主义民主是实质上的民主而非形式民主,民主对于社会主义不是外在的东西,没有民主就没有社会主义。中华人民共和国的一切权力属于人民,"人民当家作主是社会主义民主政治的本质"②。文明是人类社会发展进步的永恒主题,文明是中国特色社会主义的重要特征,社会主义文明的落脚点是实现人的自由而全面发展,实现中华民族的文明梦。和谐是社会主义的本质规定,是中国特色社会主义的本质属性,表现为人与人、人与社会、人与自然、人与内心的和谐。物质匮乏不是社会主义,精神空虚也不是社会主义,只有物质文明建设和精神文明建设都搞好,中国特色社会主义事业才能顺利向前推进。因此,物质生活和精神生活都是中国特色社会主义总体布局的重要组成部分。

社会主义核心价值观是一个不可分割的有机整体,三个层面相互渗透,互为前提。做好本职工作就是为人民服务,人人在自己的岗位上恪尽职责,努力工作,为祖国和人民做出贡献就是爱国。公民热爱自己的祖国,为了祖国的繁荣富强而奋斗,我们将其称为爱国主义。同时,爱国最直接的表现就是爱自己的同胞,爱自己的同胞需要用诚实友善的阳光驱散阴霾,以友善的泉水滋润心田,诚信立身,与人为善就是爱国。社会主义核心价值观作为崇高的道德准则,锚定了大学生"公德教育"的根本之德,引导大学生真正做到明大德、守公德、严私德。引领大学生做社会主义核心价值观的坚定信仰者、积极传播者、模范践行者,努力将社会主义核心价值观转化为大学生的情感认同和行为习惯,是培育大学生爱国主义观的灵魂和指引,为全面提升大学生精神境界指明了方向。"当高楼大厦在我国大地上拔地而起时,中华

---

① 《马克思恩格斯选集》(第一卷),人民出版社,2012年,第421页。
② 《十八大以来重要文献选编》(中),中央文献出版社,2016年,第54页。

民族精神的大厦也应该巍然耸立。"①实现中华民族伟大复兴的中国梦需要强大的精神力量,精神力量从何而来? 社会主义核心价值观作为实现中国梦的价值支撑,分别从三个层面表达了价值追求。社会主义现代化强国由理想变为现实之日就是社会主义核心价值观开花结果之时,培育和践行社会主义核心价值观以强大的正能量推进国家的进步发展,社会主义核心价值观与中国梦有机地统一于中国特色社会主义伟大实践。大学生培育和践行社会主义核心价值观,抢占价值观的制高点,有助于提高坚定共同理想和远大理想的自觉性,切实增强"四个自信"。

　　社会主义核心价值观是社会主义意识形态的本质体现,是马克思主义在当代中国价值领域的集中表达,是应对西方价值观挑战的根本保证。随着本土文化与外来文化的相互激荡,各种社会思潮相互交锋,不同群体价值意识相互碰撞、交织,形成了主体对主客体之间基本价值关系的总体认知。这一认知主导着价值主体的价值趋向和追求,在整个社会价值观念系统中,行为主体呈现出不同的生活方式和理想信念。在多元社会价值观念相互交织的条件下,弘扬和培育社会主义核心价值观,是有效整合社会意识,统合不同利益群体的价值观念,实现社会系统得以正常运转,社会秩序得以正常维护的重要途径。文化软实力在综合国力中的地位和作用越来越重要,文化安全是不能犯颠覆性错误的根本性问题。意识形态安全是文化安全的核心,因而,意识形态领域是敌对势力同我们激烈争夺的重要阵地。社会主义核心价值观是中国特色社会主义道路、理论、制度的价值表达,积极培育和践行社会主义核心价值观与"两个巩固""三个事关"紧密相连。高校是意识形态交锋的前沿阵地,事关中国特色社会主义事业是否后继有人和蓬勃发展。中国特色社会主义事业进入新时代,更加需要社会主义核心价值观引

---

　　① 《十八大以来重要文献选编》(中),中央文献出版社,2016 年,第 122 页。

领社会主义现代化建设的话语权,培育和践行社会主义核心价值观就是应对西方核心价值观挑战,增强主动性,掌握主动权,增强社会主义意识形态对社会思潮、社会心理的引领力,帮助大学生划清是非界限,澄清模糊认识。通过培育和践行社会主义核心价值观,把爱国情怀用价值约定的话语方式践行于社会主义现代化建设的伟大进程之中,爱国才不会是一句空话,爱国主义精神才能在广大青少年心中牢牢扎根,爱国主义精神才能发扬光大。社会主义核心价值观集中体现了当代中国爱国主义在国家目标、社会导向、个人行为准则的统一,所以我们要弘扬、树立、培育、践行社会主义核心价值观,从而树立起马克思主义的人生价值观,构筑爱国主义精神在价值领域的话语表达。

2. 以中国特色社会主义道路、理论、制度和政党为核心内容

"很奇怪,为什么先生老是侵略学生呢? 中国人向西方学得不少,但是行不通,理想总是不能实现。"[1]伴随着中国沦为半殖民地半封建社会,中华民族面临着空前的危机,无数仁人志士为求得民族独立、国家富强开始了艰辛的探索。但种种失败告诉我们,只有社会主义才能救中国,实现中华民族伟大复兴离不开社会主义道路。只有被先进思想武装起来的政党,才能作为领导革命的新力量,才能使中国革命的面貌焕然一新。只有推翻旧制度、建立新制度,才能为实现中华民族伟大复兴提供根本保障。"我国爱国主义始终围绕着实现民族富强、人民幸福而发展,最终汇流于中国特色社会主义。社会主义在中国不是一句口号,而是集中代表着、体现着、实现着、国家民族和人民的根本利益。"[2]中国特色社会主义事业是反映人民的根本利益、完全符合中国国情的,"中国特色社会主义道路是实现中华民族伟大复

---

① 《建党以来重要文献选编(1921—1949)》(第25册),中央文献出版社,2011年,第503页。
② 本书编写组:《思想道德修养与法律基础》,高等教育出版社,2018年,第57页。

兴的必由之路"①。因此,在新时代条件下,爱国主义的最高表现就是要坚持和发展中国特色社会主义,为实现复兴中国梦而不懈奋斗。

爱国从来就不是抽象的,当代中国的爱国主义就是社会主义的爱国主义,爱国、爱党与爱社会主义本质上是一致的。综观中国的近代史,自鸦片战争以来,中国人民就面临着两个时代课题,一是推翻"三座大山","实现民族独立和人民解放。二是改变国家贫穷落后的面貌,实现国富民强。为此,无数仁人志士在探索、尝试,但都没有找到答案"②。中国共产党自成立以来就牢牢地把这两个课题作为自己初心和使命,并最终交出了合格的答卷。"在中国这样一个经济文化十分落后的国家探索民族复兴道路,是极为艰巨的任务。"③中国共产党用 28 年的时间,彻底结束了近代以来中华民族内忧外患的危机,建立了崭新的人民政权,实现了民族独立和人民解放的历史使命,可以说没有共产党就没有新中国。神州旧貌换新颜,是不可胜数的党的优秀儿女们前赴后继、戎马沙场、视死如归换来的,据统计,仅在 1927 年至1932 年间,就有 100 多万共产党员和革命志士惨遭杀害。新中国成立后,据民政和组织部门初步统计,有名可查的烈士有 370 多万人,这其中还不包括那些不便公开或至今隐姓埋名的共产党人。

新中国成立后,"为改变国家贫穷落后面貌,为实现国家繁荣富强和人民共同富裕的历史使命"④,中国共产党带领全国各族人民用 29 年时间,开启了建设社会主义的艰辛探索。这期间所涌现出的光辉典范和英雄楷模,用自己的实际行动谱写了一曲曲全心全意为人民服务的凯歌,他们的奉献精神就是革命年代流血牺牲精神的延续和发展。改革开放 40 多年,我国经

---

① 《十七大以来重要文献选编》(中),中央文献出版社,2011 年,第 927 页。

②④ 段治文:《爱国主义与中国梦——新时期爱国、爱党、爱社会主义三者统一的内在逻辑》,《浙江日报》,2017 年 7 月 31 日。

③ 《胡锦涛文选》(第三卷),人民出版社,2016 年,第 620 页。

济发展所取得辉煌成就都雄辩地证明了,中国特色社会主义是实现中华民族伟大复兴的正确道路,中国共产党是带领中国人民走中国特色社会主义道路实现中国梦的坚强领导力量。在此期间又涌现出的优秀党员无疑都是我们民族的脊梁,可以说,"中国共产党的历史就是一部为实现民族独立和人民解放,为实现中华民族伟大复兴而奋斗的历史"①。

　　尽管党领导人民已经取得了举世瞩目的成就,当今中国的发展已经发生了历史性巨变,中国共产党人却没有因此躺在过去"功劳簿"上而停滞不前。"党的十八大之后,已经为民族独立、人民解放、国家富强奋斗了90多年的中国共产党,又负担起"②决胜全面建成小康社会,夺取中国特色社会主义事业伟大胜利的历史重任。并在这一进程中,不断自我净化、自我革新,大力推进党风廉政建设和反腐斗争,并向人民交出了满意的答卷。"据统计局数据显示,党的十八大之前人民群众对党风廉政建设和反腐败工作的满意度是75%,2013年是81%,2014年是88.4%,2015年是91.5%,2016年是92.9%,逐年走高。"③党的十九大报告指出:"中国共产党人的初心和使命,就是为中国人民谋幸福,为中华民族谋复兴。"④党的十九大审议决定,将实现中华民族伟大复兴的中国梦写入党章,充分表明了中国共产党向人民、向历史作出的庄严承诺。因此,我们可以自豪地、肯定地说出,"中国共产党除了工人阶级和最广大人民群众的利益,没有自己特殊的利益"⑤。中国共产党从最初成立时的53名党员,到2021年6月,已经壮大成拥有9514.8万

---

① 本书编写组:《思想道德修养与法律基础》,高等教育出版社,2018年,第57页。
② 段治文:《爱国主义与中国梦——新时期爱国、爱党、爱社会主义三者统一的内在逻辑》,《浙江日报》,2017年7月31日。
③ 朱亮高:《反腐工作满意度升至92.9%,说明什么?》,http://www.dangjian.cn/djw2016sy/djw2016djlt/201709/t20170913_4422411.shtml。
④ 习近平:《决胜全面建成小康社会 夺取新时代中国特色社会主义伟大胜利——在中国共产党第十九次全国代表大会上的报告》,人民出版社,2017年,第1页。
⑤ 《习近平谈治国理政》(第二卷),外文出版社,2017年,第295页。

名党员的世界性大党。为什么中国共产党能如此迅速地赢得人民的选择、支持和拥护？中国共产党人给出的回答就是，牢记"我是谁""依靠谁""为了谁"，质言之，中国共产党就是爱国主义的最高典范。

3. 伟大复兴中国梦教育

国家观是一种关于国家发展的观点，实现中华民族伟大复兴是爱国主义在奋斗目标上的集中表现。"中国梦"是历代中国人不懈奋斗的目标，新时代，我们进一步迎来中华民族伟大复兴的光明图景，随着"中国号"巨轮的破浪前行，这番图景将变得更加秀美、壮阔，把中国亿万中华儿女汇聚到推进中华民族伟大复兴的旗帜下。"在新的历史时期，中国梦的本质是国家富强、民族振兴、人民幸福。"[①]"中国梦是一种形象的表述，是一个最大公约数，是一种为群众易于接受的表述，核心内容是中华民族伟大复兴，可以适当拓展，但不能脱离中华民族伟大复兴这个主题。"[②]因此，从意蕴上看，中国梦本质上就是爱中国的梦，二者有着本质的联系。爱国主义精神孕育了中国梦，中华民族伟大复兴的中国梦又蕴含着爱国传统，实现社会主义现代化的强国梦是当代中国爱国主义最生动的体现，"两个百年"奋斗目标的深刻实践彰显报国担当。新时代，习近平总书记将全民族的爱国主义提升到崭新的高度，他指出，"实现中华民族伟大复兴的中国梦，是当代中国爱国主义的鲜明主题"[③]。把伟大复兴中国梦作为大学生国家观教育的内容，旨在突出国家观教育的价值目标，夯实国家观教育的基调，坚定当代爱国主义教育的行动纲领。

实现中华民族伟大复兴中国梦为新时代爱国者提出了明确要求。首

---

① 《习近平谈治国理政》（第二卷），外文出版社，2017年，第56页。

② 习近平：《在同全国总工会新一届领导班子成员集体谈话时的讲话》，《人民日报》，2013年10月24日。

③ 《习近平关于全面建成小康社会论述摘编》，中央文献出版社，2016年，第123页。

先,实现中国梦应该知晓何为中国梦以及中国梦的历史发展。"中国梦"蕴含着中华民族的复兴夙愿,蕴含着中华民族崇高的理想信念,从中国梦概念的演变来看,"中国梦"大致经历了萌生、逐步清晰,科学概括与不断丰富四个阶段。词语的历史不等于观点的历史,"中国梦"一词古来有之,最早出现在宋代郑思肖的诗句"一心中国梦,万古下诗泉",这里的中国指的是中原或华夏民族,还不是近现代意义上的民族国家概念。当前学术界的主流观点认为,近代民族复兴的历史也就是中国梦的开始。自近代以来,无数中华儿女为实现民族复兴的中国梦,前赴后继,死而后已。毛泽东在《论人民民主专政》中写道:"自从一八四〇年鸦片战争失败那时起,先进的中国人,经过千辛万苦,向西方国家寻找真理。洪秀全、康有为、严复和孙中山代表了在中国共产党出世以前向西方寻找真理的一派人物。"①鸦片战争的落败,中国沦为半殖民地半封建社会,中华民族遭受双重压迫,各地革命浪潮席卷中国,这一时期的中国梦表现为以洪秀全为代表的农民阶级的"太平天国梦"。同时,随着西方坚船利炮叩开中国的大门,清政府内外交困,为挽救败局,地主阶级开始自救,这一时期的中国梦表现为以洋务派为代表的地主阶级的"自强梦"。甲午海战,"蕞尔小国"大败"天朝上国",举国上下为之震撼、猛然醒悟,深感变器不变道之弊病,将改革的对象直指政治制度,效法日本,想要通过非暴力的方式,走资本主义君主立宪之路,以达到富国强兵、抵御侵略之目的。自变而强,代变而亡,这一时期的改良图强表现为资产阶级改良派的"少年中国梦"。

然而,丧权辱国的《马关条约》签订之后,再次以引发帝国主义列强瓜分中国的狂潮,辽阔的中国大地,无处不被帝国主义所染指,"四万万人齐下

---

① 《毛泽东选集》(第四卷),人民出版社,1991 年,第 1469 页。

泪,天涯何处是神州"①。面对该时局,以孙中山为代表的民族资产阶级深感自上而下的和平改良之路走不通,唯有推翻封建政权,方可挽救民族危机,中国近代民族资产阶级开始登上历史的舞台。1984 年 11 月,孙中山在檀香山创立了第一个具有资产阶级政党雏形性质的兴中会,"振兴中华"之口号成为中华民族复兴观念的先声。1905 年,同盟会成立时,提出"光复我民族的国家"。综观 20 世纪之初,在立宪派、革命派、国粹派之间的政治话语中时常出现接近"民族复兴"之意的相关词汇。例如 1904 年,华兴会在策划长沙起义时,喊出了"驱除鞑虏,复兴中华"的口号。② 立宪派的代表人物梁启超借欧洲"文艺复兴""复兴时代"等概念,阐述其民族文化复兴的初步设想,并期望通过改造国民来实现民族复兴。梁启超率先使用了"民族主义""中华民族"等体现整体主义倾向的称谓,在《历史上中华民族之观察》中明确提出中华民族是各民族的总称。1904 年,《时敏报》发表的《立宪法议》一文也提出,"欲兴中国舍立宪法其曷以哉!"③国粹派主张假借"古学复兴"来振兴中国,复兴民族,刘师培在《拟设国粹学堂启》一文中提出"会通"东西文化是"古学复兴"的根本出路。④

作为炎黄子孙,凡抱爱国之心自觉探索民族与国家出路而得出的思想主张与行动方案,都在不同程度上体现"民族复兴的中国梦"。然而,"很奇怪,为什么先生老是侵略学生呢? 中国人向西方学习得很不少,但是行不通,理想总是不能实现。多次奋斗,包括辛亥革命那样全国规模的运动都失败了"⑤。随着历史给出了最终答案,中国梦的表达更加具体,目标更加明确。中国共产党一经成立就把实现中华民族伟大复兴作为自己的使命,从

① 蔡尚思、方行:《谭嗣同全集》,中华书局,1981 年,第 448 页。

② 参见章开源、林增平:《辛亥革命运动史稿》,中国人民大学出版社,1988 年,第 74 页。

③ 郭汉民:《晚清社会思潮研究》,中国社会科学出版社,2003 年,第 225 页。

④ 参见刘师培:《拟设国粹学堂启》,《国粹学报》,1905 年第 2 期。

⑤ 《毛泽东选集》(第四卷),人民出版社,1991 年,第 1470 页。

此,中国革命有了新的指导思想,有了新的革命主力,有了新的领导力量,有了新的发展前途。历史的选择是由人民来完成,人民的选择本身又是一个历史的过程。"中国共产党的诞生,是近现代中国历史发展的必然产物,是中国人民在救亡图存斗争中顽强求索的必然产物。"①党在紧紧依靠人民的基础上完成了三件大事,新民主主义革命、社会主义革命和改革开放新的伟大革命。"这三件大事,从根本上改变了中国人民和中华民族的前途命运,不可逆转地结束了近代以后中国内忧外患、积贫积弱的悲惨命运,不可逆转地开启了中华民族不断发展壮大、走向伟大复兴的历史进军。"②党的十八大以来,无论是"五位一体"的总体布局还是"四个全面"的战略布局,都无不指向伟大复兴的中国梦,"两个一百年"目标明确了实现中国梦的时间表和任务书,二者实质上是同一个问题的两种表达方式。党的十九大,确立了新时代、新征程、新主题,特别是对第二个百年奋斗目标,赋予了新的内涵,重新定义为"新中国成立 100 年时,建成富强民主文明和谐美丽的社会主义现代化强国",增加了"美丽""强国"一词,进一步清晰勾勒出中华民族伟大复兴的路线图,显示出党领导全国各族人民实现"两个一百年"奋斗目标的强大决心和坚定信心。从"四个现代化"的简洁提法,到"三步走"的具象表述,再到"两个一百年"的形象细化,至此,伟大复兴中国梦的路线更加清晰,内容更加丰富,这一澎湃激昂的精神动力催人奋进,鼓舞人心,为未来发展指明了方向。

其次,从价值论角度来看,中国梦是把爱国、爱党、爱社会主义内在统一起来的纽带和主线。"只有坚持爱国和爱党、爱社会主义相统一,爱国主义

---

① 《胡锦涛文选》(第三卷),人民出版社,2016 年,第 522 页。
② 同上,第 524 页。

才是鲜活的、真实的,这是当代爱国主义精神最重要的体现。"①得其大者可以兼其小,"每个人的前途命运都与国家和民族的前途命运紧密相连。国家好,民族好,大家才会好"②。只有把人生理想融入国家和民族的事业当中,才能最终成就一番事业,把每一项平凡的工作做好就是不平凡,在平凡的岗位上书写不平凡的人生。梦在心中,路在脚下,对大学生进行伟大复兴的中国梦教育就是要帮他们扣好人生第一粒扣子,拧紧思想的总开关,树立正确的义利观、是非观、美丑观、善恶观。习近平总书记在欧美同学会成立一百周年庆祝大会上讲道:要"始终把国家富强,民族振兴,人民幸福作为努力的志向,自觉使个人成功的果实结在爱国主义这颗常青树上"③。

1954 年,毛泽东早在新中国第一届全国人民代表大会上明确指出:"领导我们事业的核心力量是中国共产党。"④中国梦从身处黑暗到迎来光明的历史说明,实现中华民族伟大复兴离不开一个坚强的领导核心,"进行具有许多新的历史特点的伟大斗争,关键在党,关键在人"⑤。"党团结带领人民不断把中国革命、建设、改革事业推向前进的历史,其所取得的成就与进步伟大辉煌,其所经历的困难与风险也世所罕见。中国共产党的历史是中国近现代以来历史最为可歌可泣的篇章,学习中国近现代史要特别注意学习中国共产党的历史。"⑥中国梦是个人价值追求与社会整体价值趋向的"最大公约数",国家发展与个人发展有着深厚的逻辑关联性。因此,中国梦的"内化"过程就是社会成员构建国家认同的关键环节,中国梦的"合法性"构建就

---

① 习近平:《大力弘扬伟大爱国主义精神 为实现中国梦提供精神支柱》,《人民日报》,2015 年 12 月 31 日。

② 《习近平谈治国理政》,外文出版社,2014 年,第 36 页。

③ 习近平:《习近平在欧美同学会成立一百周年庆祝大会上的讲话》,《人民日报》,2013 年 10 月 22 日。

④ 《毛泽东文集》(第六卷),人民出版社,1999 年,第 350 页。

⑤ 《习近平谈治国理政》,外文出版社,2014 年,第 411 页。

⑥ 习近平:《领导干部要读点历史》,《中共党史研究》,2011 年第 10 期。

是国家认同的过程。与此同时,国家认同与民族认同又是人民认同中国梦的基础,即要实现中国梦有依赖于大众对国家的普遍认同。

所谓的国家认同是用来指称一国公民对自己祖国的历史文化、价值观念、传统习俗、国家主权等认同,又被称作"国民认同"。在我国,国家认同集中表现在对中国特色社会主义制度的认同,认同不是目的,目的不是认同,在当代中国,对中国特色社会主义制度的认同具体表现在是否拥有坚实的爱国主义精神,是否以自身行动促进国家的发展和进步。马克思主义爱国主义是具体的而非抽象的,实现中国梦必须坚持中国道路,中国特色社会主义道路是中国共产党带领中国人民不懈探索寻觅的正确道路。"中国特色社会主义凝结着实现中华民族伟大复兴这个近代以来中华民族最根本的梦想,也体现着近代以来人类对社会主义的美好憧憬和不懈探索。"①总之,中国梦教育就是要大学生深刻理解中国梦的科学内涵,实现中国梦领导核心、主体力量、实现路径、精神动力、时间进度、和平形象。2018年5月,习近平总书记在北京大学师生座谈会上的讲话时指出:"我记得,1981年北大学子在燕园一起喊出'团结起来,振兴中华'的响亮口号,今天我们仍然要叫响这个口号,万众一心为实现中国梦而奋斗。"②革命年代,爱国主义的历史使命是保家卫国;和平时期,爱国主义责任担当是国富民强;新时代的伟大征程中,爱国主义就是要牢牢把握中国特色社会主义的主题、主线和主流,从党领导人民奋斗的光辉历程中获得继往开来的强大动力,坚定中国特色社会主义共同理想和社会主义远大理想。

4. 依法爱国的法治教育

法治教育是我国德育的重要内容,并贯穿于高校思想政治教育的改革

---

① 段治文:《爱国主义与中国梦——新时期爱国、爱党、爱社会主义三者统一的内在逻辑》,《浙江日报》,2017年7月31日。

② 习近平:《在北京大学师生座谈会上的讲话》,人民出版社,2018年,第3页。

和发展之中,也是增强大学生国家安全意识,做忠诚爱国者的重要保障。"改革开放以来,党和国家高度重视高校法治教育,注重大学生法律素质的培养。"①1986年9月,国家教委发布了《关于在高等学校开设法律基础课的通知》,明确了由"法律基础"课来承担大学生法治教育。在课程设置上,1987年10月,《关于高等学校思想教育课程建设的意见》所规定设置的五门课程中,"法律基础"作为其中的两门必修课之一,意味着国家开始重视大学生法制教育,标志着大学生法治教育的开端。在随后的教学实践中,在"98方案""两课"课程设置中,"法律基础"成为本科生开设的七门课程之一,在"05方案"课程设置中,"法律基础"调整为"思想道德修养与法律基础"。总的来看,法治教育隶属德育范畴,大学生法治教育被定位在道德教育体系之中。早在1995年,国家教委等联合下发的《关于加强高校法制教育的意见》,明确指出高校法制教育的德育性质。

大学生作为热血青年,爱国主义情感在大学生身上更容易得到体现,特别是在发生重大的国家事件的时候,这种情感更容易被激发,但爱国绝不是僭越法律的借口。爱国热情可以不分你我,爱国行为需要有序表达,否则爱国行为就会"越轨",甚至会异化为违法犯罪。作为国家法治化进程的重要组成部分,大学生成为全民法治教育中的重要群体。大学生要树立的是"法治观"而非"法制观",因为法治相较于法制而言,要求具有更高的正当性、民主性与正义性,法治思维更注重法治理念,而不仅依据形式上的法律条文。这里就要涉及法律教育、法制教育、法治教育、法治思维四个概念,特别是法制教育与法治教育同音不同义,仅有一字之差。法律是基于国家主权的权力范围,表达国家意志,规范人们行为,具有普遍性特征,任何历史时期,不同发展阶段的国家都有自己的法律,但它不一定有法制或法治。法律和法

---

① 于景成:《大学生法律素质教育问题研究》,东北师范大学博士学位论文,2018年。

制是法治的必要前提,法制是实现法治目的的手段,没有前者,也就谈不上法治。国家有了法律,如果它实施法律,意味着法制,因此,法制是依法办事的法律制度的简称。法治是一个相对于人治而言的概念,侧重于法律文化的观念层面,是实质意义上的法治。

"法制教育"在邓小平心中重逾千钧,不同时期,不同场合,他多次强调法制教育的重要性,他认为加强法制关键在教育,主张开展全民法制教育。因此"法制教育要从娃娃开始,小学、中学都要进行这个教育"①。"否则我们就绝不能建设社会主义,也绝不能实现现代化。"②在我国,从"法制教育"到"法治教育"是一个演变的过程,严格意义上的大学生法治教育是从 1996 年以后开始的,1997 年 9 月,党的十五大确立了依法治国的基本方略,法治时代的开启意味着大学生法治教育进程的开始。2003 年 7 月,教育部发布了《关于加强依法治校工作的若干意见》明确指出,把法律知识作为高等学校的必修课内容。实现中华民族伟大复兴的中国梦需要强有力的法治保障,党的十八大以来,以习近平同志为核心的党中央充分认识到依法治国的重要性,坚定不移地走中国特色社会主义法治道路,强调全面推进依法治国,建设中国特色社会主义法治体系,为今后很长的一段时期的大学生法治观教育指明了方向。2014 年 10 月,党的十八届四中全会通过了《中共中央关于全面推进依法治国若干重大问题决定》,强调全面推进依法治国,把法治教育纳入国民教育体系,开启了法治中国的新时代。2016 年 6 月,教育部、司法部、全国普法办联合印发了《青少年法治教育大纲》,要求各高等学校要组织力量,积极参与青少年法治教育工作,提供人才保障和智力支持。

爱国主义是一种调节个人与国家关系的法律规范。所谓依法爱国,是

---

① 《改革开放三十年重要文献选编》(上),人民出版社,2008 年,第 422 页。
② 同上,第 166 页。

指大学生的爱国行为要符合法律规定,爱国情感要依法有序的表达。爱国主义是爱祖国与爱国家的统一,爱国主义不仅要体现在对祖国的深厚情感,而且要体现在对国家的深厚情感。正确的国家观不仅要体现在深厚的情感上,而且还要体现在理性爱国行为上。相对于爱国主义教育,国家观教育更侧重于理性教育,这一教育过程蕴含着对国家"应该做什么"和"不准做什么"双重含义,是理性爱国的重要标志。如果说爱国思想和情感属于道德的范畴,爱国言论和行为则属于法律规范的范围。大学生依法爱国的法治观是指大学生这个特殊群体,通过一定的法治教育,基于法治固有的特性和坚持对法律的信仰,贯彻国家法律理念,正确运用法律规范与原则去分析和处理国家问题的思维和能力的过程。例如,信息技术的高速发展给予人们更广阔表达空间,大学生是网络空间中最活跃的群体,他们掌握网络话语权,并构建"群己权界"的规则意识。当出现损害国家利益的事件时,他们在网络空间迅速发声,形成强大的爱国舆论场,建立起广泛的爱国统一战线,像南海事件、国外品牌辱华事件、华为事件、中兴事件等,他们积极捍卫国家利益,维护国家形象,彰显着民族自尊心和自信心。

与之相伴而生的是,互联网条件下多媒体集体发声也会有消极的"副作用",网络舆论的洪流导致大学生的爱国主义情结极端化,导致"犯错者"的正当权利和尊严遭到无视和践踏,使"犯错者"永远地钉在"耻辱的十字架"上,从而失去被救济的可能。因此,我们不能让网络成为法外之地。大学生不能仅仅局限于从狭义或静态的角度理解法律系统,而应该学习基本的法律理论,掌握一般的法律知识,更重要的是培养法律思维,树立法律精神和法律信仰。此外,由于网络管理的不健全、不完善,别有用心的敌对势力也会利用网络破坏团结,分裂国家,阻碍我们民族伟大复兴的进程,大学生群体在这一过程中则有可能充当他人的"网络打手"或"网络炮灰"。因此,大学生不仅要加强依法爱国的法制观念教育,使自己的爱国行为符合法律的规定,用法律的武器捍卫国家主权、安全和利益。同时,要注重从法文化的器物阶段上升到法文化的精神层面,而非局限于用静态的法律条文约束行为,维护自身的合法权益。

　　爱国是高尚的情怀,但爱国必须遵守法律的底线,绝对不允许以"爱国"之名行犯罪之实,让爱国这一高尚的行为蒙羞。正确的法治观是实现大学生树立正确国家观的重要内容,我国的法律种类繁多,涵盖了社会生活的各个领域,如《宪法》《民法》《婚姻法》《经济法》《国际法》等。大学生国家观中的爱国守法教育显然不是法学概论课程的缩编,对法学专业的大学生而言也仅仅是主修某一专业,学习全部法律内容对普通大学生而言更是一个不可能完成的任务。那么对大学生应该进行哪些法律教育呢?基于本书的研究主题,避免贪大求多的弊病,笔者认为大学生法治观教育应该以"爱国守法"为主线,贯穿于法治教育的整个过程之中。爱国守法不仅是大学生的道德责任和基本要求,更是法律规范,当前我国确立多种形式的爱国守法规范。关于爱国守法的法治观教育主要包括以下几个方面。

　　首先是《宪法》方面的教育。《宪法》中关于爱国守法的规定具体体现在:第五十二条,中华人民共和国公民有维护国家统一和全国各民族团结的义务。第五十三条,中华人民共和国公民必须遵守宪法和法律,保守国家秘密,爱护公共财产,遵守劳动纪律,遵守公共秩序,尊重社会公德。第五十四条,中华人民共和国公民有维护祖国的安全、荣誉和利益的义务,不得有危害祖国的安全、荣誉和利益的行为。2005 年 3 月 14 日,十届全国人民代表大会第三次会议通过《中华人民共和国反分裂国家法》。党的十八大明确指出:要"深入开展法制宣传教育,弘扬社会主义法治精神,树立社会主义法治理念,增强全社会学法、尊法、守法、用法意识"[①]。国旗、国徽和国歌是国家

---

① 《十八大以来重要文献选编》(上),中央文献出版社,2014 年,第 22 页。

的象征,每一位公民都理应维护国旗、国徽和国歌的尊严,这既是公民的义务,也是爱国主义精神的集中体现。2017 年 11 月,十二届全国人大常委会第三十次会议表决通过了《中华人民共和国刑法修正案(十)》,"侮辱国歌罪"被列入刑法。2018 年 5 月 1 日,《中华人民共和国英雄烈士保护法》开始施行,《英烈法》是保护英雄烈士的一部法律,使传承英烈精神有了更强大的法律保障,意味着损害英烈尊严的行为将受到法律的制裁。国旗、国歌、国徽等符号是政治国家的象征,这些抽象的符号在现实中也指向了情感上的祖国。

"法治教育"离不开"法制教育",正如前面所提到的,对社会主义法律制度中有关依法爱国规范的初步认识和了解,是培育法治意识的前提,大学生法治观教育的目的是培养"法律人",具体表现为知法、懂法、守法、护法的统一,树立宪法至上的意识,树立法律面前人人平等的意识,深刻理解法律条文背后的法律精神和信仰,并同违法行为作坚决的斗争。总之,从爱国与守法的辩证关系来看,守法是爱国的前提基础,爱国是守法的价值旨趣。道德的底线是法律,任何僭越法律底线的所谓"爱国"行动,损害国家形象,是不折不扣的害国,也是不道德的,任何超出法的界限的行为也必然要受到法律的制裁。事实上,通过法治观教育,除了使大学生依法爱国,规范大学生的爱国行为,还可以让大学生清楚地认识到社会主义法治的本质特征。我国是人民当家做主的社会主义国家,法律是人民利益和意志的反映,爱国、守法、爱己具有内在的一致性,爱国守法是天然的正义。自觉摒弃那些认为爱国守法是侵犯个人自由,压制个人权利的邪恶字眼,真正地把"他律"与"自律"统一起来。

第五章 大学生马克思主义国家观的实现路径

　　爱国,贵在心中有国,难在知行合一。盖有非常之功,必有非常之人,非常之人需要培养和造就。大学生树立正确的国家观是一项复杂的工程,需要调动各方面力量形成正向合力。当前,从整体上增强大学生国家观教育的实效性,需要在课堂之中夯实爱国之识的火光,在润物无声中燃旺兴国之志的火焰,在火热实践中高擎报国之行的火炬,在自我育人中涵养强国之心的火种。这四条路径各有侧重,只有把诸条路径结合起来,发挥他育与自育、外因与内因之间优势互补,才能共筑大学生正确国家观形成之路,进而用强大的精神动力,助力中华民族伟大复兴的前进伟业。

一、在课堂教学中夯实爱国之识

　　大学生树立正确的国家观,离不开对大学生进行马克思主义国家观教育,尤其是对中国化马克思主义国家观理论中关于国家的观点和立场的系统化教育。教育的路径千千万,课堂教学最关键,特别是对于学生而言,课堂是学知识、长才干的最佳场所,是学生生命成长的原野。课堂教学是学校教学计划的主要教学组织形式,它的优势在于可以把"年龄和知识程度相同或相近的学生,编成固定人数的班级集体,按各门学科教学大纲规定的内容,组织教材和选择适当的教学方法,根据一定时间安排,向全班学生进行授课"①。课堂教学作为大学生国家观教育的一种教学组织形式,需要解决好用什么载体承担马克思主义国家理论,由谁来实施课堂教学活动,如何有效地进行课堂教学等问题。

（一）发挥思想政治理论课主渠道作用

在课堂教学中对大学生进行系统的马克思主义国家观教育,无疑就是把马克思主义关于国家的观点立场灌输和传递给大学生。如果说课堂教学是大学生国家观教育的"桥头堡",那么思想政治理论课在大学生国家观教育中就大有可为,也必须有所作为。思想政治理论课是思想政治教育的主渠道,课堂教学是思想政治理论课的主阵地。没有抽象的思想政治教育,只有具体的思想政治教育,大学生国家观教育本质上就是大学生思想政治教育,但我们也必须注意区分二者的不同之处。一方面,我们要看到,"思想政治理论课承担着对大学生进行系统的马克思主义理论教育的任务,是巩固马克思主义在高校意识形态领域指导地位、坚持社会主义办学方向的重要阵地,是全面贯彻党的教育方针、落实立德树人根本任务的主干渠道和核心课程"②。党的十八大以来,以习近平同志为核心的党中央高度重视思想政治理论课建设,明确要求进一步办好高校思想政治理论课,深入实施高校思想政治理论课建设体系创新计划,思想政治理论课建设在改进中不断加强,课堂教学状况也得到了显著改善。另一方面,当前我国大学生国家观教育尚处在一个边缘状态,尽管国家观已经不是一个新名词,并与历史观、文化

①　黄劲:《高校国防教育中"亮剑精神"的培育》,中南大学硕士学位论文,2010 年。
②　《教育部关于印发〈新时代高校思想政治理论课教学工作基本要求〉的通知》,《中华人民共和国教育部公报》,2018 年 5 月 15 日。

观、民族观、宗教观等名词并列。但在现实的操作中,大学生国家观教育被掩盖在思想政治教育中,或是被掩盖在思想政治理论课或爱国主义教育之中。也就是说,只有在进行党史、国史教育,党的路线方针政策教育,形势与政策教育时,国家观才作为一个附属品被提及,结果导致国家观教育的重要性在无形中被淡化。

目前,制度化的大学生国家观教育在我国还是一个新鲜事物,大学生国家观教育的具体推进还有很多空白点,就目前条件来看,关于国家的元问题探究基本放在了政治学研究领域,而且专业性要求较强,对于其他专业的大学生而言具有晦涩性和抽象性。高校思想政治理论课作为高等教育中的公共课,既具有理论性,同时又兼具通俗性和实践性,因而成为大学生国家观教育的主渠道。思想政治理论课的内容丰富,包括唯物史观教育、中国特色社会主义理论教育、革命传统教育、理想信念教育、权利和义务教育等,利用思想政治理论课这一载体,可以在一定程度上让大学生知国懂国爱国。例如通过马克思主义原理课可以培养大学生运用历史唯物主义基本观点观察问题和分析问题的能力,立足于我国国情把握改革发展现状,从而减轻社会改革转型所带来的不适感,增强对中国特色社会主义的认同。通过中国近现代史纲要课帮助学生"了解国史、国情,深刻领会历史和人民是怎样选择了马克思主义,选择了中国共产党,选择了社会主义道路"[1]。思想道德修养与法律基础课可以进一步提高大学生的思想道德水平和文化素养,保持身心健康和建立和谐的人际关系,增强法律意识和树立法治精神。毛泽东思想和中国特色社会主义理论体系概论课可以增强大学生对民族国家的自豪感和自信心,树立坚定的理想信念,自觉积极践行社会主义核心价值观,进

---

① 李梁:《新时代高等教育的使命与思政课教育目标设计的逻辑思考》,《中国高等教育》,2019年第1期。

而成为担当民族复兴大任的时代新人。通过课堂教学,可以系统集中地对国家的基本问题和国家面临的时代课题深入分析,通过马克思主义国家理论特有的逻辑和思想魅力,提高大学生国家观认知,增强为实现中华民族伟大复兴中国梦而努力奋斗的自觉性。

思想政治理论课中的绝大部分内容都可以成为当前大学生国家观教育内容中的重要组成部分,要发挥思想政治理论课在大学生国家观教育中的实际效能,就必须增强思想政治理论课的吸引力、说服力、影响力。因而,一方面,在利用思想政治理论课进行国家观教育时要注意找准切入点,必须紧紧围绕着现实问题进行教育,问题就是"有的放矢"的靶子,突出问题导向,可谓抓住了"牛鼻子"。针对世情国情和党情民情发展变化的新特点,在国家观教育的过程中,要始终坚持问题导向,明确目标指向,精准发力,破解难题。例如在进行人类命运共同体教育时,以近来热议的全球变暖为切入点,从而激发出大学生对人类命运共同体问题的关注和学习的兴趣。引导学生认识到,随着全球日益变暖,原有的气候模式被打破,出现极端天气事件可能更频繁,未来仍会对人类社会造成很大危害。人类社会共同携手应对全球变暖,不论在过去、现在还是将来,都应是人类共识,最后延展到建设人类命运共同体现实的紧迫性。

另一方面,也要看到思想政治理论课在大学生国家观教育中的不足。当前思想政治理论课教育对学生群体教育发挥了重要作用,但对学生个体教育存在明显不足,对专业学生来说学理性不强,这就需要发挥其他课程在马克思主义国家观教育中的作用,将马克思主义国家观合理地贯穿在大学生各门专业课、选修课、党课之中,各门课程共同发力,扩大马克思主义国家观价值影响力版图,让正能量更强劲、主旋律更高昂。此外,思想政治理论课一定程度上存在着灌输的理论与实践相脱节,不能真实地反映学生的思想道德状况、心理发展水平以及个性特点问题,导致理论难以入心入脑,行即随焉。因此,发挥思想政治理论课的国家观教育功能,需要解决好理论研究与理论教育之间的关系,诚如马克思所指出的:"理论在一个国家实现的程度,总是取决于理论满足这个国家的需要的程度。"①此外,课堂教学中,还需要协调好思想政治理论课主渠道与哲学社会科学等其他课程重要渠道,理论教育与实践教育的关系,第一课堂与第二课堂的关系,网上育人与网下育人的关系等,"理论研究只有同社会发展的要求、丰富多彩的生活和人民群众的实践紧密结合起来,才能具有强大的生命力和影响力,才能实现自身的社会价值"②。概言之,没有理论武装头脑,也就谈不上理论联系实际。把习得的国家观知识悬置起来不是马克思主义的理论品格,充分利用好思想政治理论课这个主渠道,旨在实现知国懂国基础上的爱国报国。

(二)用喜闻乐见的方式讲好真理故事

"真理故事"在这里指的是马克思主义国家观,"喜闻乐见"是表现国家观内容的方式,二者是内容与形式的关系,内容决定形式,形式随着内容发展而发展。无论国家观教育的路径,还是载体、方法,从实质来看都属于大学生国家观教育过程中的形式要素。因此,喜闻乐见的形式本质上是国家观教育载体、路径和方法的"喜闻乐见化",通过这一形式增强马克思主义国家观的吸引力和影响力。对大学生国家观教育而言,内容创新、形式创新、手段创新都很重要,但在内容相对稳定的情况下,运用丰富的语言、喜闻乐见的方式方法把国家观真理阐释好、表达好,才能占领正确国家观传播的制高点。在课堂教学中用喜闻乐见的方式讲好真理故事,需要把握好以下几个方面。

在课堂中对大学生进行马克思主义国家理论灌输,除了思想政治理论

---

① 《马克思恩格斯选集》(第一卷),人民出版社,2012 年,第 11 页。
② 《十六大以来重要文献选编》(上),中央文献出版社,2005 年,第 377 页。

课主渠道之外还有其他课程的重要渠道,例如哲学社会科学中的其他课程中的专业课、选修课等。渠道不同,教师所要选择的教育方法也不同,例如在影视文学专业课中融入国家观教育时,教师在解构红色影视剧《建国大业》《建军大业》等脚本镜头时,通过精当的分析和阐释,引导学生缅怀远去的革命先辈们家国情怀,在今昔对比中体悟深厚的英雄主义和民族精神,增强对中国特色社会主义道路的自信。在课堂教学中除了理论教学外,实践教学是相对于理论教学的重要延伸拓展,例如课堂作业展示、热点问题交流讨论等。随着信息技术的发展,一个"万物皆媒"的全媒体时代渐行渐近,现代多媒体技术可以把抽象的内容形象化,使大学生产生代入感,融入形象逼真的情境之中。网络教学是课堂教学的有益补充,有利于引导学生学习基本知识理论,课堂之中的网络教学又包括"网络课堂"和现实课堂中与计算机网络相结合授课两种类型。当然,也有研究将课堂教学、实践教学和网络教学并列为一种教学方法。本书中课堂教学是路径,在这一路径之中,综合运用理论教学、实践教学和网络教学等方式方法。因此,根据教育对象的不同,教育专题的不同以及课堂教学形式的不同采取不同的教学方法,让马克思国家观真理故事有厚度、温度和高度。

用喜闻乐见的方式把马克思主义国家真理讲成生活故事,就是要贴近实际、贴近生活、贴近大学生的需要,准确把握时、度、效,用通俗易懂的语言,喜闻乐见的方式讲故事、讲道理,让大学生爱听乐知、产生共鸣。只有把在大学生中树立正确的国家观落细落小落实,才能为实现中国梦提供强大的精神动力和思想基础。英雄精神一直是习近平总书记推崇和倡导的,英雄精神就是我们的民族精神,和平年代同样需要英雄情怀,它是我们实现中华民族伟大复兴的磅礴力量,实现我们的目标,需要英雄,需要英雄精神。例如通过英雄精神培育大学生"精忠报国"的爱国精神时,可以充分利用先进典型的榜样力量,先进典型就是我们这个时代的英雄。随着学习宣传先进典型活动在全国范围深入开展,在全社会形成了"崇德向善,见贤思齐、德行天下"的氛围,一个个闪光的名字,照亮了整个社会的价值星空。像"新时期共产党人的楷模"兰辉,"人民好公仆"焦裕禄,敢啃硬骨头,甘当"燃灯者"的"时代先锋"邹碧华,"航空英模"罗阳等,一批批充满时代感、饱含正能量的先进个人和集体如雨后春笋般地涌现出来,为全社会树立了道德标杆,成为引领社会主义核心价值观建设的旗帜。讲好典型人物的故事,能够引起大学生的好奇心,让马克思主义国家观更深入人心。此外,用喜闻乐见的方式讲好马克思主义国家观真理故事需要方式创新,改进教学方法,改善教学手段,加大课堂实践教学力度,通过采取理论灌输、课堂讨论、模拟教学、实践体验、多媒体综合教学等多种混合方式,用生动活泼的事例帮助青年大学生加深对马克思主义国家理论的认知和认同。在与大学生互动交流中讲好马克思主义关于国家一般理论的故事、讲好中国共产党团结带领中国人民奋斗圆梦的故事、中国坚持共筑人类命运共同体的故事。质言之,用喜闻乐见的方式讲好马克思主义国家观真理故事,需要把这一方式贯穿于课堂教学之中,内容生动活泼,才能既解渴又解惑。

(三)重视教师的理想信念和过硬本领

在课堂教学中讲好马克思主义国家观真理故事,既要"有人气",又要"有人教"。学生是课堂学习的主体,而教师是课堂的主导者,是立教之源,兴教之本。没有教育者的教学课堂,即便课程"配方"再先进,教学方式"包装"再精美,课堂教学也难以为继。概言之,大学生正确国家观的形成关键在教师。课堂教学中的教师既包括思想政治理论课教师,也包括专业课教师、选修课教师、党课教师等。教师之所以关键,是因为教师承担着学生健康成长指导者和引路人的责任。那些肩负着对大学生开展马克思主义国家观教育的老师,更是承担着引导大学生认识到中华民族从站起来、富起来到强起来,历经的曲折,创造的奇迹的重任,以期大学生不忘来路,不改初心,不迷失方向和道路。那么具备什么素质的老师才能承担起这一重担呢？笔者认为，坚定的理想信念和过硬的本领是两个不可或缺的要件，这两个要件同时又包括各自的子要件。事实上，无论哪一类教师，作为大学生国家观教育的主导者，都应具备坚定的理想信念和过硬的本领。坚定的理想信念是核心，过硬的本领是基础。缺少坚定的理想信念引领，过硬本领则会迷失方向，疏于过硬本领的修炼，理想信念难以坚定，甚至会成为空中楼阁。

　　理想信念决定事业成败，没有理想信念的教育只能是教学技术而已。在社会主义中国，理想信念的境界不外乎是对马克思主义的信仰，对社会主义和共产主义的信念。教师是培养担当民族复兴大任的时代新人的主力军，教师的理想信念是否坚定，事关教学目标的实现。"一个学校能不能为社会主义建设培养合格的人才，培养德智体全面发展、有社会主义觉悟的有文化的劳动者，关键在教师。"①师者，人之模范也。传道者要先明道、信道，要让有信仰的人讲信仰。试想教师如果在诸种非马克思主义国家观思潮中迷失自我，他们在教书育人的过程中也会直接或间接地把这种不坚定的理想信念传递给大学生，从而影响学生的思想和行为。理想信念的高地，马克思主义、社会主义不去占领，各种非马克思主义、反马克思主义、去马克思主义思潮就会去抢占。教师在课堂教学中用马克思主义国家观真理与大学生互动，首先应把马克思主义国家观内化于心，外化为行，把教书育人与自我修养结合起来，用自身的模范行为和高尚人格去教育、引导学生，从而带动他们自觉践行正确的国家观，真正成为大学生成长成才指导者和引路人。过硬的本领是指，要坚持教育者先受教育的原则，自己必须先深入理解这个理论、练就过硬的本领，切实解决好"本领恐慌"问题，从而让学生真听、真

---

　　① 习近平：《做党和人民满意的好老师：同北京师范大学师生代表座谈时的讲话》，人民出版社，2014 年，第 4 页。

懂、真信。讲好国家观真理故事是一个需要高度政治意识、思想见识、专业才识的工作。过硬的"本领"包括扎实的专业学识,高超的育人水平,精湛的业务能力。因此,教师要勇于创新探索,增强本领能力,提高完善业务能力和育人水平的自觉性,对党员教师而言,更要不断增强脚力、眼力、脑力、笔力,发挥好先锋模范作用,让马克思主义国家观真理故事先"火"起来。

(四)加强对课堂教学的有效管理和监督

加强对课堂教学的有效管理和监督,解决的是如何保障课堂教学这条路径的通畅问题。课堂教学是"全面推动习近平新时代中国特色社会主义国家思想进教材进课堂进学生头脑的主阵地,是大学生牢固树立'四个意识',坚定'四个自信'"[①]的根本路径。利用课堂教学培养德智体美全面发展的社会主义合格建设者和可靠接班人,培养担当民族复兴大任的时代新人,需要对课堂教学的有效管理和监督,提升教学质量。加强对课堂教学的有效管理和监督,有助于保证"教师在课堂教学中始终坚持马克思主义立场观点方法,在政治立场、政治方向、政治原则、政治道路上同以习近平同志为核心的党中央保持高度一致,坚定不移维护党中央权威和集中统一领导"[②]。督促教师切实肩负起培养担当民族复兴大任的时代新人的职责,增强政治意识、责任意识、阵地意识和底线意识。此外,加强对课堂教学的有效管理和监督,"进一步加强课堂教学秩序管理,能确保学生到课率,为高质量开展教学提供保障"[③]。加强对课堂教学的有效管理和监督,有助于严肃课堂教学纪律,营造"风清气正"的课堂教学环境。

教学工作的有效管理和监督,是保证课堂教学工作顺利进行,全面完成课堂教学任务,实现学校培养目标的重要条件。因此,实现课堂教学有效管

---

①②③ 《教育部关于印发〈新时代高校思想政治理论课教学工作基本要求〉的通知》,《中华人民共和国教育部公报》,2018 年 5 月 15 日。

理和监督的科学化,应该做好以下几个方面的工作。首先,学校要对课堂教学活动定期检查和随机抽查,或者通过学生信息员队伍的反馈信息,及时掌握课堂教学过程中存在的突出问题,对发现的问题及时给出整改措施,这也是教学管理中较为常规的监督方式。其次,完善听课制度。学校党委牵头成立一批由学识渊博、教学经验丰富的教授组成的教学督导团,长期对教师课堂教学进行抽查听课,对教师在教学中存在的问题和不足加以引导。此外,定期检查学生期末考试试卷,并针对试卷的出题、评卷的给分等环节分析总结。再次,加强评教系统建设,构建科学的评价机制。对此,要着力于先进的评价理念,明确评价标准、原则,创新评教方式,例如学生评教、专家评教、同行互评、领导评教,网上与网下相结合等多元立体评教方式。最后,完善教学事故认定及处理办法。高校应立足于本校实际情况,依据相关法律文件,如《教师法》《高等教育法》和教育部相关文件等,制定符合本校的教学事故认定及处理办法,规范教学管理,提高课堂教学质量。总之,教学是有组织的活动,必须实行有效的管理和监督,逐步建立一套有效的课堂教学质量监控体系,形成以常规教学监督、教学督导监控、教学评价监控、教学事故处理为一体的课堂教学质量监控系统。

二、在火热实践中深化报国之行

实践的观点是马克思主义哲学首要的和基本的观点,实践是认识的来源和归宿,也是检验理想信念是否科学的唯一标准,理论只有付诸实践才有生命力。同样,马克思主义国家观也不是一经习得便束之高阁的收藏品,用掌握的马克思主义国家理论解决国家现实问题,自觉维护国家主权和国家利益,是大学生树立正确国家观的落脚点。理论联系实际是中国共产党的优良传统,教育与生产劳动相结合是党的教育方针。习近平总书记指出:

"学习是成长进步的阶梯,实践是提高本领的途径,青年的素质和本领直接影响着实现中国梦的进程。"①只有投身于中国特色社会主义的火热实践中才能真正树立起正确的国家观,才能有效发挥正确国家观在处理个人与国家关系时的指导作用。苏霍姆林斯基指出:"无论课堂上所学的教材具有多么充实的政治思想和道德思想,但学生在掌握知识的过程中总是把认识的目的放在第一位:知道它、学会它、记熟它。而且教师也是全力以赴地追求这一点。这个目的越是被置于首先地位,它就越是有力地占据了学生的内在力量,而思想感情就越远地退居次要地位。"②因此,国家观教育既要有严谨的课堂理论教育,又要有生动活泼的社会实践,在实践活动中深刻把握国家发展的需要,并运用正确国家观指导和推动社会实践,进而在这个过程中有所知、有所悟、有所得。

(一)丰富实践育人载体

从词义学角度看,"载体"是指能传递能量或其他物质的物质。国家观教育载体是指那些承载马克思主义国家理论,能为教育者所掌握的,连接教育主客体的活动形式和物质实体。"社会实践是大学生思想政治教育的重要环节,对于促进大学生了解社会、了解国情,增长才干、奉献社会,锻炼毅力、培养品格,增强社会责任感具有不可替代的作用。"③《教育部关于全面提高高等教育质量的若干意见》中明确提出,要强化实践育人环节,"制定加强高校实践育人工作的办法,结合专业特点和人才培养要求,分类制订实践教学标准。增加实践教学比重,确保各类专业实践教学必要的学分(学时)"④。这表明,国家十分重视实践育人在人才培养中的作用和地位,相较于课堂教

① 《习近平谈治国理政》,外文出版社,2014年,第51页。
② [苏]苏霍姆林斯基:《和青年校长的谈话》,赵玮等译,教育科学出版社,2009年,第562页。
③ 《十六大以来重要文献选编》(中),中央文献出版社,2006年,第183页。
④ 张哲:《思想政治教育空间论》,兰州大学博士学位论文,2015年。

学,实践育人发挥着不可替代的作用,是大学生运用马克思主义国家观分析、解决国家问题,切实增强"四个意识",牢固树立"四个自信",矢志坚定"两个维护"的关键环节和必经之路。

因此,丰富实践育人载体,我们要继续"厚植优势",充分利用思想政治教育实践育人原有的载体,大学生思想政治教育、爱国主义教育和马克思主义国家观教育有共通性,其载体可以实现共享,在原有的基础上创新发展,实现为我所用,为我特有。例如科技竞赛、创新创业等是培养大学生创新精神,提升个人素养和服务社会的能力的重要形式,在利用这一形式进行国家观教育的时候,可以利用"华为事件"作为切入点,让大学生深刻了解到,"大国重器"一定要掌握在自己手里,核心技术、关键技术不是靠"化缘"得来的,进而激发出大学生的拼搏精神和爱国情怀。此外,还要着力于破解难题和补齐短板,特别是大学生实践育人载体存在着实际效能转化的问题。例如社团活动格调不高、组织松散、学生参与不积极,校园实践场地等硬件条件落后、网络优质资源整合不足等问题。实验教学是高校实践育人载体的组成要件,本应是培养学生动手能力和综合素质的重要抓手,但在现实应用中存在诸多问题。从价值导向的视角来看,存在着为实验而实验的"价值中立倾向",对实验课本身应有的实践理性和价值导向缺乏必要的重视。正所谓"科学没有边界,但科学家有祖国",阶级社会中任何科学研究都无法放逐价值,在作出分析和评论时佯装骑墙,因而自然科学不仅要引导学生作出事实判断,也肩负着向学生传递主流价值导向的重任。总之,在丰富大学生马克思主义国家观教育实践育人载体时,既要盘活现有的活动载体,又要坚持问题导向,不断推陈出新,增强文化知识的价值导向功能。

在丰富实践育人载体的过程中,要注意区分实践育人与实践教学之间的关系,二者既有区别又有交叉。实践教学通常是纳入教学计划的实践环节,有明确的学分要求,关涉到大学生课程结业和毕业。就目前来看,大学生国家观教育还不是一门课程,在探究实践教学载体时,还只能依托于公共课、专业课和选修课等课程教学体系之中。因此,在挖掘国家观实践育人载体的时候,要处理好与常规课程教学载体之间的关系,做到博采众长,为我所用。需要指出的是,我们探讨丰富实践育人载体,旨在提高实践育人的效果,达到培育大学生正确国家观的目的。相较于实践教学,实践育人的载体范畴更广,它包括教学计划之外,课余时间进行的社会实践活动。社会实践活动作为一种教育活动是有目的地组织大学生参加社会活动,让大学生在实践中受教育、长才干和做贡献,是大学生国家观教育的重要环节。一方面,由于处在教学计划之外的大学生国家观教育缺乏明确的实践育人要求,这也使得载体的丰富具有了更广阔的挖掘空间。另一方面,正是由于国家观教育缺乏明确的教学计划,一切都处于"摸着石头过河"的状态,这也间接导致"载体丰富困境",即载体依旧停留在课程教学体系的"闭环"空间中,难以提升实践育人效果,这也是今后研究的重点、难点。

(二)强化实践育人体验

大学生不仅要树立正确国家观,而且要把这一正确的观念上升为理想信念,这也是马克思主义国家观教育的长远目标。因而,大学生不仅要在理论上学习马克思主义关于国家的一般理论,掌握中国特色社会主义国家的历史与现实,正确认识爱国主义与社会主义在本质上的一致性,而且还要在实现复兴中国梦的伟大实践中进一步学习、理解,掌握、检验、深化、升华这一理想信念,实现马克思主义国家观的"第二次飞跃"。在实践活动中实现马克思主义国家观的"第二次飞跃",需要强化实践育人体验。体验是指行为主体通过感觉器官对人或物或事情进行了解、体验过程中建立起来的心理感受。实践体验就是通过参加课堂实践、校园实践和社会实践等,让行为主体亲身体验,在实践养成中有所知,有所悟。因此,一方面我们要丰富实践载体,创新实践形式,另一方面,我们也要强化实践载体和形式的体验,让大学生在"读万卷书"的同时"行万里路",以自身接触社会、了解国情的方式,树立正确的国家观。

　　良好的行为习惯和道德认知离不开实践养成,而实践育人效果重在体验。在实践中加深体验,才能真正地把马克思主义国家观内化为自身情感认同。强化实践育人体验有多种形式,既可以采用灵活的育人载体,例如多媒体载体;也可以选择特定的时间,例如特定节日(国庆节);还可以选择恰适的场所,比如校内图书馆、实验室、专用教室及各类校外实践基地。事实上,在现实操作中,这几种形式不是截然分开的,更多的是作为一种混合形式统一在实践活动之中。在时间安排上,国家观实践育人活动,可以根据教育内容,灵活选择活动时间,或者利用热点话题聚焦实践活动。例如利用近期中美贸易摩擦热点话题作为案例分析,引导大学生课堂讨论,探究贸易摩擦的原因及其本质,进一步了解大国之间的博弈关系,对于大学生深刻理解中国特色社会主义的最大优势,牢固树立"四个自信"具有积极作用。课堂讨论是实践教学环节的一种教学方法,也是贯穿在"学中做"的实践育人形式。除此之外,利用特定节日进行国家观教育会更具有仪式感,从而强化国家观教育的情感体验,在特定的节日气氛中,也更容易产生代入感和使命感,从而增强实践活动实效性。例如在国家公祭日到爱国主义教育基地进行实地参观,教育大学生不忘国耻,铭记历史,唤醒对和平的向往和坚守。

　　国家公祭日到爱国主义教育基地进行实地参观是"第二课堂"的实践教学形式之一,也是贯穿于"做中学"的实践育人形式。习近平总书记在中共中央政治局第二十九次集体学习时强调:"要充分利用重大历史事件纪念活动、爱国主义教育基地、中华民族传统节庆、国家公祭仪式等来增强人民的爱国主义情怀和意识。"①通过"第二课堂"的实践教学形式对大学生进行马克思主义国家观教育,既可以到学校所指定综合课程的领域,例如利用假期有目的地组织学生红色旅游、专题考察等,也可以到非指定领域,例如班团队活动、国家宪法日等融入国家观教育内容要求,学生可以利用课余时间自行结对前往,并撰写观后感或考察报告。最后,利用好信息技术高速发展带来的"红利",以提升实践体验。信息技术的发展给人们带来了别开生面的实践体验。2018 年底,千余名武大师生登顶武大樱园老斋舍,用别出新意的快闪唱响《我和我的祖国》。通过这种快闪活动,大学生用浪漫的方式表达着自己的爱国之情,舞动出知识分子所特有的爱国音符,在这样一场别开生面的盛宴中找到了深刻隽永、刚毅豪迈、鞭策奋进的密码。习近平总书记在中共中央政治局第二十九次集体学习时特别强调:要充分"运用艺术形式和新媒体,以理服人、以文化人、以情感人,生动传播爱国主义精神,唱响爱国主义主旋律"②。

(三)贴近大学生的实际

除去那些个别的历史虚无主义者外,一般而言,情感爱国主义形成的条件依附性较低,每一个人多少都具备一定的爱国情感,尽管这种情感在现实生活中不易被察觉,但我们并不能否定它的存在。同时,我们也应该看到,爱国与爱国方式之间的不同,爱国情感与爱国行为之间存在脱节。换言之,只有知晓马克思主义关于国家的一般理论是什么,中国特色社会主义国家需要什么样的国家观,而后才能践行理性爱国主义行为。正确的国家观是对国家的科学认识,大学生只有树立正确的国家观,才能够科学地看待和分析国家问题及现象。马克思主义国家观就是对国家科学系统的认识,它是

---

①② 习近平:《大力弘扬伟大爱国主义精神 为实现中国梦提供精神支柱》,《人民日报》,2015年 12 月 31 日。

一门理论性和专业性极强的学说,单靠一般意义上的爱国主义教育难以掌握。因此,一方面,要利用课堂教学的优越性,进行系统的理论教育是大学生树立马克思主义国家观的前提,用马克思主义国家观武装头脑,充实爱国之心。另一方面,要在火热实践中进一步释放自信的密码,使大学生的马克思主义国家观进一步深化和升华。无论是课堂教学还是实践教学,贴近大学生的实际都是二者顺利开展的立足点之一,是马克思主义国家观教育活动的依据,是提高育人效果和质量的关键。

与理论育人不同的是,在实践育人中,学生成为实践活动主体,教师则是实践活动的引导者。高校马克思主义国家观实践育人过程中,是通过形式多样的实践载体和丰富的实践体验,有计划有目的地安排组织大学生参加课堂实践、校园实践、社会实践以及网络实践的主体性实践活动。进言之,只有把教育者的主导作用和学生的主体性地位紧密结合起来,大学生才有可能加深对马克思主义国家观的认识和了解,才能更好地学以致用,进而在细微的生活和身边小事中展现爱国情怀,在中国梦的宏大主题中投身于中国特色社会主义事业的洪流,与祖国同呼吸、共命运。因此,主体性实践活动想要有效地运转起来,就必须实事求是,与时俱进,在实践育人中贴近大学生的实际。首先,贴近大学生的生活实际。大学生的生活实际通常附着于国家改革发展的实际,同时又表现出局部的特殊性,信息技术的革命,不断催生出新的大学生生活环境,例如新媒体打破了原有的社交方式,成为大学生日常生活中相互交流的新方式。高校要顺应时代的潮流,在利用新媒体育人方面进行有益的探索和尝试,同时,要扬长避短,趋利避害,防止新媒体的反噬作用,特别是虚拟阵地在助力主导舆论导向的同时,网络舆情又降格主流舆论的统合力,在一定程度上消解着国家观教育的有效性。

其次,贴近大学生的思想实际。就研究主题而言,思想实际是最大、最直接的实际,因为国家观教育所要解决的问题就是思想问题,大学生马克思主义国家观实际状况,也是马克思主义国家观教育目标的确立依据。当前,"三化"间充溢着张力,多元社会思潮相互激荡,虚拟与现实间交叉分野的时代环境,不断解构与重构着大学生的思想实际,导致大学生在价值判断、道德规范、政治立场上出现偏差。此外,大学生的思想实际又具有阶段性、层次性和个别性的特征,例如不同年级的大学生的思想实际也不同,同一年级的大学生的思想实际也会呈现出层次性。因此,在实践活动中对大学生进行国家观教育既要把握好全局,又要突出重点。深刻把握大学生的思想特点及其变化发展规律,是增强马克思主义国家观教学吸引力的根本着力点。

(四)完善实践育人机制

实践育人不是单纯的实践活动,它是课程育人的拓展和延伸,是大学生国家观教育的基本路径。构建实践育人长效机制,是实践育人深入开展的保障,只有建立可行的实践育人机制才能保障实践育人的效果。因此,在实践中培育大学生正确国家观,必须建立领导机制、指导机制、激励机制、保障机制以及容错纠错机制来共同保障和完善实践育人的效果。大学生国家观教育作为一种政治教育,旨在培育大学生正确的国家观念,因此建立领导机制是保障大学生国家观教育顺利进行的关键,也是根本贯彻党的教育方针的保障。领导机制是指要建立校、院两级领导机构,每一种社会实践活动都要明确责任人和负责人,形成一级抓一级,层层抓落实的齐抓共管的工作局面。例如校级领导机构要发挥主导性作用,优化资源配置,协调工作冲突,落实考评督查。院级领导机构要在部署落实、人员配备等方面发挥关键性作用。学生管理部门要抓好"第二课堂"的具体开展工作,协调组织好各类实践活动的开展。

没有高水平的指导,就不可能有高质量的社会实践活动,同样,没有专业的指导,也不会产生高效的国家观教育实践活动。正如前文提到的,国家观产生于大学生自身的需要,也就是说,大学生群体在国家观教育实践活动中能够形成一定的国家观,但这种国家观不一定是马克思主义国家观,换言之,如果不对大学生国家观教育实践活动进行专业讲解,大学生就难以形成正确的马克思主义国家观。马克思主义国家观不同于其他形形色色的国家观,它是具有科学性和严密性的理论体系,对非专业大学生而言"曲高和寡"。此外,我国大学生国家观教育还处在摸着石头过河的阶段,这一专业化的教育也被简单收纳在高校思想政治理论课中。因此教师虽然不用按照上课的方式去教育学生,但这并不意味着教师减少指导的责任,相反,作为学生实践活动的组织者、参与者和促进者,对教师提出了新的更高的要求。一方面要加强课程建设,尝试构建体制化的大学生国家观教育,另一方面,制定实践教学大纲,积极推进指导教师的知识化和专业化,建立大学生国家观教育实践指导教师进修培训制度,推进指导教师的团队建设。建立激励机制的目的在于实现大学生从"要我做什么"到"我要做什么"的转换。学校应将社会实践纳入学分制,建立学分奖励制度,形成以学分及综合评测为主要手段的激励机制。通过让大学生深入社会,走进基层了解改革开放以来农村脱贫工作取得的瞩目成就,使他们树立坚持和发展社会主义道路的信心,增强对祖国的自豪感和自信心。一般这种实践活动较为辛苦,学校应建立相应的物质奖励机制,可给予学生一定的生活补助和交通补助,同时注重与其他奖励机制相结合,避免引导学生急功近利,投机取巧,利用实践活动的噱头骗取经费,导致教育效果适得其反。

教师作为立教之基、兴教之源,应该充分发挥教师的积极性,在评优评先中,建立以师德、教学和科研为统一基准,突出师德为重点的激励机制,充分调动教师指导大学生实践的积极性。总之,无论是发挥教师的主导作用,还是体现学生的主体地位,学校应建立以综合测评为主要手段的激励机制,不单以物质奖励、学分奖励或荣誉奖励为评价标准,进而避免激励片面化。保障机制是指实践活动安全保障机制和条件保障机制。条件保障机制主要是指建立相对稳定的实践育人基地,营造和谐的实践育人情境,制定详细的社会实践活动方案等。任何一项社会实践活动都具有不确定性和风险性,大学生国家观教育实践活动也不例外,除了学生自身安全,还包括国家安全。当前,国际局势波诡云谲,国内改革发展任务艰巨繁重,在国家问题上稍有不慎都会触动某些敌对势力的神经,甚至引来无端的指责和抹黑。涉世未深的大学生在国家问题上也容易情绪化,甚至极端化。例如带领大学生走进军营,感受可爱的战士把青春献给伟大的祖国的崇高信念,参观军队演习,感受军人舍我其谁的英勇无畏,进行军事训练,体悟钢铁战士们的军魂和意志,在此过程中要建立学校、军队和学生三方共同参与的多元联动机制,培训他们的安全知识和处理突发事件的方法和能力。例如进行网络爱国主义实践活动,抢占意识形态网络阵地时,大学生可以直接参与到红色网站的建设中来,但大部分网站在创立的过程中,把注意力更多地放在了网站实用性开发上,对网络的安全则丧失了警惕性,致使网站存在安全隐患。因此,必须加强对指导老师和学生的安全教育及法律教育,特别是非传统安全教育,增强风险意识,明确安全责任划分,着力防范化解风险。界限明确才能有的放矢,实践活动难免会出现这样或那样的失误,构建容错纠错的长效机制,理清问责的边界范围,打破干事创业的"洗碗效应",推进新时代大学生国家观实践育人改革创新。但试错应是在一定的道德边线、政治底线和法律红线范围内进行,而非违法违纪的胡乱试错。

三、在校园文化中升华兴国之志

文化软实力日益成为各国综合国力竞争的焦点。大学校园文化是社会主义先进文化的重要组成部分,其在壮大主流舆论,培育和弘扬社会主义核心价值观,增强宣传思想工作吸引力和凝聚力等方面肩负着重要使命。胡锦涛在全国加强和改进大学生思想政治教育工作会议上的讲话中明确指出,要把大力建设校园文化作为新形势下加强和改进大学生思想政治教育的有效途径。习近平总书记在全国高校思想政治工作会议上明确指出:"要更加注重以文化人以文育人,广泛开展文明校园创建,开展形式多样、健康向上、格调高雅的校园文化活动,广泛开展各类社会实践。"①校园文化将以其春风化雨、润物无声的间接育人优势,成为大学生国家观教育的重要路径。因此,发挥校园文化在大学生国家观教育中的重要作用,必须牢牢把握先进文化的方向,用爱国主义精神引领校园文化建设,因校制宜地拓宽校园文化建设路径,加强学校宣传文化阵地建设与管理。

（一）用爱国主义精神引领校园文化建设

亚里士多德认为,忽视教育就会危害到政治,应该教育公民使他们的生活适合于政府的形式,"教育应成为国家的事业"。教育的国家责任是一种应然,这种责任是什么呢? 就是教育必须承担起将统治阶级关于国家的立场和观点灌输公民的意识之中,培养公民的国家观念和政治意识,在其意识中形成基本完整的国家观念结构,并在此基础上调动公民对国家的热爱、忠诚和关切。事实上,国家存续、社会发展以及文化传承离不开高等教育,"古今中外,每个国家都是按照自己的政治要求来培养人的,世界一流大学都是在服务自己国家发展中成长起来的"②。大学生国家观教育本质上是一种政治教育,也是思想政治教育的重要内容,旨在继承和弘扬爱国主义精神,增强大学生对国家的认同感、自豪感、自信心,鼓舞大学生为民族、国家和人民做出更多、更大的贡献。

大学生深刻把握世界发展走向,认清中国和世界发展大势,深刻感悟马

---

① 《习近平谈治国理政》(第二卷),外文出版社,2017 年,第 378 页。
② 习近平:《在北京大学师生座谈会上的讲话》,人民出版社,2018 年,第 6 页。

克思主义国家观真理力量,不仅需要在课堂教学中夯实爱国之识,在火热的实践中内化强国之志,还需要在润物无声的校园文化中,从历史深处点亮爱国之心的火种,赓续爱国之识、温润爱国之情、升华报国之行。"蓬生麻中,不扶而直。白沙在涅,与之俱黑。"校园文化的含义有广义和狭义之分,广义的校园文化是指学校全部存在方式的总和,包括学校的物质文化和精神文化。狭义的校园文化是指学校的精神文化。我们日常生活中所说的校园文化一般是指学校的精神文化,这种精神文化主要通过校园的文化价值取向、课程文化、制度文化、组织文化等方面体现。本书中,校园文化是广义上的校园文化,包括物质文化和精神文化。因此,用爱国主义精神引领校园文化建设,就是把爱国主义精神贯穿在校园物质文化和校园精神文化建设之中的问题,即把马克思主义爱国主义精神贯穿于校园自然环境、建筑风格、教学设施、课程文化、制度文化、组织文化和符号文化建设之中。

校园物质文化侧重校园硬件环境的配备与展示,作为有形可感的存在,把爱国主义精神贯穿于校园物质文化建设中,旨在让大学生在校园环境的浸润中感受遗落在片石瓦砾里的家国情怀。营造和谐恰适的自然景观,以鸟语花香、郁郁葱葱校园生态,给人以赏心悦目之感之余,引导大学生形成保护环境、节约资源的意识。"历览前贤国与家,成由勤俭败由奢"这句警世恒言,告诫大学生奢侈浪费最终会导致国破家亡,勤俭节约,则家运国运将永久兴旺。此外,可以根据地域特色发挥校园自然景观育人功能,例如武汉大学樱花,在自然美与人文美的碰撞与交融中,衬托出中华民族宽广的胸怀,"六一惨案"遗址就坐落在樱花城堡,当人们沉浸在浪漫樱花的喜悦之中时,也能感受当年爱国学生和进步青年在白色恐怖下的勇敢无畏。把爱国主义精神融入学校人文景观建设中,要注意学校或学院的场地格局、规划及人文景观的设计,名人画像、英雄雕塑应安放至适当的位置,如行政楼、教学楼和学校地标建筑群等醒目地方,努力使"学校的人文景观也能说话",促进大学生时常擦拭民族历史的记忆。体育精神是爱国主义精神最具活力的载体。青年兴则国家兴,青年强则国家强。青年的兴与强,不仅要有远大的理想和渊博的学识,更要有健康的身躯和健全的人格。因此,学校的运动场地也是弘扬爱国主义精神的绝佳场所,特别是体育运动中所蕴含的团结拼搏精神,承载着厚重的爱国主义价值。通过完善运动场地、设施和器材,在操场附近拉置横幅、张贴标语,在球场地面、球架上张贴爱国的标签符号,例如五星红旗等,鼓励大学生走出寝室,远离网瘾,在挥洒汗水中激发出对民族前途、国家命运的强烈社会责任感与历史使命感。深刻体悟为国争光,为民族争气的远大的理想和信念寓于健康之体魄,需要永葆蓬勃生机和旺盛的活力。

此外,还可以通过完善学校形象标识,校标、校徽、校服和校歌等弘扬爱国主义精神,例如在学校的校歌中把学生的个性发展、学校的历史文化特色和爱国情怀串联起来,教学楼命名为"振华楼""国'芯'楼",校园道路命名为"和平路""复兴路"等,不但可以体现学校个性和特色,还可以让大学生在日常生活中拥抱中华民族优秀传统文化,浸润红色气质。把爱国主义精神贯穿于整个课程的全过程,是帮助大学生树立正确的国家观必不可少的一项工作。除此之外,还应依据学校师资力量和历史文化,深化课程改革,凸显办学特色,特别是对于那些身处红色资源丰富地区的高校,应充分利用好这一得天独厚的优势,把优势转化为学校名片。例如井冈山大学依托独特红色资源探索教育新途径,开发了井冈山精神校本课程《井冈山精神与当代大学生》,实现了井冈山红色文化资源进教材进课堂,成为该校一道亮丽的风景线。高校应把马克思主义国家观融入校园制度文化建设的体系中,使其成为师生日常的行为准则和基本标尺。例如通过依法治校、民主治校、制度治校等,使学校各项工作有法可依,有据可循,在实现学校各项工作科学化和规范化的有序运行,让大学生明白,努力做一个遵纪守法合格的公民就是爱国。总之,用爱国主义精神引领校园文化建设,就是要学校一草一木、一楼一角、一景一物、一橱一窗,全校师生的一举一动都展现学校的形象,体现马克思主义爱国主义的文化内涵。

(二)因校制宜构建校园红色影视"文化场"

习近平总书记指出:"对中国人民和中华民族的优秀文化和光荣历史,要加大正面宣传力度,通过学校教育、理论研究、历史研究、影视作品、文学作品等多种方式,加强爱国主义、集体主义、社会主义教育,引导我国人民树立和坚持正确的历史观、民族观、国家观、文化观,增强做中国人的骨气和底气。"①全媒体时代,审美从静观向流观转向,并且正以春风化雨、润物无声、精准抵达的方式深深嵌入我们日常的精神生活,不断解构、重构着我们的价值取向,影响并改变着传统的艺术格局。视听艺术语境下,观看电视、电影成为一种意识形态的日常仪式,影视文化已经成为当今最具影响力的意识形态传播方式之一。红色影视作品作为社会主义文艺的突出表现样态,通过综合运用人物、故事等艺术元素,观照现实生活,为人民画像,为时代放歌,在国家观教育实践中发挥着不可替代的作用。利用红色影视文化对大学生进行国家观教育,是把光荣革命史中理想信念、价值观念、人格品质等融入影视艺术当中,通过生动的故事情节、鲜明的艺术形象和丰富多彩的语言去概括历史和表现现实,让"国家机器"既有棱有角,又有情有义。

2017年5月,《教育部办公厅 国家新闻出版广电总局办公厅关于推进"全国校园电影院线"建设的通知》指出,为"进一步推动校园文化繁荣发展,促进以文化人、以文育人,充分发挥影视艺术作品对广大师生思想引领和价值导航的重要作用","通过放映优秀电影作品和开展丰富多彩的校园电影文化活动,满足青年学生不断增长的精神文化需求,帮助青年学生提高思想

---

① 《习近平谈治国理政》,外文出版社,2014年,第162页。

水平、政治觉悟、道德品质、文化素养"。① 现如今,影视文化已经成为人们生活中不可或缺的一部分,具有广泛的社会影响。"据 2017 年新传智库发布《受众调研报告》显示,当下的电影观众平均为 24 岁,30 岁以下的观众占到总数的 88.9% 。"②通过 2013—2017 年备案电视剧类型分布图可以看出,年轻类型题材呈现多点开花,都市剧占据半壁江山,穿越悬疑等小众题材备受追捧(见图 6.1),这在一定程度上说明了传统意识形态化倾向的影视文化正逐步向大众化转型。近几年,与革命历史题材相关的影视作品频繁地被搬上银幕,数据显示,2017 年近代革命题材电视剧备案量同比增长 0.5% ,③生动鲜活的革命历史题材电视剧在荧屏上备受好评,其生动形象直观性,带给人们强烈的视觉冲击,其现实感染性也弥补了学理性国家观教育的空洞无感,进一步增强弘扬爱国主义传统的实效性。政治教育要"活"起来,才能"火"起来,大学生国家观树立实现创新与突破,红色影视文化大有可为,大有作为。

---

① 《教育部办公厅国家新闻出版广电总局办公厅关于推进"全国校园电影院线"建设的通知》,http://www.moe.gov.cn/srcsite/A12/s7060/201705/t20170512_304455.html。

② 季洪材:《大学生思想政治教育新载体的运用——基于"校园院线"以形化人的新视界》,《思想理论教育导刊》,2018 年第 6 期。

③ 数据来源:国家广播电影电视总局电视剧电子政务平台 2013—2017 年近代革命题材电视剧备案量和 2013—2017 年中国电视剧备案量,分别为 115、161、124、93、96 部,1029、1073、1159、1208、1170 部,http://dsj.sarft.gov.cn/index.shanty。

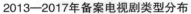

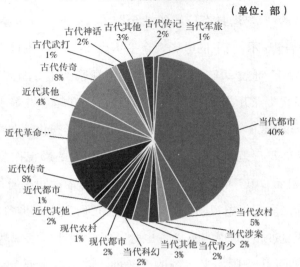

2013—2017年备案电视剧类型分布

（单位：部）

古代神话 2%　古代其他 3%　古代传记 2%　当代军旅 1%

古代武打 1%

古代传奇 8%

近代其他 4%

近代革命…

当代都市 40%

近代传奇 8%

近代都市 1%

近代其他 2%

现代农村 1%

现代都市 2%

当代科幻 2%

当代其他 3%

当代青少 2%

当代涉案 2%

当代农村 5%

图6.1　国家广播电影电视总局电视剧电子政务平台
2013—2017年备案电视剧类型分布

　　红色基因是鲜活的历史教科书，能有效地提升国家观教育亲和力。红色影视文化饱含爱国主义、集体主义以及英雄主义精神，并兼具时代性、科学性、娱乐性等特点，每一个社会个体都可以在种类繁多的红色影视作品中找到自己精神落脚点，从而使自己受到心灵的洗礼。像《林海雪原》《狼毒花》和《潜伏》等都体现了深厚的英雄主义和民族精神。传统权威教育中客体的主体性被屏蔽，受教育者只是被动填鸭式灌输的纯客体，对于红色影视作品而言，影视文化的去中心化特征，使教育对象摆脱了单一信息接收者的束缚，充分发挥其在接收信息过程中的主观能动性。受众不再是消极被动地对影片内容进行接收，而是在积极主动地对其进行认知与再创造，并在这一过程中实现对影视作品观看效果的反馈。因此，创作者们要虚怀若谷地借鉴各种有益的文化成果，吸收外来，面向未来，勇敢肩负起引领新时代大众价值趋向和审美品位的使命，助力伟大的民族复兴之舟胜利到达辉煌的彼岸,从而在赢得市场的过程中也赢得更广泛的教育对象。红色影视文化承载了最大的广泛性,文学、艺术、舞蹈、音乐、绘画等众多的综合艺术的表现形式,生动的视听语言和光彩夺目的艺术形象提供了最为广泛的教育知识。

同时,一部影视作品,本身就普遍蕴含着自然科学、人文社会科学等大量包罗万象的知识,这也极大地丰富了国家观教育内容,像《建军大业》中的每一句台词都有历史背景,从其中可以读懂1927年的中国和中国革命,且在历史细节的刻画中凸显道德温暖和人性光辉,不仅帮助大学生正确地认识国家厚重的历史,而且也帮助大学生树立正确的历史观、民族观、文化观,无形中提升自己的知识储备和人文素养。作为一门有声有画的影像艺术,利用视听艺术的审美思维来表现客观世界,其叙述方式更贴近实际,贴近生活,贴近受教育者,具有强大的教育感染力。这种潜移默化的教育方式与硬性教育相比,会起到事半功倍的效果。红色经典中的这些英雄人物身上,流露着中华民族英勇善战、顽强不屈的战斗精神,其鲜活的人物形象,扣人心弦的情节,逼真的画面,给予观众强烈的代入感,促进教育对象理性感悟,完成自我教育,树立正确的思想观念。红色影视文化作品取材于现实原型,塑造的人物形象更具有强烈的现实性和感染性,可以有效引起教育对象的共鸣,探寻人生意义。例如《亮剑》里的李云龙、《红日》里的石东根等,书写英雄气概、家国情怀以及人性光辉,教育对象会有更直观的感受,进而在艺术魅力的浸润下提高觉悟,净化心灵。视觉盛宴的背后必定是观众的心理诉求,互联网条件下依托大数据平台,可以对红色影视文化的发展趋向和观影评分作出研判,分析受众的需求状况,及时掌握思想动态并迅速作出反应,进一步增强教育的针对性。

习近平总书记在全国宣传思想工作会议上的讲话时指出:"坚持团结稳定鼓劲、正面宣传为主,是宣传思想工作必须遵循的重要方针","要提高质量和水平,把握好时、度、效,增强吸引力和感染力,让群众爱听爱看、产生共鸣,充分发挥正面宣传鼓舞人、激励人的作用"。① 因此,我们在利用红色影视文化进行大学生国家观教育时,要把握好"时、度、效"。红色影视文化大多是描写革命时期的精神,随着时代主题的变迁,红色影视文化宣传主题的重点也是不断与时俱进的,破旧立新更利于红色精神的传递。因此,构建校园红色影视文化场域要顺应时代要求,适应大学生国家观教育发展的实际,做到因时而谋、应事而动、顺势而为,这样才能充分发挥红色影视文化的育人功能。影视文化往往以其独特的魅力触及人们内心情感,因而情感教育往往是借助文学艺术作品来完成的,以艺术的方式直逼教育对象的内心情感世界。强调红色影视文化在情感教育中的突出效能,不是要从一个极端跳到另一个极端,用艺术文化所特有的情感教育取代理论教育,而是为了更好地实现理论教育的价值。

事实上,构建红色校园影视文化场域作为大学生国家观教育的隐形途径,旨在与其他途径共筑国家观教育载体的统合力。在这过程中要注意区分不同学校的现状,不能急于求成,要根据各地区不同学校的具体情况,因校制宜地推进。特别是那些条件相对有局限性的高校,需要整合各方面力量,为项目落地提供必要的基础条件保障。因此,大学生从红色影视文化营造的第二现实中汲取正能量,构建校园红色影视文化场域要因校制宜把握好"度",以免过犹不及,适得其反。"效"是红色影视文化融入思想政治教育最终归宿和评价准则。随着电影产业的分工越来越细、专业化程度越来越高,涌现出不少革命题材的口碑剧。然而,用工匠精神打磨的精品力作,仍然乏善可陈。因此坚持问题导向,明确目标指向,才能精准发力,破解难题,发挥实效。发挥红色影视文化育人功能,中国革命历史是最好的营养剂,也

---

① 习近平:《在全国宣传思想工作会议上的讲话》,《人民日报》,2013 年 8 月 21 日。

只有坚定革命文化自信,红色影视文化才能常写常新。建立"融入长效机制"是红色影视文化融入大学生国家观教育的重要保障,例如学校和院线可以签署长期合作战略协议。加强评价机制建设,将个体评价与社会评价、硬件评价与软件评价、自我评价与第三方评价、定性评价与定量评价等相结合,研究制定科学合理的指标体系,提升红色影视文化在大学生国家观教育中的育人功能。时、度、效三者统一于红色影视文化融入大学生国家观教育的过程之中,也只有因时、恰度、有效同时兼备,才能切实发挥红色影视文化促进大学生国家认同的教育功能,实现马克思主义国家观的有效传播。

(三)进一步拓宽红色校园文化传播方式

"大学是培养人才的地方,是青年人学习知识、增长才干、放飞梦想的地方。"①因此,古今中外各类大学都不遗余力地加强校园文化建设。内容与形式是辩证统一的,任何内容都具有某种形式,离开了形式,内容就不能存在。用爱国主义精神引领校园文化建设解决的是内容问题,进一步拓宽红色校园文化传播途径解决的是形式问题。也就是说,丰富的校园文化是前提,而让大学生沉浸在内容丰富、格调高雅的校园文化中才是目的,因此我们要积极拓宽红色校园文化传播方式,创新传播形式,把传统的传播媒介与新媒介融合起来,增强红色校园文化传播的辐射范围。

人类文明发展历程中,历经四次传播革命。现如今,随着"万物皆媒的全媒体时代也渐行渐近,人人都有麦克风,但主流媒体手握的是'金话筒'"②。同样,在我国,大学校园文化的传播方式多种多样,也千差万别,但红色校园文化的传播必须是主导。当前,校园文化传播方式主要是课堂讲授、社团协会活动、专题讲座、校园广播、电视、校报、校刊以及内传播等,这

---

① 习近平:《在北京大学师生座谈会上的讲话》,人民出版社,2018 年,第 4 页。
② 李浩燃:《勇立潮头,推进全媒体时代"融合＋"》,《人民日报》,2019 年 1 月 28 日。

些传播方式至今还活跃在大学校园中,其在校园文化传播和塑造学校形象中发挥着举足轻重的作用。与之不同的是,红色校园文化是我国大学生校园文化建设的核心,决定了它肩负引领正确舆论导向的重要使命。一方面,红色校园文化要依托这些传统的传播方式,另一方面,红色校园文化要想手握"金话筒",就必须探寻如何让更多的师生参与到红色校园文化互动中来,如何让红色校园文化生产出更为广泛的引领力,这也是我国大学红色校园文化建设在新的历史方位下所面临的新课题。新时代条件下,舆论生态发生深刻变革,像"两微一端"(微博、微信、新闻客户端)正逐渐成为大学生群体网络社交的主平台,各媒体也越来越重视"两微一端"的运营,新的传播方式不断解构、重构着内容生产与信息传播的链条。全程媒体、全息媒体、全员媒体、全效媒体大环境下,高校在校园文化建设中应顺应潮流,充分利用好这些新的文化传播方式,盘活现有资源,挖掘潜在资源。运用信息革命成果打造红色校园文化传播矩阵,正本清源,壮大主流舆论,促进中国特色社会主义大学的校园文化健康发展,帮助大学生树立正确的国家观。

(四)加强学校宣传文化阵地建设与管理

校园文化作为社会文化的特殊表现形态,反映着一个学校的校园风貌、办学宗旨和办学特色。实现校园文化在大学生马克思主义国家观教育中的育人功能,既需要大力发展红色校园文化,积极拓宽红色校园文化的传播途径,让内容健康、格调高雅、形式多样的文化弥漫在校园之中,又需要加强对校园文化阵地管理和监督,杜绝各种不良思想文化魅惑对学生的侵蚀和影响。因此,加强学校宣传文化阵地建设与管理,就是要厘清线上与线下校园文化建设思路,坚持社会主义办学方向,实现中国特色社会主义大学内涵式发展,为大学生树立正确的国家观提供条件保障。

信息时代,低头族越来越多,不少大学生更是深陷社交网络依赖的怪圈而不可自拔。校园网络的兴起,对大学生获取最新消息,提高学习效率和学校创新教学方式,提升教学质量,发挥了举足轻重的作用。同时互联网功能的弊病也随处可见,导致不健康的信息大肆传播,侵蚀着校园良好的学习和生活氛围。因此,要加强对校园网络安全管理和监督,给全校师生一个安全、优质的校园网络环境。从主动安全的角度看,就是要提高对安全上网和文明上网的宣传力度,加强对大学生网络安全防范意识和网络规范教育。从被动安全角度来看,就是要建立完善的校园网络管理制度、网络信息监控措施,例如要求全体师生必须实行实名制认证上网,并签署网络安全入网协议。

加强对校园思想文化阵地的建设,还必须加强对课堂教学、各类研讨会、报告会、学会协会、讲座的管理和监督。课堂教学作为主渠道,是学校完成培养人才使命的基本保证,应给予特别的重视。对此,高校需要进一步完善课堂教学组织管理制度,推进"对照""自查""抽查"工作常态化,学校党委、宣传部、团委以及各级学院要做好研讨会、报告会、讲座的组织筛选,实现校园内一切阵地可管、可控,杜绝有政治错误、反动倾向的言论走向讲台,严禁给错误观点和言论提供传播渠道。此外,校内广播、校刊、校报等必须发挥为广大师生思想引领和价值导航的重要作用,坚持正确的舆论导向,壮大主流思想舆论,提高广大师生政治素养。最后,要加强学校治安管理,建立良好的校园秩序和周边环境,这也是加强学校宣传文化阵地建设和营造良好校园外文化氛围的基础工程。总之,加强学校宣传文化阵地建设与管理,旨在构建全方位的校园文化育人格局,使校园文化成为孕育大学生爱国主义精神、奉献精神和远大理想信念的文化土壤。

四、在自我育人中涵养强国之心

大学生国家观教育总体上可分为他育和自育两种形式,其中自我教育是教育活动的较高阶段。从教育路径角度来看,自我教育作为一种由内而外的教育,是大学生将正确的国家观内化为自己的知识结构和价值体系的关键路径,即学生进行的自我教育,才是最好的教育。从教育环节来看,自我教育是大学生正确国家观形成的内因,一切外在的教育效果都必须有赖于接受主体自身自觉的思想矛盾运动才能实现,大学生马克思主义国家观在自我教育的悟化中完成。大学生国家观教育要充分重视接受主体的需要,通过增强大学生的主体意识,最大限度调动大学生自我学习的积极性和主动性,来认识社会主义国家的本质与特征,处理个人与国家的关系,实现人生价值。与此同时,大学生在自我教育的活动中能够收获更多的幸福感和获得感,并在此基础上涵养强国之心的火种,汇聚强大的中国力量。

(一)增强大学生自我教育意识和能力

意识是主观对客观的能动反映。自我意识就是自己对自己的认识和对他人的关系的认识,以及对自己身心活动的察觉,包括心理和生理两个方面。自我意识是自我教育的前提和基础,即大学生先有自我意识的属性,才有了自我教育的可能。同样,大学生只有增强自我教育的意识,才能促使教育主体把马克思主义国家观的要求,转化为自我发展的目标。

新时代的大学生要想成为担当民族复兴大任的时代新人,必须要学会正确地认识自我,学会主动学习,学会自主选择,学会对自我提出恰当的要求,而不能仅仅停留在教育者的教上面。为此,大学生要学会正确地认识自我、接纳自我和控制自我,全面地看待和审视自我,理智地对待优与劣、得与失,学会纳悦自己,不驰于空想,不骛于虚声,做一个只争朝夕的行动者,脚踏实地的实干家。此外,增强大学生自我教育的意识,需要教育者立足于社会发展要求和学生的内在需求,在自我教育的过程中侧重于探究式或启发式教学方式,发挥大学生的主动性和创造性,为大学生自我教育提供条件保障和营造良好的自我教育环境。

大学生具备自我教育的能力是开展自我教育的关键。一般而言,大学生都具备一定的自我意识和精神自觉,他们喜欢批判质疑,拒绝随波逐流,不愿意拜倒在任何权威的脚下。也正因为如此,大学生也拥有了自我教育的意识。但实践证明,拥有一定的自我教育意识不能等同于具备自我教育能力,例如有的学生关心国家民族的前途,热衷时事热点,能够意识到自己的思想政治理论素养不足,却无法给自己明确一个教育目标,提出教育任务,设计教育步骤等,自我教育难以展开。还有的学生虽然具备一定自我教育意识和能力,但对自我缺乏正确的认识,最终走向自以为是的歪路。因此,培养大学生自我教育的能力,需要教育者的因势利导和循循善诱,也需要大学生自身树立终身学习理念,树立正确的"自我实现观"。质言之,大学生真正把个人的小时代融入祖国前行的大潮,让自己的小时代跳动着祖国大时代的节拍,既需要教育者有高超的育人水平、高尚的道德情操、过硬的政治素质,又需要大学生具备良好的自我认识、自我评价和自我控制的能力。增强大学生自我教育意识和能力是一项长期的工程,不能毕其功于一役,更不是在大学阶段就一蹴而就完成的任务。无论大学生走出校园,踏入社会,还是回归家庭,都要时刻牢记"祖国是海我是浪,浪是海的赤子,海是浪的依托",新时代的"家国情怀"需要在追梦和圆梦的生动实践中不断深化、升华和沉淀。

(二)用马克思主义国家理论武装头脑

大学生正确地表达爱国热情,需要树立正确的国家观,树立正确的国家观离不开马克思主义国家观外在教育,也离不开大学生的自我教育,也就是说,大学生马克思主义国家观他我教育发挥作用必须有自我教育的配合。用马克思主义国家理论武装头脑,回答的是"教什么"的问题,即大学生用什么内容教育自我。大学生国家观教育本质上就是马克思主义国家理论教育,因此大学生在自我教育的实践活动中,要学习马克思主义关于国家的正确学说和观点。

把爱国由外挂式追逐转向内涵式追求,需要用马克思主义国家理论武装头脑。爱国主义是激励全国人民团结奋斗的一面旗帜,是实现中华民族发展壮大和推动社会进步精神动力。同时,无论是因为民族大义"为爱痴狂",还是由于个人私欲"因爱生恨","爱国"都是一个容易扰乱心智的词汇。特别是在家国仇恨和民族大义受到激发时,人们往往觉得爱国的初衷是好的,就不顾忌表达方式,把"爱国"推上神坛,成为为所欲为的理由,结果爱国主义异化为流氓恶人的庇护所。从情感出发意气用事,那它带来的不一定是神圣,也可能是罪恶。爱国既需要情感的基础,也需要理性的认识,更需要实际的行动。正确表达爱国热情,有助于振奋民族精神,有助于构建和谐的政治生态,有助于维护安定团结的社会秩序,有助于推进中华民族伟大复兴中国梦的伟大进程,有助于塑造良好的国家形象。现实问题是,我们在弘扬爱国主义精神时,更多的是强调滋养爱国情感,呼吁爱国表达要讲原则、守法律,以合理合法的方式来进行,针对出现的非理性爱国行为则是用舆论谴责、法律制裁的方式进行纠偏。深厚的情感必须以深刻的认识做基础,否则这种情感会失去方向,甚至成为一种虚妄,也就是说,知国懂国是爱国报国的基础。

总体来看,新时代大学生具有强烈的爱国热情,他们关心国家利益和社会发展,在新时代的长征路上奋力奔跑,这充分说明了改革开放以来,大学生国家观教育的优越性和有效性。同时,我们也要看到大学生国家观教育缺乏对政治学常识中一些重要概念的系统梳理,像祖国、国家、天下、政权和政府之间概念的区分。更为突出的问题是,大学生缺乏马克思主义关于国家的一般理论教育,诸种非马克思主义国家观思潮辨析教育以及国际主义教育,这必然导致大学生的爱国情感建立在物质和文化意义上祖国认同的基础之上。国家观教育是新时代爱国主义教育的新要求,马克思主义国家理论蕴含着丰富的内容,质言之,对大学生进行马克思主义国家观教育,就是把文化爱国主义与政治爱国主义有机地统一起来。

(三)马克思主义国家观自我教育方式

大学生国家观教育方法,是连接教育主体与教育客体的桥梁。在自我教育活动中,大学生既是教育主体,又是教育对象。大学生在依据国家社会的发展要求和自身发展的需求,主动自觉地接受正确的国家观的过程中,需要运用科学的方法制定教育目标、选择教育内容以及对自我教育活动的效果进行评估。科学的教育方法是大学生用马克思主义国家学说武装头脑的必要条件,是实现大学生马克思主义国家观教育目标的重要保障。

没有理论对头脑的武装,也就不会有理论联系实际的可能。没有科学的自我教育方法,理论对头脑的武装就难以取得实效。大学生践行理性的爱国行为,需要用马克思主义国家学说武装头脑。首先,大学生可以通过"主动求教"方式,例如通过选修课或专门咨询辅导,请求他人(老师、专家、学者等)对自己进行教育,掌握马克思主义立场、观点和方法。运用唯物史观的眼光看待国家的本质、产生、发展和消亡,进而正确认识中国特色社会主义的过渡性本质和规律,增强对"两个必然"的信心。例如参加专题讲座,在他育的引导下把构建人类命运共同体的理念内化为自己的知识结构和价值体系,进而认识到马克思主义爱国主义是爱国主义与国际主义的统一,增强自己的使命感和社会责任感。

其次,通过"主动受教"的方式,主动接受他人对自己进行教育、批评、督促和帮助。例如将社会主义核心价值观作为评判自己是否具备爱国主义精神的价值标准,把自己的"爱国行为"放到阳光下接受检验,在虚心接受他人教育、批评、督促的条件下,强化马克思主义国家观自我教育的意识,增强马克思主义国家观自我学习、自我完善、自我提高的能力。

再次,通过自我学习的方式,学习马克思主义关于国家的正确思想和理论。自我学习是自我教育的高级阶段,它不但需要大学生具备自我教育的意识,也需要大学生具有自我教育的能力,可以说是自我教育的核心。大学生正处于身心发育和思维能力快速发展的阶段,主体意识和精神自觉逐渐增强。因此,大学生在"自教"引导下自我学习,能够充分利用马克思主义国家观教育资源,自觉选择教育内容与方法,从而达到树立正确国家观的目的。我国目前正处于全面深化改革的深水区,各种社会矛盾凸显,大学生通过学习基本国情,系统了解我国的经济、政治、文化、外交以及军事等方面的历史背景和现状的问题,进而认识到我国正处于社会主义初级阶段这个最大的国情之中,必须正视而不能超越这一历史阶段。大学生要清楚看到新中国成立以来我们所取得的骄人成绩和面临的现实问题,使自己充分认识到实现中华民族伟大复兴的任务、目标、步骤和光明图景,化解对社会主义共同理想和社会主义远大理想的疑虑,消除对党的路线、方针和政策的困惑。

最后,自我反思的方式。修身自省是中华民族的传统美德,"修身齐家治国平天下"集中反映了修身与社会和谐之间的关系,格物、致知、诚意、正心是修身具体方法。也就是说内省和悟化,是大学生思想进步,政治成熟的巨大内驱力。因此,大学生要时常检查自我的思想和品行,是否把自我实现的理想与国家民族根本利益联系起来,是否"坚持实现自身价值与服务祖国人民的统一"①。对于新时代的大学生而言,真正的爱国不用好大喜功,能够坚持"勿以恶小而为之,勿以善小而不为"的原则,在索居独处之时,日常点滴小事之中,都可以成为织造爱国之心的纤维。

(四)注重合于他育与本于自育的统一

大学生自我教育的意识和能力不是与生俱来的,也不是自发形成的,而

---

① 《江泽民文选》(第三卷),人民出版社,2006 年,第 483 页。

是在后天的教育引导下形成的。大学生自我教育也不是放任式的"自发教育"和"自由教育",而是受教育者在教育者引导下的教育,特别是国家观教育作为政治教育的重要组成部分,需要教育者把握方向和确定目标,处理好价值引导与自我构建之间的关系。教育者公正地对大学生批评或表扬,是培养大学生自我教育意识和能力的催化剂。胡锦涛在全国加强和改进大学生思想政治教育工作会议上的讲话中特别强调:"要坚持教育与自我教育相结合,既充分发挥学校的教育引导作用,又充分调动大学生的积极性、主动性。"①因此,发挥大学生在国家观教育活动中的积极性和主动性,使大学生真正把符合国家存续和发展趋势的教育要求内化到自己思想认识和政治素质,需要教育者通过实施课堂教学、组织社会实践和构建校园文化等多种路径培养大学生自我教育的意识和能力时,引导和启发他们走出自我的小天地,更好地服务社会,报效祖国。在大学生开展自我教育活动时,给予适当的监督和纠偏,以增强他们明辨是非的能力,抵制各种错误思潮的自觉性,铸造崇高的爱国主义精神。

"教是为了不教"是叶圣陶先生的一句名言,蕴含着丰富的人文精神,实现学生自我教育是教育者"不教而教"的目的。他育的目的就在于培养和提高学生自我教育的能力,正确思想观念的最终形成也必须依靠自我教育的内化效果。正如苏霍姆林斯基所言:"没有自我教育,也就根本不可能有正常的教育。"②教是手段,不教是目的,也就是说,教师的主导作用应该主要体现在启发和引导上,落脚点在学生的自学能力。新的时代条件下,教师和学生之间的角色,知识获取方式和传授方式、教和学关系都发生了新的变化,这也对他我教育和自我教育提出了更高的要求。因此,大学生在开展马克

---

① 《十六大以来重要文献选编》(中),中央文献出版社,2006年,第640页。
② [苏]瓦·阿·苏霍姆林斯基:《给教师的一百条建议》,唐其慈等译,天津人民出版社,1983年,第7页。

思主义国家观自我教育活动时,要注重合于他育与本于自育的统一,在把二者统一起来的过程中,要协调好"师进生退"和"生进师退"之间的互动关系。一方面,教育者要调动大学生的自觉主动性,引导他们开展自我教育、自我管理和自我服务。另一方面,大学生自身也要主动求教和虚心受教,以提升自我学习、自我反思和自我提高的能力,最终树立正确的国家观。

参考文献

一、经典著作文献汇编类

1.《马克思恩格斯文集》(第一——十卷),人民出版社,2009 年。

2.《马克思恩格斯选集》(第一——四卷),人民出版社,2012 年。

3.《马克思恩格斯全集》(第 16 卷),人民出版社,2007 年。

4.《马克思恩格斯全集》(第 44 卷),人民出版社,2001 年。

5.《马克思恩格斯全集》(第 1 卷),人民出版社,1964 年。

6.《马克思恩格斯全集》(第 35 卷),人民出版社,1971 年。

7.《马克思恩格斯全集》(第 38 卷),人民出版社,1972 年。

8.《列宁选集》(第 3 卷),人民出版化,2012 年。

9.《列宁全集》(第 6 卷),人民出版社,2013 年。

10.《列宁全集》(第 7 卷),人民出版社,2013 年。

11.《列宁全集》(第 14 卷),人民出版社,2017 年。

12.《列宁全集》(第 26 卷),人民出版社,2017 年。

13.《列宁全集》(第28卷),人民出版社,2017年。

14.《列宁全集》(第33卷),人民出版社,1985年。

15.《列宁全集》(第39卷),人民出版社,2017年。

16.《列宁全集》(第42卷),人民出版社,1985年。

17.《列宁全集》(第43卷),人民出版社,1985年。

18.《列宁专题文集——论马克思主义》,人民出版社,2009年。

19.《列宁专题文集——论辩证唯物主义和历史唯物主义》,人民出版社,2009年。

20.《列宁专题文集——论资本主义》,人民出版社,2009年。

21.《列宁专题文集——论社会主义》,人民出版社,2009年。

22.《列宁专题文集——论无产阶级政党》,人民出版社,2009年。

23.《斯大林选集》(上),人民出版社,1979年。

24.《李大钊全集》(第4卷),人民出版社,2013年。

25.《毛泽东选集》(一——四卷),人民出版社,1991年。

26.《邓小平文选》(一——二卷),人民出版社,1994年。

27.《江泽民文选》(一——三卷),人民出版社,2006年。

28.《胡锦涛文选》(一——三卷),人民出版社,2016年。

29.《习近平谈治国理政》(第一卷),外文出版社,2014年。

30.《习近平谈治国理政》(第二卷),外文出版社,2017年。

31. 习近平:《习近平在纪念中国人民抗日战争暨世界反法西斯战争胜利70周年系列活动上的讲话》,人民出版社,2015年。

32. 习近平:《在文艺工作座谈会上的讲话》,人民出版社,2015年。

33. 习近平:《在中国文联十大、中国作协九大开幕式上的讲话》,人民出版社,2016年。

34. 习近平:《在全国党校工作会议上的讲话》,人民出版社,2016年。

35.《习近平关于全面建成小康社会论述摘编》,中央文献出版社,2016年。

36.习近平:《决胜全面建成小康社会　夺取新时代中国特色社会主义伟大胜利——在中国共产党第十九次全国代表大会上的报告》,人民出版社,2017年。

37.习近平:《在北京大学师生座谈会上的讲话》,人民出版社,2018年。

38.中共中央文献研究室编:《邓小平年谱(一九七五——一九九七)》(下),中央文献出版社,2004年。

39.中共中央文献研究室编:《十三大以来重要文献选编》(上),人民出版社,1991年。

40.中共中央文献研究室编:《十四大以来重要文献选编》(上),人民出版社,1996年。

41.中共中央文献研究室编:《十四大以来重要文献选编》(中),人民出版社,1997年。

42.中共中央文献研究室编:《十五大以来重要文献选编》(中),人民出版社,2001年。

43.中共中央文献研究室编:《十五大以来重要文献选编》(下),人民出版社,2003年。

44.中共中央文献研究室编:《十六大以来重要文献选编》(上),中央文献出版社,2005年。

45.中共中央文献研究室编:《十六大以来重要文献选编》(中),中央文献出版社,2006年。

46.中共中央文献研究室编:《改革开放三十年重要文献选编》(上),人民出版社,2008年。

47.中共中央文献研究室编:《改革开放三十年重要文献选编》(下),人民出版社,2008 年。

48. 中共中央文献研究室编:《建党以来重要文献选编(1921—1949)》(第 18 册),中央文献出版社,2011 年。

49. 中共中央文献研究室编:《建党以来重要文献选编(1921—1949)》(第 25 册),中央文献出版社,2011 年。

50. 中共中央文献研究室编:《十八大以来重要文献选编》(上),中央文献出版社,2014 年。

51. 中共中央文献研究室编:《十八大以来重要文献选编》(中),中央文献出版社,2016 年。

52. 教育部思想政治工作司组编:《加强和改进大学生思想政治教育重要文献选编(1978—2008)》,中国人民大学出版社,2008 年。

二、著作类

1. 白显良:《隐形思想政治教育基本理论研究》,人民出版社,2013 年。

2. 曹长盛等主编:《苏联演变进程中的意识形态研究》,人民出版社,2004 年。

3. 费孝通:《乡土中国》,凤凰出版传媒集团、江苏文艺出版社,2007 年。

4. 冯刚主编:《高校马克思主义大众文化研究报告(2009)》,光明日报出版社,2009 年。

5. 高新民、张树军:《超越·创新——党的建设三十年》,中共中央党校出版社,2008 年。

6. 河清:《全球化与国家意识的衰微》,中国人民大学出版社,2003 年。

7. 胡又牧编:《国际人才竞争》,企业管理出版社,2004 年。

8. 李斌雄、蒋耘中:《高校学生形势与政策教育引论》,中国文史出版社,

2014 年。

9.李丁编:《英国青少年公民教育研究》,人民出版社,2012 年。

10.李征:《马克思主恩格斯思想政治教育理论与实践研究》,北京大学出版社,2011 年。

11.梁仁(长空圆月):《中国梦——关于一个情结的沉思和拷问》,中原出版传媒集团、中原农民出版社,2008 年。

12.梁漱溟:《东西方文化及其哲学》,上海世纪出版集团,2006 年。

13.刘国强:《媒介身份重建——全球传播要国家认同建构研究》,四川人民出版社,2009 年。

14.刘建军:《信仰追问》,中国青年出版社,2014 年。

15.刘涛:《头等强国——中国的梦想、现实与战略》,中国友谊出版公司,2009 年。

16.刘宗民:《民族主义与当代国际政治》,世界知识出版社,2006 年。

17.柳丽:《列宁思想政治教育理论与实践研究》,人民出版社,2015 年。

18.栾亚丽:《马克思经典政治价值思想辑录》,经济科学出版社,2015 年。

19.罗洪铁等:《大学生成才理论与实践》,人民出版社,2010 年。

20.罗克全:《最小国家的最大值:诺奇克国家观研究》,社会科学文献出版社,2005 年。

21.骆郁廷:《精神动力论》,武汉大学出版社,2003 年。

22.梅荣政:《用马克思主义引领社会思潮》,武汉大学出版社,2008 年。

23.倪愫襄:《制度伦理研究》,人民出版社,2008 年。

24.牛治富主编:《西藏"四观两论"干部读本》,西藏人民出版社,2009 年。

25.潘龙海等:《中华民族爱国主义通论》,延边大学出版社,1987 年。

26. 潘亚玲:《美国爱国主义与对外政策》,上海人民出版社,2008 年。

27. 齐振海:《爱国主义教育概论》,北京师范大学出版社,1985 年。

28. 祁进玉:《群体身份玉多元认同——基于三个土族社区的人类学对比研究》,社会科学文献出版社,2008 年。

29. 乔根锁主编:《爱国主义教育概论》,西藏人民出版社,1995 年。

30. 沈壮海:《思想政治教育的文化视野》,人民出版社 2005 年。

31. 沈壮海:《先进文化论》,高等教育出版社,2003 年。

32. 沈壮海主编:《软文化·真实力——为什么要提高国家文化软实力》,人民出版社,2008 年。

33. 石佩臣:《马克思主义教育思想引论》(第 2 版),高等教育出版社,2017 年。

34. 石云霞:《新中国成立以来中国共产党思想理论教育历史研究》(上、下),中国社会科学出版社,2007 年。

35. 石云霞主编:《马克思主义理论教育思想发展史研究》(上、下),中国社会科学出版社,2012 年。

36. 宋晓军等:《中国不高兴——大时代、大目标及我们的内忧外患》,凤凰出版传媒集团、江苏人民出版社,2009 年。

37. 宋志明、吴潜涛主编:《中华民族精神论纲》,中国人民大学出版社,2006 年。

38. 孙来斌主编:《中国梦之中国复兴》,武汉大学出版社,2015 年。

39. 孙立平:《守卫底线》,社会科学文献出版社,2007 年。

40. 孙立平:《重建社会——转型社会的秩序再造》,社会科学文献出版社,2009 年。

41. 檀传宝:《信仰教育要道德教育》,教育科学出版社,1999 年。

42. 唐凯麟主编:《中华民族爱国主义发展史》(1—4 卷),湖北教育出版社,2001 年。

43. 万明钢主编:《多元文化视野价值观与民族认同研究》,民族出版社,
2006 年。

44. 王杰主编:《中学爱国主义教育的理论与实践》,江苏教育出版社,
1995 年。

45. 王瑞萍、赵国军、董捷:《高校国家认同教育研究》,中国社会科学出版社,2017 年。

46. 王玄武、郑永庭、刘行焱主编:《政治观概论》,武汉大学出版社,
1991 年。

47. 王玄武主编:《政治观教育通论》,高等教育出版社,1999 年。

48. 王耀辉:《人才战争——全球最稀缺资源的争夺战》,中信出版社,
2009 年。

49. 王永贵等:《经济全球化与社会主义意识形态建设研究》,人民出版社,2005 年。

50. 王宗光主编:《新时期爱国主义教育论》,上海教育出版社,1998 年。

51. 吴艳茹、杜海燕主编,何睦、姚远副主编:《中外教育史》,北京师范大学出版社,2015 年。

52. 徐平、包智明:《马克思主义"四观两论"通俗读本》,中国藏学出版社,2004 年。

53. 许章润主编:《重思国家》,中央编译局出版社,2015 年。

54. 燕继荣:《发展政治学》,北京大学出版社,2006 年。

55. 杨业华:《思想政治教育新视野》,社会科学出版社,2013 年。

56. 俞可平主编:《政治学教程》,高等教育出版社,2010 年。

57. 袁德成主编:《爱国主义教育思想研究》,云南人民出版社,2002 年。

58. 翟学伟等编译:《全球化要民族认同》,南京大学出版社,2009 年。

59.詹万生主编:《爱国主义教育》,中国民主法治出版社,1998年。

60.张传鹤:《全球视野下的民主社会主义研究》,中共中央党校出版社,2009年。

61.赵凤平主编:《新时期爱国主义教育》,西南交通大学出版社,1994年。

62.郑永年:《全球化与中国国家转型》,郁建兴、河子英译,浙江人民出版社,2009年。

63.郑永廷等:《主导德育论——大学生思想政治教育一元主导与多元发展研究》,人民出版社,2008年。

64.周新城:《民主社会主义思潮评析》,中国社会科学文献出版社,2008年。

65.朱哲、权宗田:《中国共产党与中华民族复兴软实力》,湖北长江出版集团、湖北人民出版社,2009年。

三、译著类

1.〔美〕阿尔文·托夫勒:《第三次浪潮》,黄明坚译,中信出版社,2006年。

2.〔英〕鲍桑葵:《国家的哲学理念》,汪淑钧译,商务印书馆,2010年。

3.〔古希腊〕柏拉图:《理想国》,郭斌和等译,商务印书馆,2012年。

4.〔美〕大卫·科兹、费雷德·威尔:《来自上层的革命》,曹荣湘、孟鸣歧等译,中国人民大学出版社,2001年。

5.〔英〕弗里得里希·奥古斯特·哈耶克:《通往奴役之路》,王明毅、冯兴元等译,中国社会科学出版社,1997年。

6.〔德〕弗里德里希·迈内克:《马基雅维里主义》,时殷弘译,商务印书馆,2008 年。

7.[德]富尔曼:《公民时代的欧洲教育典范》,任革译,人民出版社,2013 年。

8.[英]霍布斯:《利维坦》,黎思复等译,商务印书馆,1985 年。

9.[美]赫伯特·马尔库塞:《单向度的人——发达工业社会意识形态研究》,刘继译,上海译文出版社,2006 年。

10.[美]亨利·大卫·梭罗:《寻找精神家园》,史国强译,中信出版社,2008 年。

11.[德]黑格尔:《法哲学原理》,范扬等译,商务印书馆,1961 年。

12.[美]克莱德·普雷斯托维茨:《崛起的 4 大国》,王振西译,新华出版社,2008 年。

13.[英]洛克:《政府论》(下),叶启芳等译,商务印书馆,2003 年。

14.[德]赖默尔·格罗尼迈尔:《21 世纪的十诫》,梁晶晶等译,社会科学文献出版社,2007 年。

15.[美]拉明·贾汉贝格鲁:《柏林谈话录》,杨祯钦译,译林出版社,2002 年。

16.[美]马克·佩恩等:《小趋势——决定未来大变革的潜藏力量》,刘庸安等译,中央编译出版社,2008 年。

17.[美]彼得·卡赞斯坦主编:《国家安全的文化:世界政治中的规范与认同》,宋伟等译,北京大学出版社,2009 年。

18.[美]乔舒亚·库伯·雷默等:《中国形象——外国学者眼里的中国》,深晓雷等译,社会科学文献出版社,2008 年。

19.[美]塞缪尔·亨廷顿:《文明的冲突与世界秩序的重建》,周琪等译,新华出版社,2002 年。

20.[美]塞缪尔·亨廷顿:《失衡的承诺》,周端译,东方出版社,

2005 年。

21.［意］托马斯·阿奎那.阿奎那:《政治著作选》,马清槐译,商务印书馆,2010 年。

22.［法］托克维尔:《论美国的民主》(下),商务印书馆,2008 年。

23.［美］托马斯·弗里德曼:《世界是平的》,何帆等译,湖南科学技术出版社,2008 年。

24.［美］约瑟夫·S. 奈,《硬权力与软权力》,门洪华译,北京大学出版社,2005 年。

四、论文类

1. 董业宏、胡士平:《从经济全球化视角看我国国家观教育》,《哈尔滨市委党校报》,2006 年第 5 期。

2. 高英彤、王凌皓:《日本国家主义道德教育理念的特征、作用及影响》,《外国教育研究》,2003 年第 7 期。

3. 郭毅,唐文佩:《论克罗茨纳赫时期马克思国家观的转变》,《中共福建省委党校学报》,2010 年第 6 期。

4. 黄艳:《新疆高校马克思主义国家观教育的发展演变及对策研究》,《前沿》,2013 年第 6 期。

5. 姜正君:《马克思主义国家观之辩护与澄明》,《河南大学学报》(社会科学版),2011 年第 4 期。

6. 雷蕾:《当代俄罗斯爱国主义教育研究》,东北师范大学博士学位论文,2016 年。

7. 李崇富:《马克思主义国家观和国家认同问题》,《中国社会科学》,2013 年第 9 期。

8. 李佃来：《现代国家观的历史嬗变与马克思国家理论的构建》，《云南师范大学学报》，2016 年第 4 期。

9. 李建军：《美国的国家观教育及其借鉴意义》，《中共云南省委党校学报》，2014 年第 3 期。

10. 李建军：《论马克思主义国家观教育及其实施原则与思路》，《思想政治教育研究》，2010 年第 11 期。

11. 刘洪强：《大革命期间共产党与醒狮派国家观比较研究》，《湖北社会科学》，2017 年第 7 期。

12. 刘军：《马克思国家观的三大理论创新》，《河北学刊》，2006 年第 6 期。

13. 刘世波：《哈耶克国家观研究》，首都师范大学博士学位论文，2014 年。

14. 刘钊：《略论马克思主义国家观及其时代困境——兼谈西方几种主要国家观》，《太原师范学院学报》（社会科学版），2017 年第 4 期。

15. 罗红铁、陈淑丽：《论思想政治教育机制的内涵 功能及价值》，《思想理论教育导刊》，2014 年第 3 期。

16. 佘双好、陈君：《科学认识爱国主义的内涵和特征》，《思想理论教育导刊》，2016 年第 10 期。

17. 孙玉健：《列宁的国家观与社会管理思想的有机统一》，《湖北社会科学》，2006 年第 1 期。

18. 唐霞：《中美爱国主义教育现状比较研究》，中共中央党校博士学位论文，2011 年。

19. 杨春、付天阳：《大学生马克思主义国家观教育途径的研究》，《思想政治教育研究》，2016 年第 3 期。

20. 杨丽、黄艳：《新疆高校马克思主义国家观教育的历史沿革与经验总结》,《新疆大学学报》(哲学·人文社会科学版),2013 年第 1 期。

21. 姚婷婷:《当代中国大学生马克思主义祖国观教育研究》,电子科技大学博士学位论文,2013 年。

22. 袁明、黄明娣:《马克思主国家观研究综述》,《中共郑州市委党校学报》,2016 年第 4 期。

23. 张爱娥:《全球化背景下青少年国家观教育研究》,北京师范大学硕士学位论文,2004 年。

24. 张欣:《论福泽谕吉国家观教育思想的两面性》,《铜陵学院学报》,2005 年第 3 期。

25. 张宥:《试论当代大学生马克思主义国家观教育》,《思想理论教育导刊》,2013 年第 2 期。

五、报纸类

1. 习近平:《大力弘扬伟大爱国主义精神 为实现中国梦提供精神支柱》,《人民日报》,2015 年 12 月 31 日。

2. 胡锦涛:《在全国加强和改进大学生思想政治教育工作会议上的讲话》,《人民日报》,2005 年 1 月 19 日。

3. 中国共产党中央委员会、中华人民共和国国务院:《中长期青年发展规划(2016—2025 年)》,《人民日报》,2017 年 4 月 14 日。

4. 石云霞:《论习近平的中国国家观》,《长江日报》,2015 年 4 月 17 日。

5. 孟飞:《专政与民主并不矛盾——麦克斯·阿德勒的国家观》,《中国社会科学报》,2018 年 1 月 25 日。

后 记

　　这部专著是我对博士论文进行删减、修改、提炼的基础上诞生的。回顾过往，有很多想说的，但总感觉言不尽意，意难传情。尽管如此，仍要感谢一路上给予过我支持和帮助的人们。特别是我的导师佘双好教授，从论文的选题到反复修改，再到论文最终答辩，佘老师都给予我悉心的指导。写作与修改虽然艰辛，但在这一过程中却发现了人生别样的精彩，并深刻体悟到老师治学的严谨，这些都将成为我踏上教师岗位乃至以后人生道路上的宝贵财富。能在武汉大学这样一所历史底蕴丰厚、风景秀丽怡人的校园读书生活是一件幸事，在这里，我完成了学业，感受了人文，欣赏了风光，书写了奋斗，遇到了你们。像沈壮海教授、骆郁廷教授、孙来斌教授、丁俊萍教授、熊建生教授、倪素香教授、左亚文教授、杨威教授、季正聚教授、张润枝教授等，你们在潜心教书育人中所体现出来的德高、学高、艺高的品质，使我受益匪浅、终生难忘，将激励着我不断去求真学问、练真本领、做实干家。最后，感谢我的父母、爱人在背后对我的默默支持，让我在孤寂之时内心依旧感到温暖。感谢我的同门秦晓华、张瑜，师妹董梅昊、王君颖，她们都直接或间接地对我的写作提供了帮助，让我在迷茫与焦虑中找到前行的力量。此外，还要感谢中国矿业大学（北京）马克思主义学院给我提供良好的工作学习环境，有幸遇到"亦师亦友"的同事们，以及能够"教学相长"的优秀研究生们，特别是我院研究生高淑华同学对本著作文字校对提供了极大帮助。

本著作尽管比博士论文更完善、凝练了，却依旧是学术研究中的"沧海一粟"。这是因为国家观教育是一项复杂的系统工程，涉及多学科、多研究方法，文中每一个层面的子问题，都可以继续探索。囿于本人学术能力，不求锦上添花，但求抛砖引玉，为后来者的研究提供一定的基础。对于其中的纰漏、错误，承蒙各位专家、学者批评指正，本人将万分感谢，并将在今后的研究中继续完善。

季洪材

2022 年 1 月于逸夫楼